テストは
何を測るのか

項目反応理論の考え方

光永悠彦 Haruhiko Mitsunaga

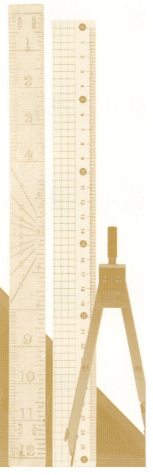

ナカニシヤ出版

はじめに

　大学入試，就職試験，資格試験に代表されるように，私たちは，数多くの試験に囲まれて暮らしています．
　しかし，受験者からみたときの試験はいつも「つらい」ものなのかもしれません．いつも試験の時期が近づくと「試験対策」に追われ，その対策がどれだけ十分だったかが試験によって明らかになり，序列化される，というのが，これまでの多くの試験の実際でした．
　しかし，このような「つらい」試験は，近い将来，消滅するかもしれません．以下に示す，近い将来の「高校における英語試験」の架空例をみてください．

近未来の試験（架空例）

　あなたは，ある高校の 2 年生です．
　朝，学校に行くと，英語の授業時間で「達成度テスト」を受験するように先生から言い渡されます．試験は不定期に，いわば抜き打ちで行われますが，いつものことですので大して気になりません．
　あなたは高校のコンピュータルームに入ります．そこで仮想現実（VR）端末を装着するように先生から指示されます．いつも授業を使っている部屋がテスト会場です．眼鏡のような形をしたヘッドセットと，手袋をはめると，いよいよ試験が始まります．
　VR のヘッドセットにはモニター画面があり，そこに「仮想現実」の世界が展開しています．そこは学校のような無機質な部屋の中です．中央に机が置かれ，中年の男がにこにこしながら座っています．男が「やあ．僕はスミスというんだ．元気かい？」と英語で語りかけてきます．
　「スミスさん」に対して，あいさつをし，質問に答え，身振り手振りを交えながら，あなたは型通りのあいさつを交わすのがやっとです．そういえば，何回か前の授業で，初対面の人と英語であいさつをする方法を勉強したはずだ，と，あなたはぼんやり思い出しています．あなたの身の振る舞いは，音声はマイクで，身振り手振りは手袋につけられたモーションキャプチャで，視線の動きはヘッドセットで，そのすべてがデータとして数値化され，収集されます．
　スミスさんは，あなたに英語で問いかけます．「僕は今日はじめて，この高校に来たん

だ．君たちが，英語をもっと話せるようお手伝いするために，イギリスから来たんだ．君は，イギリスがどこにあるかわかるかい？」．

あなたはつたない英語で，やっとのことで「わからないけど，ヨーロッパのどこかだったかな？」などと答えます．会話の内容は難解というわけでもなく，スミスさんのしゃべるスピードがだんだん遅くなっていったこともあり，何とか6分間の英語による「世間話」が終わりました．ふだんあなたはVRのゲームをやっているので，この形式の試験には違和感がほとんどありません．しかし，汗をびっしょりかいています．

実は，スミスさんと会話するという行為全体が「試験」になっているのです．あなたはVRの登場人物から話しかけられますが，この発話内容にさまざまなバリエーションがあり，応対することが簡単なやりとりから，とっさに応答することが難しいやりとりまでが用意されています．すなわち，難易度が異なることがわかっている「問題」が，会話の形で提示されているのです．

これらの世間話の内容は，試験に対する「解答」として，コンピュータを用いた人工知能によって，英語の発音の正確さ，語彙の的確さ，身振りの状態の適切さといった観点から「評価」されます．それも，あなたが「解答」したその瞬間から，人工知能がもっている膨大な評価データベースの中の「お手本」と照らしあわされ，英語を母語とするイギリス人とのコミュニケーションをどの程度適切にとれるのかが，機械的に評価されるのです．解答はすべて試験を実施している会社にオンラインで送信され，その会社のもっている人工知能エンジンが実際の評価を下します．

汗びっしょりになって解答し終えると，しばらくしてスコアレポートがコンピュータルームのプリンタから出力されます．語彙の適切さ：A，身振りの適切さ：B+，発音の明瞭さ：C，といったスコアが書かれた評価表です．これを見る限り，あなたは発音の明確さに難があるようです．評価がCになった項目は，一般的な英語話者に比べて「かなり劣っている」項目である，ということなので，もう少し発音を練習しなければならない，とあなたは感じました．

このような会話形式の試験を行うためには，受験者の発話内容の評価だけではなく，問題の難易度に関する調査を事前に行っておかなければなりません．また，英語でなされる会話の内容がどの程度「難しいか」を定量的に評価し，「英語によるコミュニケーションをとれるかどうか」を測定するためには，測定の際に「問題の難易度」を数値化する理論的な裏づけがなければなりません．こんにちでは，「テスト理論」と総称される，試験に関する理論的裏づけが提案され，その中でも新しく提唱された「項目反応理論」とよばれる理論的枠組み（パラダイム）へのシフトが進んだ結果として，「標準的な」英語話者との一般性をもった英語能力の比較が可能となっています．

ところで，あなたがスミスさんと会話しているまさに同時刻に，他の高校でも何人かの高校生が他のVR登場人物と会話する「試験」が，同じ人工知能のシステムを用いて行われていました．そこで交わされる会話の「難易度」にかかわらず，受験者の「英語スピー

キング能力」を反映した評価結果を返す仕組みは，テスト理論によって支えられているといえます．この仕組みを成り立たせるためには，VR技術だけでは不完全です．「どんな難易度の問題を受験しても，その難易度を加味した英語能力のスコアを返す理論的な枠組み」がなければ，成り立ちません．

現代の試験が抱える問題点とその解決

　話を近未来のテストから現代の日本の試験に戻します．日本では，英語の試験に限らず，語学試験，入学試験，入社試験，昇進試験といったさまざまな試験が行われています．これらの試験では，問題冊子，解答用紙が配られる背後で，どのような手続きが行われ，またその仕組みはどのような根拠に基づいているのでしょうか．そして，私たちが必要としている公平な試験の仕組みは，どのようにして設計され，どのようにして改定されるのでしょうか．

　先に述べたようなVR端末を使用した試験を実現するためには，情報処理技術やマン・マシーン・インターフェース技術の進歩が欠かせません（本書ではそのような情報処理技術や人工知能の話題には触れません）．それとともに「いかにして問題の難易度を考慮し，一般性をもったスコアを求めるか」という点についてもまた，実践的な研究が重ねられています．そしてこのことを理解するためには「テスト理論」の知識が必要であるといえるでしょう．たまたま難易度の低い問題をVRが出題したがために，高い評価が得られたというのでは，公平な試験とはいえません．解答を紙に記入する形式の試験でも同じ問題が起こり得ます．本書では，受験者がいつ，どこで，どのような問題を解答しても，スコアの意味するところが常に同じになるような試験の仕組みについて，詳述します．

　筆者は，これまで大学入試や学力試験，人事試験など，さまざまな公的試験の運営に関わってきました．その中で，試験を実施する側，すなわち大学や公的機関，企業などがどのようにして試験を用い，受験者は試験の結果をどのように扱っていけばよいのか，という点について，事実に基づかずに語るこれら公的機関・企業などの姿勢に疑問を感じるようになりました．試験という，人生を左右する「関門」は，あたかも「訓練の成果を発揮する場」であるかのように扱われていて，試験が私たちの特性を診断する道具であるという観点からの議論が薄いままであるように思います．試験を実施する目的は「組織にとって有用な人を選抜したい」「ある能力をもっているかどうかを診断したい」であり，「受験者に試練を与えること」ではないはずです．したがって，試験の実施者は「受験者がより実力を発揮しやすいような，本当の実力を診断できるような試験」を目指す姿勢を，より明確に示すべきだと考えます．

　そのために，本書は「受験者により利用されやすい試験」を実現する具体的方法として，本書で詳述する「標準化テスト」の概念を導入し，「年に複数回実施し，結果を相互に比較することが可能」「実施された試験で異なった種類の問題冊子を提示した受験者間で成績が

比較可能」「インターネット経由で受験者の好きなときに受験可能」といったメリットをもつ試験を取り上げ，実施法を解説することを第一の目的としました．VRの試験には届かないかもしれませんが，紙と鉛筆を用いた試験や，コンピュータに向かって解答を入力する試験においては，すでにこのようなメリットがある試験の仕組みが，確立されつつあるのです．標準化テストの考え方は，諸外国において多くの試験で取り入れられ，テスト理論に関する研究も進んできました．それに対し，日本においてはいまだ主流の考え方ではありません．とはいえ，近年になって，テストに対する要求が高度化し，日本においても標準化テストの考え方を取り入れた試験が多く行われるようになってきました．その意味で，標準化テストは日本において「新しい試験の枠組み」であるといえるでしょう．

　本書のもう一つの目的は，しばしばネガティブなイメージをもたれる「試験」において，より受験者に利用されやすい試験の方法が研究されてきていることを紹介し，あわせて問題冊子の作成方法や採点方法の改善により試験の「質」を向上させることができる，という応用事例を示すことです．受験者に利用されやすい試験とは，たとえばVRの試験のように，受験者が好きなときに受験でき，どの受験機会で得られたスコアも同じ意味をもっている，という試験ではないでしょうか．毎年，大学入試センター試験は冬に行われていますが，悪天候やインフルエンザの流行が起こりやすい時期に試験を一斉に行うことに対する疑問が，世間で多く語られています．受験者にとって「いつでも受けられる」試験の制度を構築できれば，受験者が悪天候の日を避けて，心の余裕を持って受験に臨めるということで，より良い試験制度であるといえましょう．標準化テストの実施方法をより受験者のためになるように改善し，また試験で得られたデータからより多くのことを説明できるようにするために，世界中で多くの研究が行われています．読者の抱いている，試験に対するネガティブなイメージが払拭され，また社会における試験の重要性を再認識していただければ幸いです．

　本書はまず「測るということはどういうことか」に関する理論的側面を解説し，「信頼性」「妥当性」などの，いくつかの重要な概念について解説します（第1章）．次に，複数年にわたって結果を比較することが可能な試験の制度設計について紹介し（第2章），その実施に必要な理論として「古典的テスト理論」や「項目反応理論」を取り上げ，詳細を述べます（第3章）．また，実際の試験実施に際してどのような工夫が行われているのかを紹介し（第4章），試験の仕組みを考える上で発展的な内容について取り上げます（第5章）．最後に，実際の試験のデータ分析で役立つであろう分析ツールを紹介し，その使用法を解説します（第6章）．ただし，本書では学校のクラスの学生・生徒を対象にしたレポート課題などに対する質的な評価の分析法ではなく，正答が一意に定まる問題を多数の受験者に出題し，正解・不正解の記録を収集する，量的なデータに基づく試験について述べています．また，個別の教科ごとにおける具体的な問題の作成法には触れていません．

　私たちは日々のニュースなどに接する中で，「○○テストは制度の変更がしばらく行われていない」「××検定試験は実施ミスが多いからけしからん」といった見方で試験制度を批

判しがちです．しかし，本書を読めば，試験に隠された巧妙な仕組みに驚かれるかもしれません．あるいは「多くの選択枝から一つの正解を当てるマークシート形式の試験は，でたらめに解答しても偶然に正答する場合があるだろう．だから，記述式の試験でしっかりと『本当の実力』を測るべきだ」という主張を耳にするかもしれません．しかし，本書で紹介する「項目反応理論」を適切に応用することで，このような「まぐれ当たり」の影響を考慮したスコアを受験者に返すことができるのです．本書で詳述する項目反応理論の考え方に接することを通じ，深い根拠を考えずに既存の試験制度を変えようとするのではなく，より多くの視点から試験制度のあり方について考える必要があると感じるかもしれません．もしそうなれば，筆者としてもうれしく思います．

　本書は，筆者のこれまでの経験に基づき，自分なりの公的試験の設計法を述べたものでもあります．筆者の経験から，これまでの日本の試験は，情報技術やビッグデータの活用法が進歩する昨今の潮流から取り残されている部分が大きかったと思っています．情報技術の進展により最新のテスト理論を活用する新しい形の試験制度が普及しつつあります．これらの試験の仕組みがどのようになっているかを具体的に知りたいと考えている人にとっては，本書が多くの情報をもたらすものと思います．同時に，テスト理論をこれから勉強したい人にとっても，その理解が進むように工夫してあります．特に，大学入試制度改革でこれから導入が予定されている新しい高大接続のための試験に関心がある人は，本書で述べる「標準化テスト」に対する考え方を理解しておいて損はないものと考えます．読者それぞれが本書の内容を咀嚼し，今後の日本の試験がどのように発展していけばよいかという点に，思いをはせていただければ幸いです．

用語の説明

　本書では，人に対して何らかの技能の有無や程度，また特性についての評価を下すために，人を一定のルールに従わせ，その特性を明らかにするような「問題」を提示してそれらに対する解答を収集する行為を「試験」と表記します．「試験」と同義の単語に「テスト」「考査」「検定」などがありますが，次章以降ではすべて「試験」とよぶことにします．ただし，試験を企画・運営する団体については「テスト実施機関」と表記することにします．また，学術的な用語や実践場面で慣用表現として定着している「テスト理論」「フィールドテスト」などの用語については「テスト」の語を用いています．この場合の意味は「試験」と同一です．

　また，試験によって能力や特性が測られる対象となる人を「受験者」とよびます．受験者に提示される能力を測定するための題材を「問題」と表記します．「問題」という単語は「〜には問題がある」という意味でも用いられるため，試験の専門家の間では「問題（question, problem）」という語に代えて「項目（item）」という語を用いることが定着していますが，本書では「項目」という用語になじみがない読者を考慮し「問題」で統一し

ます．ただし「項目特性」など，学術的な用語に関しては「問題」の意味で「項目」という語を用います．

問題形式が面接や小論文の場合は，一人の受験者のふるまい（もしくは書いたもの）に対して複数の面接者や評定者が評価を下します．これらの人を「評価者（rater）」とよびます．

おことわり

本書に書かれた試験形式や試験方法に関しては，筆者が2016年10月時点で各試験実施団体の発行する受験の手引き，公式Webサイトの閲覧により入手した情報を引用しています．試験形式や試験方法は，各試験団体の判断で変わることがありますので，必ず最新の情報を参照してください．

また，試験を実施している団体が公表している範囲を超える情報について，たとえば試験の実施方法や内容，採点基準などを各試験団体に問い合わせることは，公正な試験の実施を妨げることにつながりますので，おやめください．一般的に，試験実施方法に対する問い合わせに対して，テスト実施機関が個別に回答することはありません．

目次

はじめに 1

第1章 理論編I：試験という「道具」を理解する 13
1.1 試験は「能力を測定するための道具＝問題」の集合体 13
- 1.1.1 測定のために決めなければならないこと 13
- 1.1.2 曖昧なものを測る場合 14

1.2 試験と疑似性格検査とアンケート 15
- 1.2.1 疑似性格検査と試験問題冊子の似ている点 16
- 1.2.2 疑似性格検査と試験は大きく異なる 18
- 1.2.3 疑似性格検査とアンケート調査の違い 19
- 1.2.4 アンケート調査と試験の異なる点 20
- 1.2.5 アンケートと試験の関係：フィールドテスト 21
- 1.2.6 疑似性格検査を試験に昇華させるには：概念的定義と操作的定義 ... 22

1.3 単一の尺度による測定 24
- 1.3.1 TOEFL iBT にみる試験の中身 24
- 1.3.2 統一された単一尺度のメリット 25
- 1.3.3 規準集団を定義する 26
- 1.3.4 標準化テスト 27
- 1.3.5 規準集団上での「項目特性」を定める 29
- 1.3.6 尺度の不定性を利用する 29
- 1.3.7 試験の「スコア」と標準化テスト 30

1.4 ハイ・ステークスな試験のために：信頼性と妥当性の確保 ... 32
- 1.4.1 信頼性の確保 33
- 1.4.2 妥当性の確保 35
- 1.4.3 信頼性と妥当性の直感的理解 36
- 1.4.4 真に妥当な試験問題を作ることは困難 38
- 1.4.5 フィールドテストで信頼性の高い試験を 38

		1.4.6 項目バンク：試験問題という「財産」	40
	1.5	試験の流れの全体像	41
		コラム1　「日本的テスト文化」	42

第2章		実践例紹介：共通語学試験の開発	45
	2.1	試験の制度設計：実践例にみる試験開発の実際	45
		2.1.1 試験を実施したい：大学からの要望	45
		2.1.2 A大学統一語学試験の基本設計	47
	2.2	試験の設計と項目バンク構築	48
		2.2.1 必要な問題数の決定と本試験のテストデザイン	49
		2.2.2 問題の使い回しと問題冊子の管理	50
		2.2.3 問題作成	51
		2.2.4 フィールドテストのデザイン	51
		2.2.5 フィールドテストの実施	54
		2.2.6 項目反応理論のモデル	55
		2.2.7 フィールドテストの結果を分析し，モデルを決定する .	55
		2.2.8 能力値からスコアへの変換方法を決める	56
		2.2.9 クラスの振り分け方針を決める	57
		2.2.10 問題のトライアウト（選抜）を行う	58
	2.3	本試験の実施	59
		2.3.1 本試験で用いる問題冊子の編集	59
		2.3.2 本試験の実施からスコアの算出まで	60
		2.3.3 項目バンク中の問題の事後検証	60
		2.3.4 単位の実質化とcan-doステートメント	61
	2.4	継続的な試験実施に向けて	62
		2.4.1 10年後：新しいカリキュラムになったら	62
		2.4.2 もう一つの試験実施デザインの検討：等化しながら実施する . . .	63
		2.4.3 等化方法の検討	65
		2.4.4 等化のタイミングの検討	66
		コラム2　「社会インフラ」としての試験	67

第3章		理論編II：数理モデルに基づくテスト理論	71
	3.1	試験で用いられる「データ」からわかること	71
		3.1.1 「分散」：ばらつきの大きさ	71
		3.1.2 分布の形を正規分布とみなすと	73
		3.1.3 「相関係数」：ともなって変わる度合いを表す	75
	3.2	試験の「モデル化」の意義	77

	3.2.1	スコアに込められた意味を紐解く	77
	3.2.2	数値を用いたモデル化	78
	3.2.3	データとしての数値→モデル	79
	3.2.4	ガットマンスケール	81
	3.2.5	どうして正誤が分かれたか：因果モデルの導入	83
3.3	数理モデル（1）古典的テスト理論		85
	3.3.1	信頼性の指標を定義するために	85
	3.3.2	数式には「読み方」がある	86
	3.3.3	数式による信頼性の定義	87
	3.3.4	折半法による信頼性係数の推定	89
	3.3.5	クロンバックの α 係数	90
	3.3.6	信頼性係数はどの程度必要か	92
	3.3.7	ふたたびスピアマン・ブラウンの公式	93
	3.3.8	信頼性係数と問題数の関係	94
	3.3.9	モデルに「難易度」と「配点」の要素を入れる	96
	3.3.10	古典的テスト理論の問題点	98
3.4	因子分析：能力値の定義をデータから抽出する		99
	3.4.1	身体的特徴の背後にある「原因」を明らかにする	99
	3.4.2	データ分析事例による因子分析	100
	3.4.3	因子分析の図的表現	104
	3.4.4	因子得点と能力値	106
	3.4.5	因子数の決定に関する問題点と確認的因子分析	106
	3.4.6	因子分析から項目反応理論へ	107
3.5	数理モデル（2）項目反応理論		108
	3.5.1	確率モデルの導入	109
	3.5.2	問題項目特性と項目パラメタ	110
	3.5.3	モデルを数式で表す	111
	3.5.4	項目反応理論のモデルいろいろ	112
	3.5.5	能力値の信頼区間	116
	3.5.6	テスト情報量曲線	117
	3.5.7	局所独立の仮定	120
	3.5.8	局所独立の仮定が満たされない試験	121
	3.5.9	段階反応モデル	121
	3.5.10	パラメタ推定の方法	125
	3.5.11	パラメタの標準誤差	131
	3.5.12	項目パラメタの推定	131

	3.5.13 項目パラメタ推定における無回答の取り扱い	132
	3.5.14 安定した項目パラメタの推定のためには	133
	3.5.15 モデルの当てはまりとモデル選択	135
	3.5.16 正規分布に従うスコアへの変換	136
	3.5.17 項目反応理論に基づく試験における満点と0点	139
	3.5.18 can-do ステートメントとスコアの対応	139
	3.5.19 ニューラルテスト理論：標準化テストをさらに身近に	141
	コラム3　尺度水準の違い	142

第4章　実践編：試験実施のための諸手法　145

4.1　データから試験問題を評価する：実際の分析手法　145
- 4.1.1　正答率　145
- 4.1.2　合計点との相関（I-T 相関）　146
- 4.1.3　信頼性係数　147
- 4.1.4　設問回答率分析図　148
- 4.1.5　S-P 表による分析　149
- 4.1.6　項目反応理論の応用でさらなる検討を　152

4.2　等化：複数の試験をまたいだ共通尺度化　152
- 4.2.1　同時推定法　153
- 4.2.2　垂直等化・異なる受験者レベルを比較可能にする　153
- 4.2.3　水平等化・等質な能力の集団を統一する　156
- 4.2.4　共通項目デザインと重複テスト分冊法　157
- 4.2.5　共通受験者を用いたテストデザイン　159
- 4.2.6　項目パラメタを用いた等化（個別推定法）　160
- 4.2.7　等化方法の決定と等化の前提　164

4.3　リンキング　165
- 4.3.1　等パーセンタイル法　165
- 4.3.2　リンキングを行う場面　167
- コラム4　ハイ・ステークスな試験と標準化テスト　168

第5章　発展編：これからの試験開発に向けて　169

5.1　試験はどんな時に改まるか　169

5.2　試験でミスをすると何が起こるか　170
- 5.2.1　試験のミスで生じる不利益　171
- 5.2.2　項目反応理論による標準化テストでは　172

5.3　小論文試験の自動採点　173
- 5.3.1　人間の採点をコンピュータに学習させる　173

		5.3.2 似たような答案を分類する	176
5.4	試験の実践における「1因子」という制約		176
5.5	多面的な評価の重要性：テストバッテリと試験の効率性 . . .		179
	5.5.1	標準化された面接，小論文試験の導入	180
	5.5.2	採用試験にみるテストバッテリの例	181
	5.5.3	選抜効果	183
	5.5.4	試験の共通化で効率のよい試験を	184
5.6	効率的な評価のために：e テスティング		185
	5.6.1	CBT と e テスティング	185
	5.6.2	e テスティングの典型例：CAT	186
5.7	試験の合否決定方法と試験の「質」		188
	5.7.1	テスト・スタンダードにみる合否決定方法	188
	5.7.2	さらなる判定方法の改善のために	189
	5.7.3	受験者の「試験対策」と適性診断	190
5.8	入試制度改革の困難さ		192
	5.8.1	入試制度改革をめぐるいくつかの論点	192
5.9	科学的な試験という規範		195
	5.9.1	根拠なく試験制度を構築すると	195
	5.9.2	根拠に基づく評価は大切	196
	5.9.3	確証バイアス	196
	5.9.4	試験は経験の科学	197
	5.9.5	推定方法の技術的進歩とこれからの試験	198
5.10	能力の経年変化をとらえる研究		199
	5.10.1	大学入試センター試験の英語スコアの経年比較	199
	5.10.2	公立高校生徒における英語能力の変化	201
	5.10.3	学力調査の意義と課題	203
5.11	公平な試験と情報公開		203
	5.11.1	公平な試験のために公表できないこと	204
	5.11.2	項目反応理論による試験での情報公開	205
	5.11.3	試験結果の学術研究への活用と情報公開	205
	コラム 5	道徳科目の導入にみる試験の制度化の難しさ	207

第 6 章	**R を用いた IRT 分析：lazy.irtx**		**209**
6.1	R を用いた統計分析		209
	6.1.1	R を用いた試験データ分析の利点と欠点	209
6.2	lazy.irtx パッケージ		210

- 6.3 lazy.irtx パッケージによる分析の手順 211
  - 6.3.1 R の導入 211
  - 6.3.2 パッケージの入手 211
  - 6.3.3 データの入力方法 211
  - 6.3.4 問題項目情報の入力から推定まで 212
  - 6.3.5 項目反応関数, テスト情報量曲線 215
  - 6.3.6 グループの違いを考慮に入れた分析（多母集団 IRT モデル） .. 215
  - 6.3.7 同時推定法による等化 216
  - 6.3.8 個別推定法による等化 218

おわりに 225

参考文献 228

索引 233

第1章
理論編Ⅰ：試験という「道具」を理解する

1.1 試験は「能力を測定するための道具＝問題」の集合体

　私たちは，人生の中で多くの試験を受験してきました．子どもの頃に通っていた学校では，授業の合間に多くの小試験を受けた経験もあるでしょう（授業時間中に教室で行われるので，「クラスルームテスト」とよばれます）．また，学校以外でも就職の際の試験，自動車の運転免許を取得するために試験，英検やTOEICなどの語学試験を受けてきた方も多くいらっしゃると思います．

　これらの試験には，一つの共通点があります．それは，ある特定の性質や特性について，受験者間で比較可能な「尺度」を用意し，その尺度を用いて受験者の「能力」を表示する，という点です．「尺度」は試験実施の目的に応じて，試験に先立ちテスト実施者があらかじめ用意しておきます．受験者の能力を比較し，受験者の能力がある基準に達しているかどうかを測定できるという「ものさし」を，テスト実施者が用意する，というイメージです．

1.1.1 測定のために決めなければならないこと

　たとえば，英検であれば，英語の能力を測定する「ものさし」をテスト実施者が用意し，それを用いて受験者の英語能力を測定する，ということです．この「ものさし」は，テスト実施者が「これで英語能力が測れるはずだ」という確信をもって提示します．そして，受験している側も，スコアを利用して英語能力の程度を把握する側も，その「ものさし」が正しく機能していると信じているからこそ，試験が機能しているといえます．ではこれらのものさしは，どのように構成されるのでしょうか．

　まず，簡単な例として，「温度」を測定する場合を取り上げます．この例により，「英語能力」のような，曖昧で抽象的な「もの」を測定する場合に比べて，何かを測定するという行為の本質が，明確な形でみえてきます．

　ものさしとして「温度計」を作るためには，まず温度の「規準」を決める必要があります．「規準（norm）」とは，ものさしの長さの標準のことで，物理現象（温度の高低）と測

定結果の数値を対応付ける根拠となる理論的な部分です．これにしたがってものさしの目盛りの「刻みの粗さ」や「原点」を決めます．温度の目盛りに複数の種類があるのは，海外で生活した方にとってはおなじみかもしれません．すなわち，「摂氏」（°C）と「華氏」（°F）の2種類です．これらの目盛りは，原点となる「0度」も，刻みの粗さも異なります．それぞれの温度の「規準」は，物理的な定義に従って定められていますので，それを参考にして，温度計を設計するのです．ここでは「摂氏」の温度計を作ることにします．

　温度計のパーツは，ガラス管の中に入った赤い液体（灯油など）と，周囲にある目盛りです．液体が温度によって膨張したり収縮したりするので，ガラスの細い管の中を上下する「指針」ができます．温度が摂氏で1度上昇するとき，指針が何ミリメートル上昇するかは，実験によって求めることができます．液体は極端な高温下では変質してしまい，また極端な低温下では凍ってしまうため，指針として機能しません．よって，目盛りにも適当な上限や下限を設定します．そして，温度0度のときに，指針がどこに位置するかを確かめるために，温度計を正確な0度の箇所に放置しておき，その位置に「0」がくるように，目盛りを調整します．すなわち「原点」を合わせます．また，1度上昇するごとに指針が何ミリメートル動くかを測定し，それにあわせた「刻み」を目盛りとしてふります．これで温度計の完成です．

　これらの手順をふまえると，尺度の作成手順は大まかに分けて，「規準の定義」と「尺度の作成」の二つであるといえます．そのうち「規準の定義」という作業は，「温度が変わると，物質の体積が変化する」という物理現象に基づき，「測りたい温度を測れるようにするために，どのような物質を用いて，どのような直径の細い管を用意するか」という点を決定することに相当します．また，「尺度の作成」については，「刻みをあわせる」「原点をあわせる」という二つの作業手順があることがわかります．

1.1.2　曖昧なものを測る場合

　このようにみていくと，曖昧さ，抽象的なゆらぎをもっている概念，たとえば「英語能力」といった，「何かができるかどうかを示す度合い」を測る場合であっても，これらの測定の本質は変わらないといえます．

　たとえば，大学をまたいで共通の試験を実施する場合でも，最終的にはこのような「1点刻み」で，原点が「全国の受験者の平均点」になるような「尺度」を作成することが最終目標として位置づけられます．受験者のスコアが1点上昇すると，それに比例した「能力」が上昇している，と解釈できるような尺度を構成するのです．温度計との最大の違いは，温度計の指針が直接観測できるのに対し，試験の尺度は「ある一つの評価観点において，多くの人の間でなんとなくその有り無しを認識しているような，『能力』の違い」を測定することです．

　そのような「曖昧さ」を残した能力の違いが存在することは，たとえば「あの人は英語

ができる」「あの人は少しできる」「この人は全くダメ」という日常会話がみられることでも，理解できると思います．前述の「ある一つの評価観点」というのが，この例では「英語」にあたります．また，英語に限らず，数学でも，母語（日本語）によるコミュニケーション能力でも，具体的に何を指しているのか曖昧な「学力」といった要素でも，同様な議論の対象になることもしばしばです．ただし，その中でも，「あなたはAさんの学力がBさんよりも高いというが，私はBさんのほうが高いと思う」といったように，「見解の相違」がはなはだしい場合もあれば，「誰がみてもAさんのほうが優秀だ」といった場合もあります．それは多くの場合，「英語能力」と「学力」「頭の良さ」といった評価観点の具体的な違い，つまりは「英語能力が高い人」といったような多くの人の間で共通の雛形がしっかり形成されているか否かによるのではないでしょうか．

このような，一つの尺度で表すことができる対象のことを心理学においては「構成概念」とよびます．構成概念は物理現象とは異なり，直接観測されるものではありません．しかし，多くの人々により共有されている「概念」であれば，その存在は確からしいといえるでしょう．その意味で，漠然とした概念，すなわち人々の間で見解が分かれるような概念を測定することは，きわめて難しいことであるといえますし，あまり意味がないことであるといえるでしょう．

試験の設計とは，測りたい対象を「構成概念」としてあらかじめ定義しておき，多数の「問題」に対する受験者の「反応」を手がかりに，尺度を構成する手続きのことです．たとえば面接試験では，面接者が投げかけるたくさんの質問（＝問題）に対し，受験者が応答（＝反応）した結果を手がかりに，受験者に対して評価を下します．その評価は，たとえば5段階の尺度（A，B，C，D，Eや秀・優・良・可・不可）にまとめられます．このように尺度を構成する手続きを「尺度化」とよびます．ここで構成概念を定義する操作は，先ほどの温度の測定の場合で「規準の定義」に相当する操作に対応します．すなわち，どのような現象を，どのような方法で測定するかを決めるということです．また，尺度化の手続きは，「刻みをあわせる」「原点をあわせる」という操作に対応しています．

1.2 試験と疑似性格検査とアンケート

このようにみると，「尺度化」はややこしく，難しい手続きですが，物理的な尺度化であれば，比較的簡単に行えると思ったのではないでしょうか．英語能力などの「能力」の尺度化は，それに比べてさらに難しく，さまざまな課題をクリアしなければなりません．その課題の多くは，「能力をどうやって問うのか」というテストの本質に関わる部分に，横たわっています．

突然ですが，みなさんは雑誌などに掲載されている，いわゆる「疑似性格検査」に，回答した経験はあるでしょうか．

雑誌，特に女性雑誌には，しばしば「○○度チェック」「恋愛××占い」と銘打った企画

が掲載されています．ここでは，読者が気軽に答えることができるものの，その結果も重要視されないような「性格検査」を「疑似性格検査」とよぶことにします[*1]．このような疑似性格検査の雑誌企画の中には，いくつかの設問に「はい」「いいえ」で答えさせ，その結果を集計するというものがあります．具体的には，以下のようなものです．

田舎者度チェック！
以下の質問に正直に「はい」か「いいえ」で答えてください．
(1) 毎日をゆるく，まったりと生きたい．　　はい　いいえ
(2) 買い物といえば郊外のイオンだ．　　　　はい　いいえ
(3) 中学時代の同級生と親しい．　　　　　　はい　いいえ
　・・・・・・(中略)
(20) 車でミニバンはダサいと思う．　　　　　はい　いいえ

　質問 (1) から (10) について，「はい」と答えた個数を数え，質問 (11) から (20) について，「いいえ」と答えた個数を数えて，点数とします．
　いかがでしたか？

　点数が0から4点のあなたは，都会派タイプ！
　量販店やアウトレットよりも都会のデパートがお似合いなあなたには，ミーハーで流行に敏感な傾向があります．

　点数が5から9点のあなたは，田園都市タイプ！
　都会のごみごみしたところがイヤだけど，洗練された都市近郊がお似合いというあなたには，常におしゃれでありたいという傾向があります．

　・・・・・・

1.2.1　疑似性格検査と試験問題冊子の似ている点

　このような疑似性格検査は，部分的にではありますが，試験の構造に似ている部分があります．
　まず冒頭の「田舎者度チェック！」という部分は，これからこのチェックで何を測ろうとしているかを，読者にアピールしています．学校の試験でいえば「国語」「数学」などの「科目名」にあたります．すなわち，試験で測定される対象，構成概念を表しています．

[*1] 「疑似」としたのは，一般性，普遍性があるように設計されている，心理臨床場面で用いられる性格検査と区別するためです．

次の「以下の質問に……」という文章は，読者に対する指示です．これは試験でいうところの「次の文章を読み，以下の問いに答えなさい」に相当します．続いて，質問文が続きます．これらの質問文は，試験では「問題文」です．

ここまでは，疑似性格検査と試験は，ほとんど同一の構造をもっているといえます．しかし，試験の場合には，受験者が行う作業は問題に解答する段階までであるのに対し，疑似性格検査の場合は採点まで読者に行わせるのが普通です．それが，「質問（1）から（10）について……」以下の指示です．試験の場合は，採点の詳細なルールが秘密になっている場合もありますが，受験者が答えあわせを受験後に行えるようにしてある試験も多くあります．もちろん，テスト実施機関が受験者の答案を集めて採点することは，いうまでもありません．

疑似性格検査の場合，「田舎者度」が高い読者ほど「はい」と答える傾向にあると予測される質問項目に対しては，採点の指示の部分で「はい」と答えた個数をスコアとしてカウントさせます．逆に，「田舎者度」が低い読者ほど「はい」と答える傾向にあるとされる質問項目に対しては，「いいえ」と答えた個数をスコアとしてカウントさせます．この操作により「点数が大きければ大きいほど『田舎者度』が高い」という意味をもつスコアを，読者一人ひとりが得ます．一方，試験の場合は，各問題に対して「正答」が存在します．そのため，スコアの値の解釈も「正答できた問題数が多ければ多いほど，受験者の能力が高い」となり，疑似性格検査の場合と異なります．

疑似性格検査の最後の部分，「点数が 0 点から……」の部分は，疑似性格検査の結果得られた点数がどのような意味をもつかを解説している部分です．しかし，疑似性格検査では，ほとんどの場合，意味づけは一般性をもちません．それどころか，質問の内容も理論的根拠はありません．それに対し，試験の場合は，スコアを使って受験者に対する何らかの評価を行います．評価のために試験を実施しているのですから，スコアの意味づけも厳密に行う必要があります．また，測定のための理論的根拠も必要です．

スコアの意味づけとして最も身近なものに，「合格」「不合格」というものがあります．また，語学試験の場合は「400 点以下は限られた場面でしか英語を活用できない」「730 点以上の場合はたいていの日常場面で英語を用いたコミュニケーションが可能である」といった意味づけを，過去に試験を受験した者に対するアンケート調査などのデータを根拠にして推定し，公表している場合があります．このようなスコアに対応した「何ができるか」の文言を「can-do ステートメント」とよびますが，これは疑似性格検査の末尾にある点数とその意味の対応表そのものであるといえます．can-do ステートメントに関しては 3.5.18 項を参照してください．

1.2.2 疑似性格検査と試験は大きく異なる

とはいっても，疑似性格検査と試験は本質的に異なるものであることは「あたりまえ」でしょう．では，具体的にどのように「異なる」のでしょうか．大きな違いは，以下の2点に代表されます．

1点目は，質問項目や問題文の性質に関する点です．周りを見回してみれば，疑似性格検査は雑誌に数多く掲載されており，粗製濫造気味ではないかと思えるほどです．中には，まったく説得力のない質問項目が含まれている疑似性格検査もみかけます．また，使用目的（？）も他愛のないもので，とても一生を左右するような重大な意思決定に使用することを意図しているものではありません．その点は，読者も作り手も心得ていると思います．なぜなら，雑誌に掲載されている疑似性格検査の結果をめぐって，訴訟沙汰になった，トラブルになった，という話を，私たちはほとんど聞かないからです．一方，試験では粗製濫造が許されません．問題文で受験者に問うている内容が，科目で設定された学習目標（シラバス）に含まれており，かつ，的確なものでなければなりません．そして，スコアには一般性がなければなりません．つまり，どこに行っても，誰に対しても，スコアのもつ意味が普遍性をもっていなければ，評価の道具として使えたものではありません[*2]．

2点目は，疑似性格検査は採点を自分で行う自己採点形式になっていますが，試験の場合，採点はテスト実施機関に答案用紙を送って（あるいは，コンピュータを用いて）行う点です．これは，試験においてスコアが信用できる値であるために，たいへん重要なことです．採点まで受験者に行わせる試験など，聞いたことがありません．自己採点形式を採用してもよいというのであれば，受験者が採点で「ズル」をして，誤答であった問題に対しても「正答した」と偽ってスコアを算出しても，誰もわかりません．つまり，スコアが信用できないということです．それに加えて，試験は通常，受験会場をテスト実施機関が指定し，カンニングなどの不正行為が行われにくい環境で実施されます．これも，問題を解くにあたり特定の受験者だけが得をするようなことのないように配慮しているためです．いわゆる「公平性」「公正性」は，言い換えれば「すべての受験者について，能力の大小以外の要素を同一にそろえた上で」試験を実施することを意味します．疑似性格検査は，公平な試験とは本質的に異なるものです．

この二つの違いは，どのようにして生じているのでしょうか．それは，スコアになんらかの実用的な意味をもたせようと努力しているかどうか，という点に集約できそうです．この努力により，たとえばある「試験」の結果が芳しくない，ということが，それが受験者の学力が不足しているせいだった，といえるようになります．試験の場合，問題文は一

[*2] 一般性に関しては，学校のクラスで行われる小試験のように，適用範囲が限定されている場合もあります．ただし，その場合は適用範囲を受験者に明示していますし，受験者（生徒）も「小試験の結果だけで進級の可否が決まるわけではない」ということを認識しているはずです．

般性をもった「学力が高い受験者ほど正答しやすい」性質を帯びており，かつ，すべての受験者にとって公平な環境で試験を行っているということが前提となっています．そのため，ある受験者について正答が少ないという「結果」が得られたということは，その原因が「その受験者の達成度が不足しているため」ということができる，ということです．このことは 1.4.2 項で述べる「構成概念妥当性」と関連します．

　逆にいえば，これらの点に不備のある試験は，巷にある疑似性格検査と，大差ないということもできると思います．否，「試験」と銘打って，疑似性格検査レベルのことをやっているのですから，受験者にとっては大変な不幸であり，またわかってやっているとしたら大変悪質です．よって，テスト実施機関は，行っている試験が疑似性格検査レベルに堕ちないように，後述する信頼性や妥当性の検討，試験環境の整備など，さまざまな策を講じているのです．

1.2.3　疑似性格検査とアンケート調査の違い

　ところで，疑似性格検査や試験とは異なるが，構造が似ているものに「アンケート調査」「質問紙調査」とよばれるものがあります．

　アンケート調査は，以下のような形をとるのが普通です．

「××ビール社が発売している「●●ビール」に関する調査」

　本調査は，弊社が発売している「●●ビール」が，消費者の皆様に与えるイメージを明らかにするために計画されました．つきましては，以下の問いに対して，お答えいただければ幸いです．この調査には，正答は存在しませんので，あなたのありのままを正直にお答えいただきたいと思います．

　本調査は，無記名でお願いしております．また，回答は統計的に処理され，個人別の結果が公表されることはありません．

　不明な点がありましたら，まことにお手数ですが，以下の連絡先までお願い致します．
（連絡先・略）

（質問 1）
　あなたの性別・年齢をお答えください．（ 男性 ・ 女性 ・ その他 ）（　　歳）
（質問 2）
　あなたは，××ビール社が発売している「●●ビール」をご存知ですか？
　　　　　　　　　　　　　　　　　　　　　　　　（ はい ・ いいえ ）
（質問 3）
　普段のあなたの食の好みについて，当てはまる度合いをお答えください．好きである場

合は大きな数字に，そうではない場合は小さな数字に丸をつけてください．回答については，かならず数字に丸をつけてください（数字以外の部分に丸をつけないでください）．
1．脂っこいものが好きである．　　（ 1　2　3　4 ）
2．しょっぱいものが好きである．　（ 1　2　3　4 ）
3．　（以下略）

　アンケート調査は，疑似性格検査や試験の構造に似ている，と感じると思います．質問がいくつも並ぶ点や，回答を数値化するところなど，そっくりです．また，アンケート用紙を調査担当者に返却し，調査者が結果を集計する点も，試験と似ています．

　しかし，アンケート調査には，疑似性格検査や試験とは決定的に違う部分があります．それは，いまだわからない社会一般に関する事象に対して，その関係を探ることを目的としている，という点です．ビール会社は，自社のビールがどうして売れるのかを知りたいがために，アンケート調査を通じて不特定多数の回答者の食の好みなどを聞き，どのような食の好みをもっている人が自社のビールをよく購入するかを探ります．他にも，自社のビールのイメージや CM から受けた印象など，ビールの売れ行きに関連しそうなさまざま調査項目があります．このような「ビールの売れ行きとの関連が漠然とわかっているけれども，具体的にどうなっているのかがわからない」という点を明らかにするために，アンケート調査を行うのです．

　そのため，アンケート調査で用いる調査項目，質問項目は，疑似性格検査の「田舎者度」のように，明らかに遊びでやっているような内容ではありません．調査目的が「ビールの売り上げアップ」のように切実であればあるほど，意味のある結果を得たいので，調査項目の選定は慎重になるでしょう．しかし試験のように「この問題を出せば確実に英語の能力が測れる」というような確実性があるような，しっかりとした調査項目があるわけではありません．そのため，アンケート調査では調査項目に探索的な要素が加わる場合が多いのです．

1.2.4　アンケート調査と試験の異なる点

　アンケート調査は疑似性格検査と異なる点があるということでしたが，試験との違いはどのような点にあるのでしょうか．

　まず，アンケート調査には「正答」は存在しません．何がビールの売れ行きを左右するのか知りたい会社が，「若い人向けに開発したビールの売り上げが好調なのだから，若い人ほどイメージが良いと回答するに違いない」という，根拠のない思い込みを抱いているとすれば，それがビール会社の考える「正解」であり，その「正解」の度合いを回答者ごとに評価するという「調査」も考えられなくはありませんが，そんな正解のある「調査」をわざわざお金をかけて行うことはないでしょう．それに対して，試験においては事前に「科目名」を提示し，「これらの問題に正答できる個数が多いということは，受験者の能力が高

いためである」という因果関係を仮定しています．そこには，探索的な要素はありません．

また，アンケート調査の結果については，通常，回答者ごとに個別の結果を返しません．たとえば質問 3 で，普段のあなたの食の好みがどうなのかを尋ねています．質問 3 への回答状況から「あなたは調査対象者全体の平均と比べると，かなり脂っこいものが好きなようです」といった結果を個人に返却することは可能でしょうが，通常，そのようなことを行うにはかなりのコストがかかりますし，結果を返してもらった側としても，この結果をどのように使うのか，明確なメリットは見出せません．アンケート調査の結果は，個人単位ではなく，調査対象者全体から得られた回答を分析した結果を指すのが普通です．探索的に検討した因果関係の構造を解釈した内容を会社内で共有し，あるいは外部に公表し，これがどの程度一般的であるかを議論します．そこには，受験者個別のスコアを返す発想はありません．アンケート調査の目的はあくまで「質問項目の反応からみえてくる全体の傾向」を探るためなのです．

1.2.5　アンケートと試験の関係：フィールドテスト

その一方で，アンケート調査と試験には，いくつかの類似点があります．アンケート調査では質問項目に対する反応から全体の傾向を調べるために，結果として収集された回答データを「因子分析」（3.4 節を参照）や「共分散構造分析」といった数値的な分析手法を適用して，一般的な傾向を解釈し，調査結果として論文やレポートなどにまとめます．一方，試験においては「項目反応理論（項目応答理論, item response theory：IRT）」（3.5 節を参照）という分析手法を用いると，解答データからより多くの情報を引き出すことができ，より一般的な傾向を描き出すことが可能です．実は，項目反応理論は因子分析の特殊な場合であり，統計学的な手法は同一である，ということがいえます．ここからも，アンケート調査と試験の類似性を指摘することができます．

また，アンケート調査では回答者に謝礼が支払われる場合があります．一方，試験では受験者がお金を支払わなければ受験できない場合が多いです．たとえば国家試験や大学入試などは「受験料」を支払わなければ，受験させてもらえません．この違いは，アンケート調査と試験の目的の違いを如実に表しています．アンケート調査はお金をかけて何らかのトピックについて全体の縮図となるような平均的傾向を探るのが目的であるのに対して，試験ではあらかじめ何の科目か明らかである問題文を受験者に提示し，解答を収集して結果をスコアの形で受験者に報告するのが目的です．商品価値という意味でいえば，アンケート調査は「回答から得られた傾向」をまとめたものに価値があり，質問項目が広い範囲をカバーしていれば，その価値は高いといえます[*3]．

その一方で，試験の商品価値を高める上で重要なのは，事前に設定した「測りたいもの」

[*3] たとえば一つの商品に対する満足度調査よりも，複数の商品 A，B，C の満足度調査を一度に行い，結果を比較すれば，そのほうが多くの情報を得られるため，価値が高いということです．

を的確に測っているといえるかどうか，言い換えれば「構成概念妥当性」の高さです．「国語」「社会科」「数学」の試験の例でいえば，各教科について問題文が受験者の「国語的能力」「社会科的能力」「数学的能力」それぞれを的確に測っているかどうかが重要なのです．

ところで，受験者の学力を調査するのが目的という試験も行われています．たとえば日本の文部科学省は，全国的に子どもの学力を調査する目的で「全国学力・学習状況調査」を行っていますが，学力調査に関しては一つの教室に調査対象の子どもを集めて全国一斉に「調査」を行うという形式です．傍目からみれば，これは間違いなく「試験」にみえるでしょうが，子どもが調査を受けるためにお金を支払っているのではなく，国が実施費用を負担しています．

また，アンケート調査の方法論を試験に応用することで，その試験が一般性や妥当性をもっているかどうかを調査することができます．すなわち，本番の試験問題として使用する前に，少数の解答者に試験問題を提示して解答させ，期待通りの答えが返ってくるかどうかを調べるのです．このような調査目的で行う試験を「フィールドテスト」とよびます（「予備テスト」「プレテスト」などともよばれます）．アンケート調査では質問に対する回答から，回答者の一般的な全体像に関する推測を行いますが，フィールドテストでは解答者の傾向というよりはむしろ，「当初に決めた『測りたいこと』をその問題が的確に測定できるかどうか」といった「問題の特性」を検証することが主な目的である，という違いがあります．フィールドテストは，2章に述べる標準化テストの事例で，重要な役割を果たします．

1.2.6　疑似性格検査を試験に昇華させるには：概念的定義と操作的定義

「疑似性格検査」は，疑似性格検査を作成した者の思い込みだけが根拠であるため，妥当な測定ではないことがわかります．当然，疑似性格検査の作成者も，回答者も，ほとんどその測定結果の真偽を真剣に信じておらず，人生の重大な選択にこのような多枝選択式の疑似性格検査を用いることはまずありえません．しかし，日本では「血液型占い」のように，科学的な検討の結果「血液型と性格の間に関連は無い」（縄田（2014）や小塩（2011）を参照）ことが確実だといえるにもかかわらず，単なるコミュニケーションの潤滑剤の役割を超えて，誰と誰が友達としてつき合うかといった意思決定の根拠として考える人が多いのも事実です．

このような疑似性格検査は測定のための「根拠がない」状態ですので，適切な根拠を与えれば，測定の手段になりえます[*4]．根拠の薄い疑似性格検査に根拠を与える場合，疑似性格検査レベルで問おうとしている構成概念に対して，明確な定義を与える必要がありま

[*4] しかし，たとえば例にあげた「田舎者度チェック！」では，その構成概念を測定すること自体，偏見や差別にあたるようなトピックといえます．そのような場合は，アンケート調査とすることもまた，不適切であるといえます．

す．たとえば「ミーハー度」を測りたければ，どのような特徴があればミーハー度が高いのか，もっともらしい根拠により構成概念を定義しなければなりません．もしそのような定義ができないのであれば，そもそも測定しようとしている概念があやふやであることにより，結果の解釈が人によってまちまちになってしまいますので，一般性を欠いた測定の道具ということになります．

そしてこのことは，試験においてもあてはまります．たとえば「グローバル人材能力」などという抽象的概念を測定したい場合はなおさらです．「グローバル人材」という，人によってイメージされる能力がまちまちの測定対象について，妥当な試験かどうか，的確かつ合理的な説明ができなければ，それを測定する道具は疑似性格検査と同様なものにすぎないといえるでしょう．合理的説明の一例として，周囲から「わが社を代表するグローバル人材だ」と認められている人に共通する特徴をうまく問うているのであれば，その問題は妥当性があるといえるかもしれません．ただし，妥当性があることを完全に証明することは，この根拠だけではとても無理があるといえるでしょう．

このように，構成概念を定めるにあたり，他の事象（グローバル人材にふさわしいとされる振る舞いなど）との関連性を列挙することで，抽象的概念を具体化していく定義の方法を「概念的定義」とよびます．5 教科の試験で測られる内容についても，教育学者や教員，教育委員会，その他の有識者によるカリキュラムとの関連の議論を通じ，概念的定義を固めていった過程があるのです．

これらの概念的定義に基づく概念を的確に問う試験を作成し，実施していくことを重ねていけば，やがて「正解が多ければ，測定されている概念における能力が高い」といえる場合がやってくるかもしれません．実際，次節で例にあげる TOEFL iBT などは，試験問題に正解が多ければ多いほど，その人がアメリカの大学に留学する際の英語運用能力が高いということがはっきりしています．これを推し進めると，究極的に「英語能力が高いかどうかは，TOEFL iBT の問題に正解できるかどうかによって決まる」という定義が許されるまでになれば，その試験は測定ツールとして完成の域に達しているといえるでしょう．ここでの定義の方法を「操作的定義」とよびます．

操作的定義の考え方は，試験の問題を作っている現場では一般的かもしれません．なぜなら，試験問題の作成過程は「この問題に正解できた受験者は英語能力が高い」という質問内容をなるべくたくさん思いつくこと，そのものだからです．しかし，問題作成者は概念的定義を完璧に把握しているわけではありません．そのため作成された問題は「あやふや」であり，「本来測定したいと思っている概念を測定できていない」状態のまま，試験が実施されているかもしれません．したがって，操作的定義の考え方を基に作成された問題が，概念的定義に基づく「本当に測りたい内容」と一致しているかどうか，検討を続けなければならないでしょう．この一致度を検証することを「妥当性の検証」とよび，試験の開発においてはたいへん重要な過程であると考えられています．

1.3 単一の尺度による測定

さて，ある種の「能力」のような曖昧な要素を含むものを測定する上では，何が測定される対象か，ということが重要な検討要素といえます．試験は一度きりということはめったになく，ほとんどの場合，一年に一度あるいは数度のペースで繰り返し行われます．これらすべての試験において，スコアが同じ意味に解釈できるためには，試験で測定しようとしている構成概念を統一する必要があります．

1.3.1 TOEFL iBT にみる試験の中身

抽象的な話が続いてきたので，ここで試験の具体的な例として，TOEFL iBT について考えてみましょう．

TOEFL iBT はアメリカの大学に留学を希望する者が受験する，英語能力を測定する試験です．受験者は「テストセンター」とよばれる大部屋に入り，受験者ごとに一台ずつ用意されたパソコン画面に表示される問題に解答します．解答はインターネットを通じてテスト実施機関（アメリカにある ETS (Educational Testing Service) 及び ETS から試験実施を請け負っている会社）のサーバに送られ，採点されます．問題は全部で次の四つのセクションから構成されています．このようにコンピュータを用いた試験実施のことを「CBT (Computer Based Test)」とよびます（詳しくは 5.6 節を参照してください）．

- Reading
- Listening
- Speaking
- Writing

これらのセクションは，それぞれ，英語を「読む」「聞き取る」また英語で「話す」「書く」という技能について，受験者の能力を測定するための「ものさし」となっています．Reading セクションでたくさん正解すれば，それだけその受験者は英語を「読む」能力に長けていると判断され，正解が少なければ読解能力に乏しいと判断されるわけです．TOEFL iBT の実施者は，あらかじめ受験者の読解能力を測るための「ものさし」としてふさわしいことがわかっている問題を用意しておき，受験者に提示しています．

これらの 4 技能は，いずれも「英語能力」という形で，一括りにすることができます．しかし，たとえば読解能力が優れている受験者がかならずしも他の 3 技能に優れているというわけではなく，受験者によって得意不得意があるでしょう．クラスルームテストでも，たとえば「理科」の試験に「物理」「化学」「生物」「地学」がある，というように，尺度に階層性を考えることが少なくありません．このような階層性をもった尺度において，上位

に来る尺度を「上位尺度」，下位に来る尺度を「下位尺度」とよびます．TOEFL iBT では「(留学のための) 英語能力」が上位概念，4 技能が「下位尺度」です．

1.3.2 統一された単一尺度のメリット

さて，これらの尺度で英語の能力を測定することで，一体どのようなメリットがあるのでしょうか．

それは，ある決まったものさしを用意することで，いつ，どこで試験を受験したかを問わず，受験者に返るスコアに常に同じ「英語能力」の大小という意味をもたせることができる，という点です．TOEFL iBT は，テストセンターがある地域であれば世界中のどこからでも受験可能ですが，どの問題を受験したとしても，受験者に返ってくるスコアは同じ意味をもちます．たとえば，やさしい問題ばかり出題された実施回にあたった受験者が多く正解できたので，自分の英語能力以上のスコアを得るということはありません．

TOEFL iBT は，受験者の母語が何であるかを問わず，英語能力を測ることが可能です．その際，英語を母語とする者を比較対象として，言い換えれば英語を母語とする者を規準として，受験者の英語能力を評価します．このようにして，スコアの意味に一般性をもたせているのです．一般性をもたせたスコアの尺度を構成することは，「その試験の結果が〇〇点ならば何ができるか」というように，スコアに具体的な意味づけをすることにつながります．実際に留学を受け入れる大学が「この学生は〇〇点をとったのだから，△△が英語でできるということだ」といった，学生の英語能力の具体像を知ることが可能になります．もちろん，受験者にとっても自分の英語の実力がどの程度なのかを知ることができ，便利です．ただし，「can-do 対応表」(3.5.18 項を参照) をテスト実施機関が提供することが前提です．

世の中には，大学入試センター試験のように，1 年に一度きりしか行われず，決められた会場で全員が一斉に受験しなければならず，日本でしか受験できず，can-do 対応表もない，という試験がほとんどです．私たちがイメージしている「試験」は，何かの「関門」になぞらえられることが多いように，特定の集団をより分け，差別化するための道具とみられがちです．ましてや，学力の「伸び」を測定するための道具などという捉えられ方は，一般的でないように思います．

日本の高校生はこれまで，そのような関門を乗り越えることで，大学に進学するというメリットを享受でき，それにより明るい将来が約束される，と信じ込まされて育ってきたようですが，そのようなものは幻想に過ぎないといえます．大学入試で測られる中身は高校教育までの「達成度」である以上，それを測るための手段が年 1 回しかないというのは，高校生からみれば理不尽極まりないと思います．

これからの試験のスタンダードは，TOEFL iBT のようなものではないでしょうか．いや，そうでなければならない，と筆者は強く思います．たとえば，日本英語検定協会が主

催する英検についても，2級と準2級についてのみ，年1回ではありますがコンピュータを用いて行われるようになりましたし，合格・不合格とは別に「英検 CSE スコア」とよばれる独自のスコアを表示することで，can-do 対応表による評価も可能となりました．その意味で，日本の英検も「国際基準」に追いつこうとしているのです．

1.3.3 規準集団を定義する

　前項では，TOEFL iBT がどのように実施されているかについて述べましたが，このような年複数回実施，どの回のスコアも（期限付きではありますが）有効という，大学入試に臨む高校生にとってみれば夢のような理想的試験を実施しようとしたとき，どのような点について，改善する必要があるのでしょうか．

　TOEFL iBT では，同一受験者が複数回受験できます．したがって，同一の問題を二度以上同じ受験者に出さないようにするため，複数の問題を用意するのです．そして，出題する問題の難易度など，問題の「特性」を数値化し，実施会場や実施時期ごとにスコアの意味が一定になるような試験問題にしなければなりません．

　それに加えて，学力の規準となる集団を定め，その集団と比較可能なように尺度を作ることが必要です．TOEFL iBT のような留学生向けの試験の場合は「アメリカに留学したい学生」のための試験ですので，スコア表示の「原点」と「刻み」は「アメリカの大学生一般」の尺度にあわせることが必要です．そのために，ある年度 X のアメリカの学生における英語能力の平均を「原点」と決めておきます．また，ある程度の英語能力のばらつきをカバーするために適当な「刻み」を設定します．それらの「原点」と「刻み」をもった尺度を規準とするのです．実際に尺度を定義するために，年度 X の大学生からランダムにサンプルを得て，英語の試験を行います．

　そして，先のサンプルにおける英語スコアにはばらつきがみられるでしょうから，そのスコアの分布が正規分布（たとえば平均 100，標準偏差 10 の正規分布）であると仮定し，受験者のスコアを相対的な値をもって表示する，というような工夫が必要になります．年度 X 時点の大学生の語学力が規準となって，他の年度に実施した試験の結果が表示されますので，年度 X 時点の大学生を「規準集団（reference group, norm group）」などとよびます．このように，規準となる集団と比較可能なように尺度を構成する手続きを「標準化」とよびます．

　多くの試験においては，「スコアのデータは，今たまたま選ばれた受験者の実力を反映したものであり，その背景には多数の受験者が存在する．そして，それら多数の受験者の能力は，正規分布をしている」という仮定をおくことが一般的です．ここで述べた「テストを受けていないが存在を仮定することができる多数の受験者」のことを「母集団」とよび，実際の試験を受験した者を「サンプル」とよびます（図 1.1）．

　仮に年度 X を 2010 年とすると，2012 年の平均スコアが 110 点であった場合，母集団に

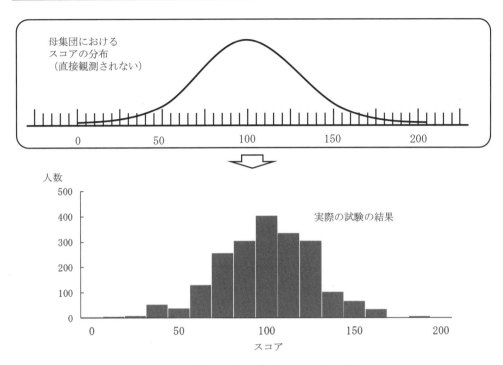

図 1.1 試験における母集団とサンプルの関係

おける平均的な英語能力は2年で規準集団における1標準偏差分だけ上昇したと推定できます．これはとりもなおさず，英語能力の経年比較をしていることに他なりません．また試験会場が異なる場合であっても，規準集団の上で尺度得点を表示することにより，規準集団の尺度を介して相互に英語能力を比較することが可能です．

ただし，あくまで「サンプルの正誤データから母集団のスコアを推定」した結果ですので，たとえばサンプルが少ない場合は，推定の精度が悪くなることもありえます．しかし，「全体的に英語能力が高まったかどうか」を比較検討し，「英語能力の伸び」を観測しようとする場合，規準集団に基づく方法は必須であるといえます．

1.3.4 標準化テスト

このように，規準集団を決め，学力の尺度を規準集団上で表示する「標準化」の手続きを経た試験を「標準化された試験」「標準化テスト（standardized test）」とよびます．

標準化テストについて理解する上では，受験者個々人のスコアではなく，そのスコアが集団全体でどのように分布しているかが重要です．なぜなら，規準集団と比較可能なスコアの尺度を求めるためには，規準集団の「分布の特徴」に関する情報を用いるからです．

また，規準集団を定義することにより，複数の試験の難易度を比較するための「土俵」が

できるので，試験の難易度がわかっていれば，その難易度を調整することにより，複数の試験のスコアを比較することができます．一つひとつの試験は難易度が違うため，異なった原点と間隔をもつ尺度であるとみなすことができます．これらの尺度を規準集団の尺度に合わせて「伸び縮み」させ，「原点をそろえる」ことによって，規準集団と同じ尺度とみなすことができます．つまり，スコアが比較可能となるのです．図 1.2 では，2010 年実施の試験を規準集団と定義し，2011 年の試験の尺度を 2010 年の尺度に合わせる様子を示しています．

ただし，このような操作が可能となるのは，問題がもっている「受験者の能力レベルに依存しない形の難易度」がわかっていなければなりません．これを見出すのは難しい課題です．問題の難易度の指標としては「正答率」が最も多く使われてきました．しかし，正答率が高くなる原因は，問題が易しかったからとは限りません．受験者の能力が全体的に高ければ，正答率はより高まり，能力が低い場合は正答率は低くなります．つまり，問題の正答率は正当な難易度の指標になっていないのです．したがって，正答率を問題の難易度と考えた場合は，図 1.2 で示したような単純な操作で，尺度をそろえることができないのです．

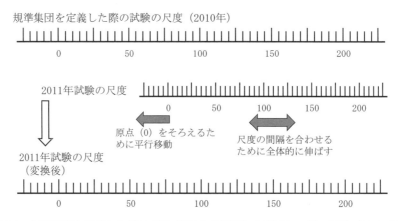

図 1.2　規準集団を定義した際の試験（2010 年実施）の尺度に，別の試験（2011 年実施）の尺度をあわせる．

「受験者の能力レベルに依存しない形の難易度」を追い求める試みが数多く行われ，多くの研究が行われたなかで，項目反応理論に基づく方法が提案され，実際の試験で活用されるようになってきました．その詳細は 3.5 節に述べますが，大まかにいうと「試験で測りたいことが測れていると考えたときに，その構成概念の軸に沿って受験者を序列化するような尺度」を，正解・不正解のデータの傾向から推定し，その尺度上で難易度を表示する，という手続きをふみます．この点を理解するためには，「因子分析」という統計手法に対する理解が必要です．因子分析はいささか難解な統計手法ですが，試験で何らかの傾向を測るという行為を本質的に理解するためには必須となる統計手法です．

1.3.5 規準集団上での「項目特性」を定める

測定したい能力のスコアを表示するために，その能力の定義を一つのものさしで測って表す，ということについて説明してきました．そして，能力の定義という課題に取り組むためには，問題の「難易度」といった，それぞれの問題に固有の「特性」を考えなければならないことがわかりました．このような，問題それぞれにユニークな特性を「項目特性」とよびます．項目特性は「項目パラメタ」とよばれることもあります．

項目パラメタとしては，いくつかの種類があります．これまではその一つの例として「難易度」を取り上げましたが，「識別力」という特性を考えることもあります．平均的な能力をもっている人から構成される受験者集団 A と，それよりわずかに高い能力を平均的にもっている集団 B とで，正答率が大きく異なっていれば，その問題は A と B の 2 集団の能力を「よりよく識別することができる」という意味で「識別力が高い」ということがいえる，というわけです．また，とても能力が低い受験者集団 C と，能力が高い受験者集団 D の間で，正答率がほとんど変わらないとなれば，その問題は正答率の違いが能力の違いによらず一定であるという意味で，識別力が低い問題である，ということです．

項目パラメタは，「問題 A は問題 B よりも難しい」というように，相対的な数値をもって表す場合もありますが，「規準集団上で正答率が〇 %」というような，集団に依存した絶対的な数値で表すこともできます．しかし後者の場合，集団における能力の分布に依存して正答率が決まってしまうため，一般性をもった尺度にはなっていません．

1.3.6 尺度の不定性を利用する

ある特定の「能力」を仮定した試験を行おうとすると，どうしても避けて通れない問題があります．それは「尺度の原点と単位は，誰かが定義しなければ定まらない．誰が，どのように定義するのが妥当なのか」という点です．

たとえば，1.3.3 項で示した規準集団の例でみると，規準集団という「土俵」を定めることができたとしても，その「土俵」上における数字の刻みの粗さや数字の範囲は，テスト実施機関が定義し，その定義を後に続く試験のすべてにおいて維持しておかなければ，継続的に比較可能なスコアを返す試験になりません．

考えてみれば，温度の測定においても，世界中で使われている尺度には摂氏と華氏の 2 種類があります．これらはそれぞれ異なる原点と刻みの定義がなされています．日本で一般的な摂氏の場合，原点は「水が氷になる温度」ということで，水が凍るという物理現象に基づいて原点が定義されています．このように，尺度を作成するためには，何らかの根拠に基づき，原点と刻みの粗さ，すなわち「単位」を定義する必要があるのです．

温度という物理現象において複数の単位が両立しているのは，「温度を測る」という目的にかなった実用上のメリットがそれぞれにあるためです．風邪をひいたときに体温が摂氏

37 度を超えているかどうかを日本人は気にしますが，アメリカでは華氏 100 度を目安にします．このように，尺度の定義は文化的，慣習的な要素にも影響を与えるのです．このように考えると，試験の尺度における原点と単位の決定に際しても，文化的，慣習的な影響が避けられないでしょう．

温度の尺度を作成する場合には尺度が普遍性をもち，意味が変わらないことが重要視されます．ある日突然，これまでの摂氏の温度を 100 倍して新しい「新摂氏」を導入する，などということはありえません．そんなことをすれば，たとえば天気予報で「明日の最高気温は新摂氏 1200 度でしょう」などということになり，私たちの生活に大きな混乱を招きますし，なによりそのような変更には何の意味もありません．それと同じように，試験における尺度もまた，普遍性をもち，意味が変わらないことが要求されます．ただし，温度の尺度のように長い年月にわたって不変である必要はなく，その試験が実施されている間さえ不変であれば十分でしょう．大事なのは，その試験が始まる際に定義した規準集団上での尺度の原点と単位が，その後に続く試験においても同じ原点と単位としての意味をもつ，ということです．

本来，尺度とは，原点と単位を任意に決められるものなのです．新しいものさしを作るにあたって，私たちは新規に原点と単位を定めることができるのです．項目反応理論を用いた尺度の構成では，能力レベルを表す数値に，原点と単位を任意に与えることができます．この特長があるために，まず規準集団における原点と単位を定義し，次に続く試験の原点と単位を規準集団上に合わせるという操作が可能となります．このような手法を応用すると，同じトピックを測定する複数の試験を利用して，成績を相互に比較可能な試験を設計することができます．

1.3.7 試験の「スコア」と標準化テスト

ここまでの話で，試験では受験者の能力の大小を反映した数値を，事前に定めた尺度上で示すことが大切だということを述べました．このような数値は，一般に「得点」「スコア」「成績」などとよばれ，数字の大小を受験者ごとに比較したり，基準となるスコアと比較したりというように使われます．本書では以降，受験者の能力の大小を反映した数値を「スコア」とよぶことにします．

大学入試センター試験や，都道府県単位で行われる公立高校の入試は，試験実施終了後に新聞などで問題文と正答一覧が公表されます．受験者はこれらを見ながら「自己採点」を行うことが一般的です．読者のみなさんも，そのような自己採点を，どきどきしながら行った経験があるでしょう．ここで自己採点した結果もまた，スコアとよばれる数値とみなすことができます．

図 1.3 に，多枝選択式の試験における一般的な採点手続きを示しました．テスト実施機関は受験者から答案を回収した後，受験者それぞれについて (1) のように正答選択枝と答

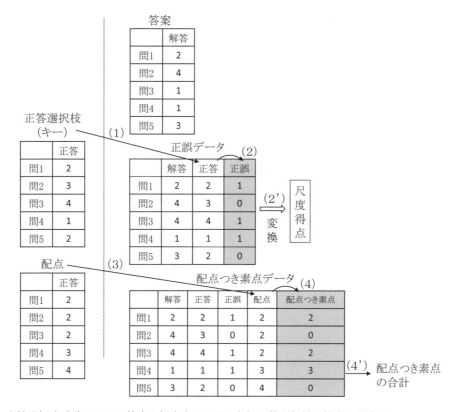

図 1.3 多枝選択式試験において答案を採点する手順．(1) 正答選択枝を答案と対応させ，(2) 答案と正答選択枝を照合して正誤データを作成し，(3) 配点と正誤データを対応させ，(4) 配点つき素点を計算する．(2') は正誤データから尺度得点を計算する手続き，(4') は配点つき素点を合計してスコアとする手続きを示す．

案とを対応させ，一致している問題に関しては「1」，不一致の問題に対しては「0」という数値を (2) の「正誤データ」として記録します．手で採点する場合は「○」や「×」といった記号を採点者が解答用紙に書き込む場合もありますが，本質的にはこれと同じ操作です．正誤データは，しばしば「素点」とよばれる場合もあります．これは，受験者が正解したか不正解だったかに関する「素の」データであることによります．

大学入試センター試験や公立高校の入試の場合，実施後に公表される正答一覧表に「配点」という欄があることからもわかるように，それぞれの問題にスコアの重み付けがなされています．通常，配点は問題作成の段階で決定され，採点作業の途中に変更されることはありません．配点がある試験の場合は，(3) のように正誤データと配点が対応づけられ，(4) のように「配点つき素点」が計算されます．配点つき素点は，正誤データの数字に，配点の数字を掛け合わせることで得られます．この掛け合わせた数字をすべての問題について合計した値が，「配点つき素点の合計」であり，一つのスコアとみなされます．

しかしながら，配点つき素点の合計には，大きな欠点があります．配点つき素点の合計をスコアとみなすならば，その値の範囲は限られます．一般的な試験では 0 点から 100 点の間でスコアを表示しているようですが，満点は必ずしも 100 とは限らず，大学入試センター試験の外国語科目は筆記 200 点，リスニング 50 点が満点です．スコアは 0 点から満点までの範囲の値しかとれませんが，現実に測りたい能力はその範囲を超えている場合があります．小学生向けの算数の問題に全問正解，すなわち 100 点満点というスコアを得たからといって，その受験者が中学校レベルの数学能力をもっているかどうかはわかりません．「100 点」などという満点を先に定義して，そこから尺度を構成するやり方は，測定できる能力の範囲を超えた場合にスコアが「天井」に達してしまう[*5]，という点で，問題があります．

そこで，配点つき素点以外の方法でスコアを表示する手法が考案されています．その一つが，正誤データから規準集団上の尺度と比較可能な「尺度得点」を計算するというアプローチです（図 1.3 の (2') の操作）．そのために必要なのは，規準集団の受験者が問題を解いた場合の，それぞれの問題の難易度に関する情報です．規準集団の受験者にとってどの問題がどの程度難しかったかがわかれば，試験の結果得られた受験者の正誤データを手がかりに，受験者の能力が規準集団上でどこに位置するかを推測することができます．これにより，規準集団に則ったスコアを受験者に返すことができます．規準集団上に，小学校から高校までのさまざまな能力をもった受験者を含むことにすれば，小学校 2 年生向けの問題ばかりに正解できた中学 1 年生に対しても，「小学校 2 年生程度の能力である」というスコアを返すことが可能です．前提として，「小学校 2 年生程度の学力で満点が取れるような問題である」とわかっている問題が必要なのは，いうまでもありません．

1.4　ハイ・ステークスな試験のために：信頼性と妥当性の確保

「結局のところ，人間のすべての振る舞いを，予測し，解釈し，意味づけすることはできないし，意味がない」という主張を，テスト実施機関の責任者からよく聞かされます．

しかし，面接や筆記試験など，限られた手がかりから，受験者に関する今後をおおまかに予測することが，その組織の運営上必要だからこそ，テストを実施するのです．この発言からは，試験はいわば「必要悪」であるという認識を試験実施の責任者がもっていることがうかがえます．

しかし，テスト実施機関からすれば，何らかの受験者集団に対して，ある観点から受験者を序列化し，一定の水準以上のものを選抜したり，各人の能力に対して評価を与えたりする必要があって試験を行っているわけですから，せめて「質のよい試験」を用いて結果を返そうと考えるのが，テスト実施機関としての責任ではないのでしょうか．その意味で，

[*5] 「天井効果」とよばれます．

「質のよい試験」とはなにかを追究することは，テスト実施機関の責任者がとるべき道であると，筆者は考えます．そのためには，どのような問題を出題するかについて，問題の「信頼性」と「妥当性」の観点から議論することが有用です．

　質のよい試験によって，テスト実施機関にとっては「必要悪」であったとしても，「まだまし」な結果を受験者に返すことができます．それは「うまく機能している試験」，すなわち「その試験を受験したとき，問われている内容に関して，勉強している受験者や，適性の高い受験者に対しては高いスコアを結果として返し，勉強していない，適性の低い受験者に対しては低いスコアを返す試験」ということです．この傾向が大きければ大きいほど，その試験のスコアを参考にしようとする人が多くなり，試験の「社会的評判」が高まります．また，そのような試験は，評判が高いことを根拠に，社会的にも多く用いられるようになりますので，ますます結果が重要視されるようになります．このような，受験者にとって結果が人生を左右するような試験のことを「ハイ・ステークスな試験」とよびます．逆に，学校で行われる小テストのように，その結果が人生を左右するようなほど重要な意味をもたらさない試験を「ロウ・ステークスな試験」とよびます．

　しかし，ある試験について，「よい試験である」といった相互主観的な評判によらずに，客観的に「質がよいかどうか」を判断することは，きわめて重要であるといえるでしょう．試験が「うまく機能している」という基準を単に「社会的評判」のみに求めるだけでは，根拠が薄いといわざるを得ません．

　もう少し深く考えてみましょう．うまく機能している試験に「定評」があるとすれば，その「定評」の中身には大きく分けて二つの要素があるといえます．「その試験のスコアは，常に受験者の能力の大小を言い当てている」という評判と，「試験で問われている内容と，実際に測定されるべき能力とがマッチしている」という評判です．前者は「信頼性」，後者は「妥当性」とよばれる，試験の質を保証する上で重要な要素です．以下では，これらの要素について述べたいと思います．

1.4.1　信頼性の確保

　どのような試験であっても，その結果に不満を感じる受験者は一定数存在します．もっとも，「この試験問題はおかしい」というように，試験の成績が悪かった原因を試験問題のせいにしようとする人は，日本ではあまり多くない印象です．

　しかし，実際の試験問題は，受験者の能力を測定する上で，ふさわしくない内容である場合が少なくありません．たとえば，ある人にとってうまく能力を測る道具であったとしても，別の人にとっては能力の大小ではなく，何らかの偶然の要素で正解できてしまう場合があるかもしれません．本来，試験問題は能力の大小を判断するための道具であるべきなのに，試験問題に対する正解・不正解が能力の大小以外の要素でばらついてしまうと，試験問題は信頼できる能力測定のための道具ではなくなってしまいます．このように，あ

る試験問題に対する正解・不正解が能力の大小によってばらつくかどうかの程度を「テストの信頼性」とよびます．

　試験に限らず，どのような測定方法であっても，その方法で用いる用具が変質することで，当初予定した指針と一致しなくなってくる場合があります．たとえば家庭用の体重計は，長年使用していると機械の老朽化などにより，正しい体重を示さなくなってきます．それに対して，スーパーなどで量り売りをする場合に用いられる計量器は，一定期間（2年）ごとに検査を受け，正しい重さを示していることを確認しています[*6]．検査を受けた計量器は，一定期間中，一貫して正しい重さを表示することができるという意味で，より信頼性の高い尺度を与えてくれる道具であるといえます．

　一般的に，同じ概念に対して複数の問題を出題し，それらの正誤データに高い正の相関がみられた場合，信頼性が高い試験であるといえます．たとえば1台の体重計であれば多少不正確でも，複数の体重計で体重を測定すれば，その結果は一定の散らばりをもった分布をするでしょう．体重計の台数を増やせば，測定結果の散らばりは小さくなり，正しい体重により近い測定結果を得る可能性が高まります．試験問題の場合も，問題をたくさん出せば，信頼性は高まります．たとえば英語の文法を問う試験を考えた場合，文法の問題をより多く出題したほうが，問題セット全体でみればより信頼性が高まります．

　信頼性の指標としては，試験問題の冊子全体に一つの値が与えられます．試験制度全体を何らかの特性を測定する活動であるとするならば，測定の道具としては「問題冊子」が該当するからです．しかし，問題冊子は1問1問の問題文の集合体であり，これらが個別の信頼性をもっていると考えることもできます．そして，問題冊子全体の信頼性は，問題文ごとの信頼性をすべて足し合わせたものであると考えることもできるでしょう．実際にはそのような単純な和の関係にあるわけではないのですが，このような「問題冊子全体の信頼性は個々の問題文の信頼性の積み重ね」という考え方によれば，「個別の問題の信頼性のうち，低いものを見出し，排除する」ということで，より少ない問題である程度信頼性が確保できるような冊子を作ることができるでしょう．

　信頼性は，相関の度合いを反映した概念です．相関が高いかどうかは，相関係数を定義し，数値化することが一般的です．したがって，信頼性に関しても，多くの場合，その評価指標として「信頼性係数」を用います．信頼性係数の定義の方法として「受験者の真のスコア」という考え方を用いた方法がありますが，それについては3.3.3項を参照してください．

[*6] 計量法により，検定に合格した「特定計量器」でなければ取引・証明を行う行為に用いてはならないことが定められています．

1.4.2 妥当性の確保

試験の結果「不合格」「不採用」とされた人のなかには,「試験でだめだったのだから仕方がない」とあきらめるのではなく,「試験が悪い」という主張をする人も,少数ですが一定数存在します.これは,出題された試験問題が,試験で測ろうとしている構成概念を測定するにふさわしいものかについて「疑念を抱いている」という主張だと言い換えることができます.英語の文法の試験なのに,英語以外の概念,たとえば英語圏の国の文化的側面や慣習などを理解しているかによって正解・不正解が分かれるとしたら,それは英語の試験かもしれませんが,文法の試験ではないはずです.

このようにテスト実施機関が「試験で測定したいと考える概念」が,その試験によって測定されているかの度合いは,一般的に「テストの妥当性」と表現されます.このことは,試験に限らず,たとえば人の体重を量りたい場合に,体温計は妥当性のない測定手段であるといえます.どの試験においても「測りたいこと」があり,それを正しく測定しようとする手段として「問題」を解かせる,という一連の作業が必要です.この「測りたい概念」を「構成概念」とよぶことは先に述べましたが,「構成概念を妥当に測れるか」すなわち「構成概念妥当性」がその試験にどの程度あるのかが,試験の妥当性を判断する上で重要であるとする考え方(メシック,1992)が,現在の主流の考え方です[*7].

では,構成概念妥当性を確かめるためには,どのようにすればよいのでしょうか.そのためには,「こんな証拠があれば,構成概念妥当性が確かめられるはずだ」という証拠を考え,それらがあるかどうかを問題一つひとつについてチェックする,という手順が必要です.

証拠の一つの例として「文化的背景や性別など,性質が異なる複数の集団において,特定の集団だけに有利であることが明らかである問題でないこと」がありえます.たとえば,入試の世界史の試験で,特定の国の文化史に関する問題を多く出題すると,その国に出自をもつ受験者にのみ有利であることが予想されます.問題に正解できるかどうかが,その受験者の「世界史の理解度の高さ」ではなく,「受験者がその国の文化圏に属するか」という点で決まる,ということです.このような問題は,公平な試験の実施という観点からは望ましくありません.このような,特定の集団に対してだけ有利な問題を「特異項目機能 (Differential Item Functioning : DIF)」をもつ問題,とよぶことがありますが,これも妥当性が欠如している例の一つです.

また,実際に筆者が携わった試験で,試験を実施したいと考えている英語の先生が,「紙に書かれた試験問題を読んで紙に解答を書くだけの試験だけでは,意味がない.たとえば,受験者に音声を聞かせて,解答を紙に書かせるという試験もあるべきではないか」と主張

[*7] 妥当性の考え方は,時代とともに移り変わりがみられました.1.4.4 項及び村山 (2012) を参照してください.

したことがあります．「リスニング能力」を問いなさい，という主張です．

　この主張は，「リスニング能力は英語能力というおおまかな能力の中の一部であり，これが欠けている英語試験は妥当ではない」と受け取ることができます．もしかしたら，他の者は「作文能力は必須だ」「いや，文法問題こそが必須だ」と主張していたかもしれません．英語能力と一口にいっても，下位尺度として「文法」「リスニング」「作文」など，さまざまな要素を考えることができます．これらの下位尺度ごとに「因子」を仮定し，それらの因子が「英語能力」という大きな因子を構成している，といえれば，テスト実施機関にとってもありがたいでしょう．このように，下位尺度の因子を総合することで全体の因子を測定しているといえるか，ということは，「妥当性が高い」ということの一つの根拠になりうるでしょう．

　さらに，受験者それぞれについて，測定結果（試験のスコア）が他の成績（同じような内容を測定している試験のスコアや学業成績，「外的基準」とよばれます）と相関が高いかどうかをみることで，妥当性を数値的に検証することが考えられます．たとえば，英語の試験を実施しているテスト実施機関が，受験者の受験後に英検の受験履歴やスコアに関するアンケートを行い，その結果，試験のスコアと英検の成績の相関係数が高いことが示されたならば，その試験は構成概念妥当性が高いということができます[*8]（このときの相関係数を「妥当性指数」とよぶ場合もあります）．

　考え方によっては，ある集団の測定結果をもとにした尺度が他の集団に対しても適用できるか，といった部分も，妥当性の一つの側面である，ということもできるでしょう．多くの集団に対してスコアの妥当な解釈ができるような一般性をもった尺度であれば，より妥当性が高い，というわけです．このような「一般化可能性」は，実はこれまで述べてきた「測定結果の一貫性」すなわち「信頼性」と同じことです．すなわち，信頼性もまた，妥当性の一つの側面といえるのです．

　このように，妥当性のさまざまな側面について，さまざまな角度から考えることで，妥当性が高い問題が積み重なっていきます．妥当性を議論するということは，問題が何を問うているのかについて，その本質を問い直すという過程に他なりません．そのためには，問題内容に精通した多数の専門家が関与することはもちろん，質問紙や試験問題作成に豊富な経験をもつ専門家がもっている，より妥当性を高める（あるいは妥当性を欠如させる）要素に関する知見が必要です．

1.4.3　信頼性と妥当性の直感的理解

　信頼性と妥当性について述べましたが，これらの概念は難解に感じられるかもしれません．そこで，次のような状況を考えてみましょう．

　今，四人の競技者が，ライフルで遠くの的を撃ち抜く競技をしているとします．その結

[*8] このような妥当性は，「基準連関妥当性」とよばれる場合もあります．

果，図 1.4 のような結果になったとします．

的の中心が，「本来測りたかったことがら」を表し，的から外れるにしたがって，文字通り「的外れ」な測定が行われたことを表しているとします．

A さんは，的の中心近くに弾丸がほぼ命中しています．すなわち，的の中心を狙ったつもりの弾丸が，中心に正しく当たっているという点で，「妥当性が高い」ということに相当します．また，外れたとしても，的の中心よりも大きく外れることはありません．すなわち，常に同じような位置に当たっているという点で，「信頼性が高い」ということに相当します．

一方，B さん，C さん，D さんについては，いずれも A さんほど精度良く的を撃ち抜いてはいません．B さんは中心から外れた場所に集中して当たっていますが，これは妥当性が低いことに対応しています．一方，「同じような位置に当たっている」という点では，信頼性が高いことに対応しています．C さんは中心付近を撃ち抜いてはいるので，妥当性は高いのですが，A さんに比べると的の中心からの散らばりが大きく，その意味では信頼性が低いといえるでしょう．また D さんは信頼性，妥当性ともに低い場合であるといえます．

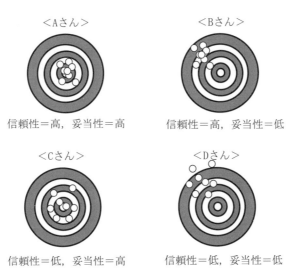

図 1.4 信頼性と妥当性の直感的理解：射撃のアナロジー

ここで示したアナロジーは，あくまで直感的なものであり，厳密なものではありません．特に，妥当性に関してこれまで述べてきた，さまざまな妥当性の側面について考察すべきだという考え方は，このアナロジーからはみえてきません．また，「妥当性のなかに，信頼性も含まれる」という，現在主流の妥当性観からすれば，このアナロジーは誤解を招くのではないかという主張も，もっともでしょう．しかし，このアナロジーは試験の現場で多く参考にされ，また多くの心理学の教科書でも用いられていますから，あながち「的外れ」

ではないような気がします．

1.4.4 真に妥当な試験問題を作ることは困難

信頼性と妥当性がともに高い試験問題を作ることが理想であると述べましたが，実際のところテスト実施機関にとって，真に妥当性が高い試験を行うことは難しい，といえます．その理由は二つあります．

まず，妥当性は，信頼性とは異なり，数値的に評価することが難しい概念です．そもそも一言で「妥当性」といっても，その本質的な部分が何なのか，一般的な解説は難しいといわざるを得ません．

妥当性とは何か，という問に対して，これが妥当性である，という統一的な見解がなかなか示されていないというのが，現状です．1980年代までは「内容的妥当性」（測定する概念としてふさわしいかどうか），「基準連関妥当性」（測定結果が，測定内容と関連する他の基準と関連しているといえるか），「構成概念妥当性」（測定したい概念について，まとまりがあると解釈できるかどうか）といった，いくつかの妥当性が並立して提唱され，これらの妥当性を別々に検証すれば，試験問題の妥当性がより高まるといった議論がありました．しかし，1990年代以降，妥当性は「構成概念妥当性」という考え方に収斂するという考え方に移り変わってきました（村山, 2012）．ただ，それでもいくつかの妥当性が並立する，という「妥当性の三位一体観」（村山, 2012）をベースにした妥当性の検討が行われがちであるのが現状です．

二つ目の理由として，「確証バイアス」の存在が挙げられます．神ならぬ身である私たち人間には，ついつい「今作っている試験問題は，妥当だろう」という結論を先に定め，その結論に合致するような根拠ばかりを追い求める，という困った傾向がみられます．「この問題は良質である」という信念を抱いた作題者は，その信念に合致することがらのみを追い求め，「実は質がよくない」可能性を考えないようにしてしまうのです．認知心理学者はこのような傾向を「確証バイアス」とよんで，人間の下す判断や思考にどうしてそのような傾向がみられるかを研究しています（確証バイアスについては 5.9.3 項も参照）．

これらのハードルをクリアし，真に妥当性の高い試験を目指すため，試験問題の内容を外部の専門家集団に提示することや，妥当性に関する議論を試験実施に影響のない範囲で公開するなど，さまざまな努力をすることがテスト実施機関に求められています．

1.4.5 フィールドテストで信頼性の高い試験を

テスト実施機関は，実施している試験について，どのように信頼性や妥当性を確認しているのでしょうか．たとえば大学入試センター試験においては，事後的に問題の妥当性を科目ごとに評価しています．ただし，出題する前に問題の妥当性を外部の審査委員に見せて，広く意見をうかがう機会は設けられていないようです．出題前に信頼性・妥当性の評

価を行う必要は大いにあると思いますが，試験問題の内容を実施前に外部に広く公表することはもちろん，ごく限られた有識者への公表であっても試験問題の漏洩につながる可能性が（きわめて小さいながらも）ありますので，慎重に検討されなければなりません．

試験前にあらかじめ数千問といった大量の問題を作成しておき，受験者ではない者に出題し，信頼性や妥当性を確認した上で，どの問題を出題するかをランダムに決定して試験を実施するという方法もあるでしょう．これなら，試験の前に問題の一部が漏洩したとしても，問題候補は数千問あり，漏洩した問題を試験で出題しなければよいのですから，試験の実施に及ぼす影響は軽微です．ここで述べた，実際の受験者とは異なる人に対して本番試験で出題予定の問題を出し，信頼性や妥当性を確認するための試験を「フィールドテスト」「試行試験」とよびます．フィールドテストの実施後，問題冊子は受験者から回収され，本番の試験前まで秘密にされることはいうまでもありません．

フィールドテストを実施する目的は，信頼性や妥当性，問題の難易度などの検証ですが，このような目的で，本番試験と同じ問題を，テスト実施機関が募った受験者に対して出題し，本番試験と同時進行でフィールドテストを行うことがあります．このような試験を「モニター試験」とよんだり，受験者を「モニター受験者」とよんだりして区別する場合があります．モニター試験によって，問題文の機密性を損なうことなく試験の信頼性と妥当性を検証することができますが，一方で万一問題に不備があった場合に，本番試験問題の差し替えを行うことができません．しかし，採点から結果の報告までの間に，モニター試験の結果を調べて「妥当ではない」とされた問題を採点対象から除外したり，部分点を与えるなどの対策を採ることができます．また，複数の冊子がある試験において，モニター試験受験者に複数の問題冊子を解かせ，結果を比較することで，複数の冊子間で難易度がどれほど異なっていたか，といった検証をすることも可能です．大学入試センター試験でも，本試験と追試験の間で難易度を比較することなどを目的に，モニター調査を行っています．

また，本番試験の実施よりも前に，本番試験の受験者以外に問題を提示し，問題の特性を明らかにすることもあります．この場合を「トライアル試験」，受験者を「トライアル受験者」とよぶこともあります．モニター試験との違いは，本番試験と同時進行で行われるか，そうでないか，です．

フィールドテストを行うことによって，信頼性係数の推定や妥当性の検討など，さまざまな観点からの問題文の評価を行うことができます．試験の制度設計上，「受験者の能力を正しく測定する」という問題文の機能を万全にするためにも，欠かすことのできないステップであるといえます．一方で，フィールドテストを行うためには，先に述べた機密性の確保や，試験実施にかかるコストの削減といった点など，解決すべき課題が多いのも事実です．しかし，テスト実施機関がより誠実な試験を行うことを求められる時代においては，フィールドテストは必要不可欠であるといえます．

1.4.6 項目バンク：試験問題という「財産」

フィールドテストや本試験の結果は，試験実施のたびに試験実施機関が記録し，採点していきます．同時に，問題項目の特性を推定し，信頼性を検討したり，問題文を外部の目にさらして妥当性を検証したりします．これらの記録を体系的にまとめたデータベースを「項目バンク」とよびます．具体的には，テスト実施機関が過去に試験問題を誰に出題したかの履歴や，その時の正答率などの統計指標や問題の特性を示す値，問題作成時点で用いた参考資料や模範解答の情報を一つにまとめたデータベースを指します．

項目バンクを設けることによって，過去にさかのぼって出題した問題を検証したり，事後にテスト実施機関の外部からの「問題文の内容にミスがあるのではないか」といった指摘に適切に答えることができます．また，問題を作成する際に，類似問題があるかどうかを検証したり，問題のジャンルごとに正答率を比較することで受験者の解答の傾向を知るなど，問題を作成する側にとって項目バンクは大変便利です．

また，問題項目の特性が推定できている問題を大量にストックしておくことにより，これらの問題を受験者に出題することで，実施回によらずに比較可能なスコアを出す試験制度を構築することができます．次章では，項目バンクを構築する過程を含んだ試験制度の確立について詳述します．

このように，項目バンクはテスト実施機関にとっての「財産」であり，問題を作ってフィールドテストを行うことで，問題の特性を推定しておいた結果が「資産」の形で蓄積されます．また出題した問題が公開され，その問題が試験問題として再利用できなくなることを「資産」が使われることとして捉えることができます．試験は一度きりではなく，年1回などの形で複数回本試験を行うことが通例ですから，「問題特性推定済みの問題文」という財産の「収支」が将来どうなるかを考えながら，試験の仕組みを計画的に改変していくことも，テスト実施機関の役割です．その際には，試験の専門家がさまざまなアドバイスをすることは，いうまでもありません．

項目バンクは，問題文だけではなく，その問題の難易度など，問題の特性を推定することで，その価値が大きく高まりますが，その特性は「特定の受験者集団の性質に依存しない」ことが望まれます．なぜなら，項目バンクで記録された問題の特性は受験者のスコア算出の根拠となるため，特定の受験者の性質に依存していない，より一般性をもった「問題の性質」であることで，受験者の能力をより一般性をもった形で評価することができるからです[*9]．そのためには，項目反応理論に対する理解が不可欠なのです．

[*9] 特定の受験者集団の性質に依存したスコア，たとえば正答率を用いると，項目バンクで記録された難易度の意味に一般性がなくなり，試験の実践上好ましくない事態が生じます．たとえば，項目バンクで記録された難易度として極端に能力の高い受験者集団における素点の正答率を用いたとすると，その値は本来の問題の難易度を過小に見積もることとなります．この難易度の値を信用して，「中程度の難易度の問題である」ということで別の受験者集団に出題し，能力評価を行うと，その集団には難しすぎて誤答が頻発して

1.5 試験の流れの全体像

これまでみてきたように，標準化テストの実施のためには，フィールドテストなどの事前準備が必要であること，また試験実施後に問題の「質」をチェックするための事後検証の過程が必須であることがわかると思います．標準化された試験の企画立案・問題作成から実施，事後検証までを流れ図でまとめたのが図 1.5 です．標準化された試験に限らず，ほとんどの試験においては図 1.5 のステップを行っています．ただし，フィールドテストを行っている試験は，現状，あまり多くないというのが筆者の考えです．いずれにしても，受験者からみればただ単純に「試験問題を解く」「結果を見る」だけで終わっていた試験の裏に，これだけ多くのステップがあり，多くの努力が払われているのです．

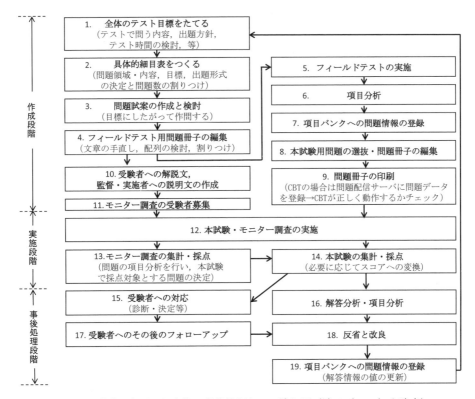

図 1.5　試験の企画から実施，事後検証までの流れ図（池田（1992）を改変）

しまうことが予想されます．

■コラム1 「日本的テスト文化」

　日本では高校入試や大学入試の受験時に，受験生がどのように解答したかをメモしておき，試験終了後，新聞などを見ながら受験者自らが自己採点してスコアを知るという，世界的にみても珍しい「儀式」が行われます．この儀式は，TOEFLなどの試験ではみられないものですが，日本の大規模な試験の代表である大学入試の現場で自己採点文化がなくなる気配はなさそうです．このままでは，自己採点という「日本的テスト文化」を存続させるために，試験終了後に問題をすべて公開する手続きを続けなければならなくなります．すると，あらかじめ難易度がわかっている問題を使用するという，標準化テストの導入がいつまでたっても達成されないという恐れがあるでしょう．

　また，日本における試験が標準化されていないということには，日本で開発された試験が世界標準になれない，というデメリットもあるでしょう．あるいは受験者が試験を受ける機会が限られるという点もまた，デメリットといえるでしょう．実力を発揮する機会が多くあれば，たった1度の試験に失敗したとしても，まだ挽回のチャンスがあるわけで，このことは教育的にも大きな意義があるでしょう．しかし，このような標準化テストが，日本で普及するためには，乗り越えなければならない障壁がとても多いのが現状です．そのほとんどは，自己採点に代表される「日本的テスト文化」に起因するといえるでしょう．

表C1：日本的テスト文化とその「逆」（前川，2015：58）

日本的テスト文化	日本的テスト文化の「逆」
年に1度，同一問題での試験の斉一実施	年に複数回，異なる問題で分散的に実施，IRT（項目反応理論）/CBT
新作問題のみでの試験の実施	統計的性質（難易度など）のわかっている問題のみ
試験問題の公開	試験問題の非公開・再利用，個人への成績通知
大問形式の利用	細かいスペック・広い分野を測定，独立項目の多用
問題作成とテスト編集の融合	テスト理論を用いた難易度のコントロール
素点・配点の利用（0点と満点）	テスト理論を用いた比較可能な尺度得点の利用

前川（2015）は，そのような日本的テスト文化を，表 C1 のような形で表現しています．表 C1 の「試験問題の公開」には「自己採点」が含まれるとしています．また，「素点・配点の利用」においては，「0 点」と「満点」に特殊な意味を含める傾向と，主観的な配点の利用を指摘しています．日本的テスト文化と日本で行われている試験の仕組みとの関連については，荒井・前川（2005）に詳細な記述がみられます．

　0 点や満点に特殊な意味を込めることや，主観的な配点を評価に用いることの弊害については，1.3.7 項や 3.3.9 項で触れています．ここでは「大問形式の利用」という問題点について説明します．

　センター試験に代表されるように，日本の試験には「大問」とよばれるいくつかの単位に分かれている試験が多く存在します．最も顕著な例は，センター試験や多くの都道府県の高校入試の「国語」の問題です．たいていこれらの問題は「問 1・以下の文章を読んで，以下の設問に答えよ」という書き出しで始まり，一つの文章のあと，「設問 1」「設問 2」……のように「枝問」が続く形式になっています．この問題形式であれば，「問題となっている一つの文章」を読み解く能力を測定することは可能でしょうが，一般的な「文章を読み解く能力」にまで適用範囲を広げることが本当に可能なのか，疑問があるに違いありません．また，「細かいスペック・広い分野を測定」するためには，それぞれの分野に特化した「小問」を多数出題するのも，理にかなった試験の実施方法であるといえるでしょう．

　それでも，日本ではいまだに試験といえば「日本的テスト文化」にのっとった試験が主流であることは否めませんし，今後もその傾向が続くのかもしれません．かすかな希望としては，日本の大学に入学を志望する私費留学生が受験する「日本留学試験」が，年 2 回実施，スコアが 2 年間有効の，標準化された試験であることでしょう．また，情報処理技術者試験の「IT パスポート試験」は，受験者が任意に受験機会を選択できる試験であり，合格基準はいずれの受験機会においても一定の水準になるように調整されている，すなわち標準化された試験です．日本留学試験も IT パスポート試験も，項目反応理論による尺度化が行われています．このような標準化された試験の活用事例を重ねていくことが，今後望まれます．

　それとともに，社会全体が項目反応理論による標準化された試験に対して，その活用事例や利点，欠点をより深く認識し，試験の制度設計の段階でこれらの知見を取り入れられないかを科学的に検討することもまた，必要でしょう．そのためには，すでにテスト理論という研究分野が心理学や教育学の世界で提案されており，項目反応理論という理論的枠組みが世界的には，この分野で主流であるという現状を把握するところから，議論を始める必要があるのではないでしょうか．

第 2 章

実践例紹介：共通語学試験の開発

2.1 試験の制度設計：実践例にみる試験開発の実際

　ここでは，ある試験を企画している大学と，それを請け負う試験サービス実施会社との間で行われるやり取りを通じ，試験制度を構築する一つのモデルケースを紹介します．ここで述べた試験の開発事例は一つの典型例であり，細かい仕様の違いのため，必ずしもこの通りに計画されるとは限りません．またこの通りに試験の開発を行っても，必ずうまくいくとは限りません．しかし，多くの標準化された試験の開発は，本章で述べる手続きに近い方法で行われています．

　この章を読めば，標準化された試験がどのように企画され，どのように実施されるか，その裏側の一端を知ることができるでしょう．また，本書の 3 章「理論編 II」や 4 章「実践編」で述べられている事項が，実際の試験にどのように生かされているのかについても，明らかになると思います．

　このモデルケースは，フィールドテストを実施し，規準集団上での問題の特性を推定するところから始まります．フィールドテストの結果推定された問題特性を用いて，本試験の受験者の能力が推定されます．推定された能力値はスコアに変換されて受験者に通知され，また受験者のレベル分けの材料になります．

2.1.1 試験を実施したい：大学からの要望

　ある英語の標準化テストを，A 大学が実施しようとしています．名称は「A 大学 1 年次共通英語試験」（以下「共通英語試験」と表記）です．

　A 大学は，学生が初めて受講する語学クラスを，習熟度別にする計画を立てました．すなわち，入試スコアを参考にして，英語成績が良好な学生には上級英語，中程度の学生には中級英語，それ以外の学生には初級英語というように，三つのクラスに振り分ける新カリキュラムです．

　ところが，入試スコアに基づくクラス分けには，大きな課題があることに気がつきまし

た．この大学は「グローバル人材」を育成するというカリキュラム・ポリシーを立てているのですが，入試スコアだけではグローバル人材として必要なレベルの英語能力を判定できないことが判明したのです．具体的には，入試のスコア上位者は受験のテクニックには長けていますが，英語運用能力に難がある学生が少なからず混じっているということが，A大学の英語授業担当の教授陣から指摘されたのです．

そこで，A大学は試験に関わるすべての業務を専門とするQ社と提携し，大学初年次向けの，英語能力を測定する試験を新規に開発することにしました．そして，この試験を組み込んだ形の，習熟度別英語授業計画を考えることにしたのです．

このカリキュラムでは，以下のスケジュールで授業が進みます：

（4月入学式直後）　　　プレースメントテストを行う
（4月から翌年2月）　　授業期間，単位認定のための定期試験
（2月定期試験後）　　　確認テストを行う

プレースメントテストとは，大学で開講される習熟度別の語学クラスにおいて，入試とは別の「大学の授業で用いられる英語能力」を測定し，受験者（大学1年生）を語学クラスのレベル別（初級，中級，上級など）に位置づける，すなわち「プレース」するための試験です．一方，確認テストというのは，教授陣から「英語授業の効果を測定し，今後の授業の改善に生かしたい」という要求があったため，プレースメントテストと比較して学生の英語能力の「伸び」を測定するために実施する試験です．

もし授業の効果が顕著であれば，プレースメントテストのスコアに比べて，確認テストのスコアは全体として高まることが予想されます．ただし，スコアの比較が有効なのは，標準化テストによって二つの試験が同じ尺度の上で比較可能なように調整した場合に限られます．よって，この試験は標準化された試験にすることが求められます．

そこでA大学からの要望として，Q社に対し以下の5点が示されました．

(1) プレースメントテストとして，クラス分けの道具となるような試験であること．クラス分け基準が実施年によって統一されていること．
(2) 確認テストのスコアは，プレースメントテストと同じ意味をもつこと．すなわち，どちらの試験を受けてもスコアが相互に比較可能であること．
(3) プレースメントテストのスコアは，経年変化を比較できるようにすること．
(4) 次期カリキュラム更新が10年後の計画なので，最低10年間は仕組みを変えずにテストを実施できること．
(5) 問題作成はA大学が担当し，実施はQ社が担当すること．

新カリキュラムは3年後の4月からスタートする予定です．試験の仕組みそのものをQ社が「納品」する期限は限られています．どのようにすれば，この試験を実施できるのでしょうか．

本章では，この共通英語試験を設計・実施する過程を通じて，具体的にどのような試験のための仕組みが必要になってくるのかを紹介します[*1]．標準化テストの実施制度を構築する一つの事例について，順を追って説明していきます．

2.1.2　A 大学統一語学試験の基本設計

前述の Q 社に対する要求のうち，(1)〜(3) の要求を満たすためには，標準化テストの導入が必須です．具体的には「ある年の大学 1 年生」を規準集団と考え，すべての共通英語試験のスコアがこの尺度上で表現できるような試験とすれば，(1)〜(3) の要求が満たされます．また，(4) 及び (5) の要求は，あらかじめ A 大学の先生に向こう 10 年間に出題する試験問題をまとめて作成してもらい，フィールドテストを実施することで問題項目の特性をあらかじめ推定し，項目バンクを完成させることによって，満たすことができるでしょう．また，複数問題冊子の間で能力の尺度が相互に比較可能なようにするためには，問題項目の特性値がもつ意味に一般性をもたせる必要があります．特定の受験者集団だけではなく，より一般的な能力値の尺度とするために，問題項目特性値（問題の難易度や識別力など，問題がもっている特性を示す値で，以下「項目パラメタ」と表記．詳細は 3.5.2 項を参照）の推定には項目反応理論を用います．

また，プレースメントテストのクラス分け機能としては，毎年 4 月に行われる入学式の直後にプレースメントテストの実施を行い，すぐに採点し，受験者のスコアの推定することで対応します．問題冊子の印刷や解答の収集といった試験実施の事務的負担を削減するために，コンピュータを用いた試験（CBT）の実施も検討されました．しかし，一度に 1000 名の新入生全員が一斉に受験するので，1000 台のパソコン（またはタブレット PC など）を用意しなければならないなどコストがかかるため，CBT では困難との結論となりました[*2]．そこで，紙と鉛筆を用いた形式の試験とすることとします．また，問題形式は，プレースメントテスト実施からクラス分け発表までの時間がないことから，採点に時間のかかる記述式を避けて多枝選択式とし，マークシートを用いて受験者の解答を収集することにします．

以上を盛り込んだ共通英語試験の実施方針と，試験の実施目的を以下に記します．

【本試験実施要綱】

- 4 月の第 1 回授業前に「プレースメントテスト」，翌年 2 月の（成績評価のための）

[*1] 本章に記した状況，設計事例はいくつかの実際の試験を混在させた架空例ですが，断片的ではあるにせよ，実際にいくつかの大学で行われている試験の実施計画を反映させています．

[*2] 学生各自が所持するスマートフォンを端末に使用するというアイディアもありました．しかし，試験中にスマートフォンのアプリを起動することでカンニングをする受験者がいる可能性があるため，また，スマートフォンを所持しない学生への対応が必要であり，試験の公平性の確保が困難であるという事情も考慮し，採用されませんでした．

定期試験終了後に「確認テスト」を実施する．以下，これらをまとめて「本試験」と表記する．

- プレースメントテストの目的は，大学入学時点における学生の英語能力を，大学のカリキュラムに対する適性があるかという観点で測定することである．
- 確認テストの目的は，プレースメントテストの結果とスコアを比較することにより，大学のカリキュラムポリシーに基づく学修成果が初年次学生において向上しているかを測定することである．
- 英語カリキュラム（シラバス）の次回改訂までの10年間，同一形式・同一出題規準で試験を行う．

（問題の形式及び内容）

- 出題形式は一問一答の小問形式，多枝選択式とする．
- 解答はマークシートで収集する．
- 同一年度内で「プレースメントテスト」と「確認テスト」は異なる問題冊子を使用する．
- 出題する問題のレベル（難易度）は，高校1年程度から大学程度の範囲とする．
- 1回のプレースメントテストあるいは確認テストで使用する問題冊子は1種類とする．

2.2 試験の設計と項目バンク構築

共通英語試験では，規準集団上の尺度でスコアを表示する必要があるため，2年後の本試験開始よりも前に，規準集団上での問題の特性がわかっている問題を大量に用意しておくことにします．そのため，問題の特性を明らかにするための試験として，フィールドテスト（トライアル試験）を行います（1.2.5項を参照）．

フィールドテストの受験者については，このフィールドテストが3年後に行う本番試験に対して試行的要素をもつものであるため，「トライアル受験者」とよぶことにし，規準集団であると定めます．2年後に行われる本試験の受験者は，この規準集団と比較可能な形でスコアを算出することとします．規準集団は共通英語試験の目的上，A大学における平均的な学力を代表するような者である必要があります．そこで，プロジェクト1年目にA大学の学生全員に対してフィールドテストを行うことで，A大学の学生の全体的な英語能力を明らかにし，これを規準集団とすることとします．

これまで述べた共通英語試験の全体像を図2.1に示します．

1年目	問題作成		
2年目 8月	フィールドテスト(トライアル試験)※		トライアル受験者が受験
3年目 4月	本試験(プレースメントテスト)	1年度目	⎫ 同一受験者が対象
4年目 2月	本試験(確認テスト)	1年度目	⎭
4年目 4月	本試験(プレースメントテスト)	2年度目	⎫ 同一受験者が対象※※
5年目 2月	本試験(確認テスト)	2年度目	⎭
5年目 4月	本試験(プレースメントテスト)	3年度目	⎫ 同一受験者が対象※※
6年目 2月	本試験(確認テスト)	3年度目	⎭
⋮	⋮		
12年目 4月	本試験(プレースメントテスト)	10年度目	⎫ 同一受験者が対象※※
13年目 2月	本試験(確認テスト)	10年度目	⎭

※ フィールドテストで出題した問題から選抜して本試験を出題する
※※ 前年度に単位を修得できなかった者も受験する可能性あり

図 2.1 共通英語試験の全体像

2.2.1 必要な問題数の決定と本試験のテストデザイン

共通英語試験では，原則として「50問」を受験者に提示します．50問という問題数は，以下の点を総合的に検討して決定されました．

- これまで行われてきた A 大学における同種の試験のデータを分析した結果から，「スピアマン・ブラウンの公式」(3.3.7 項を参照) に則って，信頼性係数が十分に高い値（たとえば 0.9）となる問題数がほぼ 50 問であった．
- A 大学の授業時間は，1 コマ 90 分と設定されている．英語教員の経験から，定期テストで多枝選択式問題を 1 問あたり 1 分以上の時間をかけて解いている学生はまれである．よって，50 問の問題冊子を全部解くのに 50 分あれば十分である．問題冊子と解答用紙の配布，注意事項の説明の時間を 10 分程度とり，試験終了後に問題冊子と解答用紙を回収する時間を 10 分程度とれば，1 コマの枠内で実施可能である．
- 一度に多くの問題を出題すると，受験者が集中力を欠き，問題冊子で後のほうに出題される問題の正答率が低下する恐れがある．よって，問題数をむやみに増やせない．

毎年，本試験の実施のために，1 年あたり 100 問（プレースメントテストと確認テスト各 50 問）が費やされます．これに備えるため，フィールドテストでは本試験 10 年分，1000 問に項目パラメタを推定する必要がある，という可能性が出てきました．しかし，それでもなお足りない可能性があります．

実際の試験運用上，本試験で使用する冊子では，フィールドテストの結果「出題するのに不適当」とされた項目（問題項目の選抜方法の詳細は 4.1 節を参照）を排除する必要があります．そのため，フィールドテストでは必要数の 2 割増ほどの問題を出題しておきます．すると，フィールドテストだけで 1200 問必要であり，これらに対して項目反応理論に基づく項目特性値を推定するためには，「重複テスト分冊法」（2.2.4 項及び 4.2.4 項を参照）を用いた場合であっても多くのトライアル受験者が必要です．また重複テスト分冊法を用いた場合は，問題冊子あたりの受験者が少ないため，項目パラメタの推定値が不安定になりがちです．また，問題を作成するための労力を考えると，1200 問を 1 年で用意することはきわめて難しいといわざるをえません．もっとも，A 大学が特別に人を雇って集中的に問題を作成する体制を整えれば，可能かもしれませんが，いずれにしても問題を作成する労力を減らすことも考えなければ，現実的な試験とはいえません．

2.2.2　問題の使い回しと問題冊子の管理

問題を大量に用意できない以上，作成する問題数の総量を削減することを考えなければなりません．そこで，3 年おきに本試験の問題冊子を使い回しすることにします．プレースメントテストで用いる 3 種類の問題冊子を A, B, C とすると，1 年目に A, 2 年目に B, 3 年目に C, 4 年目に A, 5 年目に B, というように，繰り返し出題するのです．確認テストについても同様に，3 年おきに再出題することとします．

学生からみると，1 年の段階で語学の単位を修得できなかった者は，次年度も 4 月にプレースメントテストを受けることになります．過去問を再出題することとすると，3 年間連続して語学の単位を未修得の学生は，すでに提示された問題を 4 年次において再び提示されることになります．そこで，3 年次を終えた段階でも語学の単位を修得していない者は，4 月の試験を用いず特別なクラス「再履修者向け英語」を受ける，というカリキュラムとし，同じ者がこの試験を受験する機会を「連続する 3 ヵ年」に限定するのです．こうすることで，同じ学生が同じ種類の問題を目にする機会をなくすことができます．

問題冊子を使いまわすことにより，10 年にわたってばらばらの内容の問題冊子を作成することに比べて，問題冊子の種類を減らすことができ，問題を作る労力の削減につながります．具体的には，50 問 ×3 種類の冊子 ×2 種類の試験 = 300 問ですむことになります．2 割増としても，360 問です．これなら何とか作成することが可能でしょう．

その代わり，フィールドテストではもちろんのこと，本試験であっても，問題用紙はすべて回収の上，外部に知られないように管理しなければなりません．このことは，「試験対策」を受験者（学生）にさせない，という効果もうむことになります．本試験はハイ・ステークスな試験ではなく，「未来の自分自身」以外に競わせる相手はいません．また受験者にとって高い点を取ることが直接的に何らかのメリットにつながるわけではありませ

ん*3．むしろ試験前に勉強した結果，本来の実力に不釣合いなほど高い成績を収めてしまうと，より上級向けのクラスに入ることになり，授業についていけなくなる可能性があります*4．これらの点を受験者に周知すれば，問題用紙を回収することが，受験生に不信感を抱かせる可能性は低いといえます．

以上より，【本試験実施要綱】に，以下の2項目が追加されることとなりました．

- 問題は3年おきに同一内容の冊子を使いまわす．ただし，この事実は受験者に秘密とする．
- 問題冊子は試験終了後，もれなく回収する．また外部への試験問題の漏洩を防ぐため，問題文をメモしたり，携帯電話・スマートフォン他で撮影することを禁止する．

2.2.3　問題作成

今から3年後の4月に開始される試験ですが，問題の作成は1年目の早い段階から進められます．

まず，可能な限り多くの問題の素案が，A大学の教員によって作成されます．それらを予想難易度別，ジャンル別に管理し，問題として正しく成立するか，誤解を招く表現が問題文中にないか，正答が複数存在することはないかなど，さまざまな角度から検討されます．またA大学の教員間で問題を解きあい，事前に出題ミスの芽を摘む努力もなされます．問題作成はA大学関係者のみで行われ，Q社が立ち入ることはありませんが，次に述べるフィールドテストの直前にQ社の校正者が問題文のチェックを行う場合もあります．

2.2.4　フィールドテストのデザイン

仮に360問を一つの受験者グループが解答することができれば，最も簡単に共通尺度を得ることができます．しかし，フィールドテストで一人の受験者に360問を提示し，解答させることは，受験者に過度の負担をかけることになり，現実的ではありません．そこで，受験者をいくつかのグループに分け，それぞれのグループに異なる種類の問題冊子を提示することとします．

このようにして提示された複数の問題冊子はそれぞれ異なる項目パラメタが推定されますが，それらを「フィールドテスト受験者全体で共通の能力値の原点と単位」と考え，相

---

*3 A大学では，初年次の英語科目の履修単位について，どのクラスを受講したかに関わらず「初年次英語」の科目の単位として認定します．

*4 逆に，意図的に不正解することで，レベルの低いクラスに入り，より楽に単位を修得することも可能でしょう．最終的には学生の自主性に任されますが，初級クラスで楽をして卒業させないようにするのか否かを含め，A大学の教授陣に工夫が必要でしょう．一方，「どんなに努力しても初級レベルの英語能力しか発揮できない学生をこの試験で検出できればよい」という考え方のもとで試験を行うことにすれば，この点はあまり深刻な課題ではないともいえるでしょう．

互に比較可能な尺度になるように，各分冊の項目パラメタを変換します．このような尺度変換の手続きを「等化（equating）」とよびます（この手続きを行うために，項目反応理論を導入したのです！）．こうすることで，受験者一人あたりに提示される問題数を減らすことができます．たとえば360問を五つの受験者グループに分冊にして提示するとしたら，1分冊あたり72問となり，人間の注意力が持続する範囲で解ける問題冊子になります．分冊の数は，受験者が何名参加できるかによっても決まります．1分冊あたりの受験者人数が少ないと，得られる正誤反応が少なくなり，「真の」項目パラメタを推定できなくなる恐れがあります．

この例ではトライアル受験者の人数が1800名ほど確保できるという事前知識があったため，これらを6グループに分割することにします．そして，問題冊子も6種類用意することにします．

ただし，フィールドテストで出題する問題については，単純に6冊に分割するわけにはいきません．それぞれの分冊に部分的に共通して現れる問題，すなわち「アンカー問題（項目）」を入れておき，水平等化（4.2.3項を参照）を行う必要があります．アンカー問題があるおかげで，複数の分冊の間で尺度を比較可能とする手がかりがうまれ，等化を行うことができるのです．ここではアンカー問題がそれ以外の問題（その分冊だけに現れる問題という意味で「ユニーク問題（項目）」とよばれることがあります）と1：3の比率で現れるように，20問を別のグループにも出題する計画を立てました．図2.2に，詳細を示します．図2.2に示したとおり，冊子1と冊子2，冊子2と冊子3……冊子6と冊子1という，隣接する番号（6の次は1と考えて）に共通の問題が出題されるように計画することで，すべての問題が「つながって」いて，共通項目を用いた等化を行うことができます．ただし，一つのグループに提示するユニーク項目数を50問とし，アンカー項目20問と合わせて，70問を提示しなければなりません．このように，部分的に共通の問題を含む複数の分冊を用いる方法を「重複テスト分冊法」とよびます（4.2.4項を参照）．

問題冊子を何種類用意しどの受験者に出題するかといった，出題の系統的な計画を「テストデザイン」とよびます．テストデザインを検討する上では，その試験がどのような目的で，どのような受験者を想定しているか，また問題を作成する体制がどの程度整っているのか，フィールドテストは1回だけ行うのか，本試験実施と平行してフィールドテストを行うこともできるのか，本試験の受験者数は何人なのかなど，さまざまな制約条件を考慮しなければなりません．

一般的に，フィールドテストを伴う試験においては，問題の作成者と編集者は別です．この場合，英語の問題を作成するのがA大学で，六つの問題冊子に分割するのがQ社にあたります．これまでの日本の試験では，コラム1「日本的テスト文化」の表C1にあるように「問題作成とテスト編集の融合」が当然のごとく受け入れられてきましたが，重複テスト分冊法を行う以上，問題の作成者と編集者が分けられ，編集者が各分冊に含まれる問題の難易度が同じになるように調整する，という体制がとられます．これにより，問題作

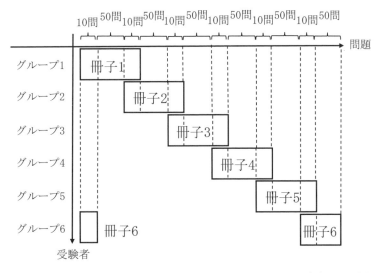

図 2.2 フィールドテストで項目パラメタを推定するためのテストデザイン（案）．問題の配列順は基本的にランダムとするものの，問題冊子間で平均的な難易度が等しくなるように，また出題分野が問題冊子内で偏らないようにする．

成者の主観による難易度判断だけを根拠とするのではなく，編集者という第三者の判断によって問題のトピックや難易度のバランスを考慮した問題冊子を作成することが可能となります．編集者は Q 社で英語の試験を開発した経験がある者を中心に集められ，A 大学から提供された問題の素案を六つの問題冊子に分冊していきます．また，A 大学の教員で，問題作成に関わらなかった者が編集者として参加します．

　必要であれば，テストデザインを考える前に，問題数として 50 項目で十分であることを，フィールドテスト前に検証しておきます．そのためにはさしあたり，問題候補を何問か仮の受験者に回答させ，制限時間内に終わるかを検討します．制限時間は，授業の一環として行うのであれば，大学で一般的な 90 分授業のうち問題冊子と解答用紙の配布・回収や試験の説明などに要する 20 分の時間を除いて，70 分程度（1 問 1 分）の時間をみればよいでしょう．仮の受験者が比較的多数（問題数程度，すなわち 50 名前後）であれば，（やや強引ですが）各分冊が平行テストであると考え，六つの分冊それぞれについて，信頼性の尺度として α 係数を計算し，比較するという方法もありえます（平行テスト，α 係数については 3.3.5 項を参照してください）．

2.2.5　フィールドテストの実施

約 1 年半かけて，360 問の問題を作成し，6 種類の分冊が A 大学の手によって作られました．また，A 大学の学生にフィールドテストの実施が告知されます．

【フィールドテストの実施要綱】

- 今から 1 年後（2 年目の 8 月）に，フィールドテストを 1 回行う．
- 本試験で出題するための問題について項目パラメタを推定する．
- 規準集団を，トライアル受験者全体と定める．
- トライアル受験者は，来年度の 1 年生及び 2 年生全員（約 1800 名）とする．
- 重複テスト分冊法により，360 問の問題を六つの冊子に分割し，それぞれを別々の受験者グループに出題する．
- 360 問について，一つの共通尺度上で項目パラメタを推定する．

フィールドテストの受験者は，1 年生及び 2 年生とします．これは，大量の受験者が必要であるという事情によります．2 年生については，彼ら彼女らが 1 年生のときに同じ授業を経験しているということで，1 年生と同等の英語能力をもっていると考え，規準集団を構成する者の一部として扱います．

計画開始から 2 年目の 8 月，前期最後の英語の授業で，フィールドテストが行われます．できあがった 6 種類の問題冊子を，トライアル受験者に対して提示し，解答させます．トライアル受験者はランダムに 6 グループに分けられ，それぞれ 6 種類の問題冊子のいずれかを解答するように指示されます．

今回，フィールドテストは正規授業の一環として行われますが，正規授業として実施できない場合，A 大学の学生に謝金を支払い，トライアル受験者になってもらうこともあります．

フィールドテストの実施は，受験会場を A 大学に置きますが，実際の試験の運営は Q 社がすべて行います．試験監督者は Q 社が依頼した派遣会社からの社員が担当しますが，必要に応じ，A 大学の職員も参加します．いずれにしても，A 大学の教員は試験実施に関わらないことにします．

フィールドテストがすんだら，解答が書かれたマークシートが，Q 社の定める手続きに基づき読み取られ，採点され，正誤データが出力されます．Q 社は他にもいくつかの試験を手がけているため，個人情報保護やデータの完全性が確保される独自のデータ出力手続きを開発し，企業秘密として大切にしているのです．

2.2.6 項目反応理論のモデル

　項目反応理論に基づく試験においては，受験者が正解したか否かについて，「試験の正誤の結果が，受験者の能力のばらつきと，問題がもっている特性（項目パラメタ）のばらつきに起因している」という仮定を「数理モデル」として仮定します．その上で，数理モデルの枠組みで受験者の正解・不正解の原因を説明する過程が不可欠です．

　受験者の能力は，この試験の場合「英語能力」と定めるのが適当であり，動かしようがないでしょうが，項目パラメタとしては問題の難易度の他，識別力（3.3.9 項や 3.5.2 項を参照）を考える場合もあるでしょう．項目パラメタとして何を考えるかによって，受験者の能力の推定が左右されるので，この部分はフィールドテストより前に決めておかなければなりません．このように，項目パラメタとしてどの要素を考えるかの違いは，「項目反応理論におけるモデルの違い」とよばれます．

　モデルの違いを考えるときに，一つの手がかりとなるのが，フィールドテストでの受験者数です．一般に，十分な受験者が確保できれば，2PLM や 3PLM とすることができますが，十分な受験者がいない場合は，より単純なモデルである 1PLM を適用することとします（1PLM, 2PLM 及び 3PLM はいずれもモデルの名前．2PLM や 3PLM は 1PLM よりも多くの種類の問題特性を表現できます．3.5.4 項を参照）．1PLM であったとしても，設問回答率分析図（4.1.4 項を参照）などの図表による質的評価を用いることで，識別力という数値ではなく，「識別度の大まかな傾向」を質的に検討することも可能です．

　しかし本質的には，問題特性として何を仮定するのが適当かについて，問題の「質」と問題作成の体制について検討が必要でしょう．仮に識別力がほぼ同じ問題を長期にわたって作り続ける問題作成の体制を整えることができたら，識別力をわざわざ項目パラメタとして考える必要はありませんので，識別力をモデルに含まない 1PLM でよい，ということになるでしょう．しかし，そのような質のそろった問題を長期にわたって作成し続けることは難しいという仮定の下，共通英語試験では 1PLM を避けたほうがよいのではないかという結論になりました．

2.2.7 フィールドテストの結果を分析し，モデルを決定する

　正誤データは，Q 社のテスト専門家によって分析されます．

　項目反応理論に基づく分析の前に，まず，項目反応理論の前提となっている「1 因子の仮定」（5.4 節を参照）が満たされているかを確かめるため，因子分析を行います．また，この段階で I-T 相関（図 4.1 を参照）や正答率などの基本的な統計量も，問題ごとに計算します．1 因子の仮定が満たされていると判断したとして，次に，項目反応理論による項目パラメタの推定を行います．因子分析については 3.4 節を参照してください．

　360 問の項目パラメタの推定は，専用のソフトウェアを用いて行います（インター

ネットから入手できるものに ICL (Hanson, 2002), `EasyEstimation` (熊谷, 2015) や `Exametrika` (荘島, 2015) などがあります．巻末の「参考文献」に URL を記しましたので参照してください．また汎用的な統計分析ソフトである R を用いた分析については，6 章に示した `lazy.irtx` パッケージの解説を参照してください．また，加藤ら（2014）も参考になります）．

また，トライアル受験者の能力値についても推定します．その際，能力値の分布が平均 0, 標準偏差 1 になるようにし，規準集団としての意味をもたせます．ここで決めた平均は，そのあとで行われるすべての試験の「原点」に相当します．また，標準偏差は「刻み」に相当します．このようにして，規準集団における能力値のものさしを定めることにより，後に行われる本試験における能力値を比較可能にする際の手がかりができたことになります．

モデルの適合度指標や項目分析などの都合，あるいは過去に行われた同種試験における分析の実績といった観点から，項目反応理論のモデルとして 1PLM, 2PLM, 3PLM のいずれを用いるかが検討されます．この試験では，A 大学の入学定員が本試験の受験者人数であり，その人数はほぼ 2000 人前後と安定しているため，あえて積極的に 1PLM を採用する意義は薄いといえます．よって，2PLM か 3PLM のいずれかの選択をすることとなりますが，本事例ではモデルの適合度指標の値，3PLM のパラメタ推定が不安定であったこと，下方漸近パラメタを用いた項目分析を行う意義が薄いと判断されたことを勘案し，2PLM と決定されました．

問題文，項目パラメタや過去の出題履歴などの問題に関するデータベースのことを「項目バンク」とよぶことは 1.4.6 項で触れましたが，文字通り，「問題」という通貨を扱う銀行の役割を，Q 社は担うことになるのです．

項目パラメタの推定以外にも，設問回答率分析図（4.1.4 項を参照）を用いた検討が行われます．I-T 相関（図 4.1 を参照）が低い問題に印がつけられ，どうして低い値になったかがそれぞれの問題文について検討されます．また平行して，トライアル受験者の入試成績（英語）との相関係数を求め，問題項目の妥当性に対する一つの検討材料として使用されます．両者の相関が高いということは，英語を問う試験として共通英語試験が機能しているのではないかという根拠の一つになるのです．

2.2.8 能力値からスコアへの変換方法を決める

フィールドテストの結果は，主に問題ごとに推定される項目の特性に関する情報です．トライアル受験者に対しても，英語能力の目安として，その能力値を報告します．しかし，能力値の尺度として平均が 0, 標準偏差が 1 であるような尺度を用いると，平均的な能力をもつ学生に対して「あなたの英語能力は 0 でした」などというように，いささかおかしな値を返すことになります．

そのため能力値を，たとえば 10 倍して 50 を足す，というような値に変換し，偏差値「風」のスコアとして用いることにします．するとスコアの平均が 50 になり，刻みの大きさ（標準偏差）も 10 に拡大します．仮に規準集団の背後にある母集団の能力値分布が正規分布であるとした場合，トライアル受験者は，平均が 50，標準偏差が 10 の，正規分布に従うスコアを受け取ることになりますので，たとえばスコアが 55，すなわち平均に標準偏差の半分を足した値の受験者は，自分より上位に全体の 31% の受験者がいる，とわかります（図 3.2 の「偏差値」の尺度を参照すると，平均 50，標準偏差 10 の尺度で，上位 $7 + 24 = 31$% とわかります）．

ここまではフィールドテストの話でしたが，これから行われる本試験においても，等化済みの能力値を 10 倍して 50 を足すという操作を行うことで，規準集団と同じ尺度の意味を持つスコアを返すことができます．なぜなら，すべての試験の尺度は，規準集団に等化されているためです．ただし，トライアル受験者の能力値が正規分布をしていない場合，たとえば能力が二極化していた場合などは，変換後のスコアが正規分布をするような工夫が必要です．詳細は 3.5.16 項に述べます．

プレースメントテストと確認テストの間で受験者の能力の変化がどの程度変化したかをとらえるためには，項目反応理論に基づく等化を行った結果を用いて検討することが前提です．具体的には，能力の尺度として素点（正答数）ではなく，等化の手続きを経て推定された能力値を用いて比較します．また，受験者に対しては，能力値ではなく，変換後のスコアを示すこととします．

2.2.9 クラスの振り分け方針を決める

フィールドテストを実施した結果，1800 名分のデータが，有効回答として集められました．この 1800 名のトライアル受験者は，規準集団を構成していますので，この規準集団を 3 等分し，習熟度別クラスに割り当てるものとします．具体的にはトライアル受験者について，上位 3 分の 1 を「上級クラス」，中位 3 分の 1 を「中級クラス」，下位 3 分の 1 を「初級クラス」に相当する実力があると考え，トライアル受験者を二つの「分位点」で 3 カテゴリに分割します．すなわち「上級クラスと中級クラス」，「中級クラスと初級クラス」をそれぞれ分け隔てる二つの分位点を設定します．具体的には，トライアル受験者の能力値を大きな順に並べ，大きなほうから 600 人目と，601 人目の境目に相当する能力値を，上級クラスと中級クラスの「分位点」として求めます．また，同様に 1200 番目と 1201 番目の受験者の境目に位置する能力値を，中級クラスと初級クラスの分位点として求めます．たとえば，前者が「能力値 = 1」，後者が「能力値 = −1」であると決めた場合，上級クラスと中級クラスを分けるのは受験者の能力値が 1 以上かどうかを基準に判断し，中級クラスと初級クラスを分けるのは能力値が −1 以上かどうかで判断します．

標準化テストは規準集団上の尺度でスコアを表示するため，本試験においても，規準集

団と同じ分位点が適用可能です．すなわち，このクラス振り分けの方法は，本試験でも同じように適用可能ということです．具体的には，本試験として4月に実施したプレースメントテストの結果，能力値が1を上回った受験者は上級クラスに入ります．毎回のプレースメントテストの結果がフィールドテスト受験者集団上の尺度で等化されたスコアで表示されているため，各クラスに入る基準となる点は，年度をまたいで一緒です．したがって，仮にある年の入学者の学力が全体的に高かった場合は，フィールドテストとは異なり，上級クラスに入る人数が多くなります．

2.2.10　問題のトライアウト（選抜）を行う

先に，フィールドテストにおいて，本試験で必要な問題の2割増程度を出題すると述べました．これは，フィールドテストで用いた問題全部が本試験で使えるとは限らないという理由によります．

たとえば，問題を作成している段階では気がつかなかった出題ミスが，フィールドテストの正誤データから発覚する，という場合もあります．当初正解とした選択枝を，素点の高い受験者の多くが選んでいない場合は，出題ミスの可能性を疑います．出題ミスとはいわないまでも，受験者に誤解を与える表現により，妥当性が疑われる問題が見つかることもあるでしょう．また，いざ出題しようとしたとき，フィールドテストを実施した3年前であれば妥当であった問題文の内容が，出題時点で時代遅れになっていて，ほとんどの受験者が問題文の意味を理解できない，という事態もありえます[5]．これらのミスは，項目反応理論による分析を行う前に判明します．

出題ミスではない，と判断した問題であっても，設問回答率分析図を描いたときに成績上位者に不正解が多い傾向がみられたり（4.1.4項を参照），I-T相関が小さい（4.1.2項を参照）といった理由で，本試験での出題が不適当である，という問題もあるでしょう．このような分析は正誤データから容易に行うことができるため，これらについても項目反応理論による分析を行う前に判明します．

項目反応理論による分析を行った結果，「識別力が極端に低い」「困難度が極端に高い」といった問題がいくつか出てきます．これらの問題を本試験で使ってよいのかというと，理論的には，このような問題は出題すべきではないということになります．前者は正解・不正解が能力の違いによらずに決まってしまうこと，後者は規準集団の誰もが正解できなかった問題ということから，今後の本試験に出題しても本試験受験者の能力の判断材料にならないことが明らかだからです．

しかし，問題内容から考えて，受験者の能力の判断材料としてふさわしいとする要素が少しでもあれば，I-T相関や識別力，困難度の値に関わらず，問題を出題すべきである，といった意見もあります（村木, 2011）．確かに，理論的枠組みやモデルが「正しい」とした

---

[5] たとえば，社会科の時事問題では，このような事態が頻出します．

場合は，先ほどの論理で「出題すべきではない」ということが「正しい」のでしょうが，項目反応理論や選択したモデルが「正しい」という保証はありません．よって，できるだけ問題を排除しないという考え方も一理あるでしょう．

共通英語試験の場合を考えると，10年で300問を用意しなければならない試験に対し，フィールドテストにおいても300問のみを出題するということは，余裕のない試験設計であるといえます．神ならぬ私たち人間が問題を作成する以上，出題ミスがあったり，英語能力ではない別の能力で正解してしまうような問題をフィールドテストで出題してしまう可能性をゼロにはできないからです．筆者の経験的な感覚としては，問題の分野にもよりますが，必要数の2割から3割増の問題数は必要なのではないかと考えます．いずれにしても，ここで残った問題が，Q社の手によって，フィールドテストから推定された項目パラメタとともに項目バンクに記録されます．

2.3 本試験の実施

ここまで，試験のグランドデザインの決定からフィールドテストの実施，モデルの決定，項目パラメタの推定と項目バンクへの記録という一連の作業をみてきました．これから先は，項目バンクに記録した問題を使って，プレースメントテスト及び確認テストの問題冊子を作成し，本試験を行っていく手続きを説明します．

2.3.1 本試験で用いる問題冊子の編集

これまで用意してきた項目バンクから問題文を抽出し，1年目のプレースメントテスト及び確認テストの問題冊子を作成します．この作業は，まずQ社が素案を作成し，A大学の教員が内容をチェックし，最後に双方が意見を出し合いながら問題冊子を作成する，という形で行われます．

問題を抽出するといっても，ランダムに問題を抽出すればよいというわけではありません．互いにヒントになってしまう問題（「敵対項目」とよばれることがあります）は，一つの冊子に両方含めるわけにはいきません．また「出題する問題のレベル」にも，注意を払わなければなりません．もし，1回で出題される50問の中に，「高校2年生レベル」の問題ばかりが含まれていたとしたら，その問題冊子を解いた受験者の能力値は「高校2年生レベルに達しているかどうか」だけを判断する道具にしかなりません．高校から大学生レベルの英語能力を幅広くカバーするために「高校1年生レベル」「高校2年生レベル」「高校3年生レベル」「大学生レベル」の四つのレベルを目安として設定し，それぞれに対応する能力値付近で識別力の高い（その能力レベル前後の受験者の能力をよく識別できる）問題を混在させなければなりません．

理想的な項目パラメタのパターンとしては，「困難度の値が適度な範囲にばらけており，

かつ，識別力が高い」ような複数の問題を冊子に含んでいる，というものです．このような問題冊子は，さまざまな能力値をもつ受験者すべてに対してその能力を識別できるのです．しかし，そのような理想に近い問題冊子を作るためには，フィールドテストでより多くの問題に対して項目パラメタを推定しておかなければなりません．また，等化は，図2.2のようにただ単純に共通な問題や共通な受験者で「つながって」いればよいというわけではなく，必ず項目パラメタ（識別力，困難度）やグループの能力の平均（水平等化の場合は等質グループかどうか，垂直等化の場合は難易度別グループになっているかどうか）を考慮しなければなりません．それによって，はじめて理論どおりの等化ができます．したがって，慎重な問題の選抜が行われます．

2.3.2 本試験の実施からスコアの算出まで

最初の企画立案から3年目，いよいよ，事前の計画通りに最初のプレースメントテストを実施します．会場はA大学ですが，Q社の手によって実施される点はフィールドテストと同様です．

プレースメントテストに関しては，項目バンクにあるフィールドテストで推定された項目パラメタと各受験者の正誤データから受験者の能力値を算出します．そして，フィールドテストで定めた能力値の分割点（能力値1以上，−1以上1未満，−1未満）に基づき，上級クラス，中級クラス，下級クラスに振り分けます．受験者の能力が全体的に高ければ，全体の3分の1よりも多くの受験者が上級クラスに配属されますし，能力が低い受験者集団の場合は，より多くの受験者が下級クラスに配属されることになります．

その後，A大学の英語授業が展開され，期末試験を経て単位認定のための成績が学生個人に付けられます．期末試験が終わった後，確認テストが行われます．

確認テストの実施後，プレースメントテストと同様に，項目パラメタと正誤データから全受験者の能力値を推定します．そして，同一人物が入学時点に受験したプレースメントテストの結果と比較し，各学生がどれだけ英語能力を向上させたかが検討されます．この資料は，学生に対して今後どのような教育方針で臨むかを探るための参考として用いられます．また，受験者全体の能力値の平均がどれだけ伸びたかがわかることで，英語クラスの教育方針が当初の意図通り機能していたのか，検証する材料とすることができます．

2.3.3 項目バンク中の問題の事後検証

項目反応理論に基づく試験では，項目バンクに入れられた問題の中で妥当性が高く，かつ項目パラメタの値が推定済みの問題冊子は大きな「資産」として扱われます．なぜなら，項目パラメタがわかっているということから，その問題冊子は受験者の能力値を推定する「道具」とできるためです．構成概念が経年変化によって変質していなければ，何度でも受験者の能力の推定に用いることができます．

ただし，これには二つの条件があります．

一つ目の条件は，問題の妥当性をチェックすることです．問題を「使いまわし」する場合は，測りたい能力がテスト実施機関の想定どおりに測れているかどうかを検討する必要があります．これは，正誤データからでも，正答率や合計点の相関がいつも同じ値になっているか，また外的基準があれば，外的基準と能力値の相関が高いかを評価することで，ある程度は推測できますが，理想的にはテスト実施機関以外の第三者による問題文の質的評価を定期的に行う必要があるでしょう．

二つ目の条件は，問題文が受験者に対してのみ提示され，受験者は受験場面（試験実施場面）以外に問題文を目にすることはない，という点です．この点が守られていないと，一部の受験者だけが「以前の試験で目にしたことのある」問題を提示されることで，正解・不正解が分かれる要素に「受験者の過去の記憶」という概念が混ざってしまいます．したがって，何を測っているのかが不明確となり，妥当な試験ではなくなってしまうのです．

2.3.4 単位の実質化と can-do ステートメント

この試験を実施していくと，レベル分けされた学生が英語で何ができるのかという点について，以下のような意見が出てきました．

- 能力値（またはスコア）の意味が不明確である．学生に教えるためにより役立つ情報がほしい．（授業担当者の教員の意見）
- 単位を認定したということは一体何を意味するのか，具体例を示して大学外に説明することができれば，A 大学の教育が「地に足の着いた」教育であることを示すことができるのではないか．（学部長の意見）

これらの意見は，共通英語試験がおおむね妥当性の高い試験であり，英語能力の大小を的確にとらえているのではないかという A 大学教員の高い評判が前提となっています．

そこで，can-do ステートメント（3.5.18 項を参照）の作成が試みられました．まず，過去にこの科目を受講した全学生に対し，「どのようなことができるようになったか」についてアンケートを実施します．アンケートでは，

- 英語で書かれた看板を理解できるようになった
- 英語の新聞の論評記事が理解できるようになった
- 外国人から話しかけられても怖くなくなった
- ……

といった「can-do ステートメントの候補」を多数用意して質問します．詳細な内容は Q 社と A 大学で検討します．

これらのアンケート結果は，能力値をレベル分けしたクラス別に集計されます．「英語の新聞の論評記事が理解できるようになった」のような，相対的に難しいと考えられるcan-doステートメントは高いレベルの学生で「はい」が多くなるはずです．能力値と「はい」の頻度との対応関係を分析することにより，レベル分けのそれぞれのクラスで，授業開始前にどの程度の英語能力があるのか，能力値（またはスコア）との対応付けをすることができます．

ここで示した手続きを応用すると，対外的に「単位がとれたら，このようなことが可能になる」という大まかな傾向を示すことも可能です．そのためには，単位を認定した学生とそうでない学生を分け，それぞれについてcan-doステートメントの吟味を行います．このようにして単位の実質化を行うためには，単位の認定基準を共通英語試験のスコアとすることが理想ですが，A大学では学生の出席回数や毎回の小テスト結果も単位認定の基準の一つと考えているため，単純に確認テストを単位認定のための期末試験に統合するのが難しいという意見もありました．しかし将来的には，同時期に二つのテストを実施するためのコストの関係から，統合される方向で検討されることでしょう．

2.4 継続的な試験実施に向けて

この試験の手続きを10年間にわたって継続できたら，当初の試験実施の目的は達成されたことになるでしょう．しかし，さらなる継続的な試験の実施や，安定した評価尺度の構築のためには，考慮しなければならない課題が残っています．

2.4.1 10年後：新しいカリキュラムになったら

この試験の「設計上の寿命」は10年です．10年後には「望ましい英語能力」の概念が変わっており，それに即した英語カリキュラムが導入されることを前提に試験を設計したわけです．しかし，10年より前に，新たな英語カリキュラムを導入することも，考えられなくはありません．いずれにしても，10年以内に，新しいカリキュラムのもとで「新しい英語能力」を測る試験を行いたいと考えるときがやってくるでしょう．

ただし，これらはあくまで異なるカリキュラムにおける異なる観点からの「英語能力」であるため，「英語能力」の中身，構成概念が異なります．したがって，最長でも10年間使い続けた「従来の規準集団に等化された尺度」ではなく，「新英語能力を問う問題を用いて改めてフィールドテストを行った結果」を新たな「新規準集団」と定め，全く新しい試験としてやり直す必要があります．しかしながら，これら2種の新旧英語能力は，相関が高いことが予想されますので，等パーセンタイル法といった方法で「リンキング」することができます（詳細は4.3節を参照してください）．すなわち，旧来の英語能力と，新しいカリキュラムでの「新英語能力」の対応をとる，という試みが可能です．これにより，新

旧二つの試験を両方受けざるを得なかった受験者（留年者）に対しても，英語能力の大まかな比較をすることが可能です．もちろん，英語能力の構成概念が変わったといっても，既存の問題で同じ構成概念が測れる部分もあるでしょうから，項目バンクの中にある問題がすべて使えなくなるわけではありません．

ただし，測定している概念が異なるため，厳密な意味での比較ではありませんし，あくまで新しい試験と旧試験の「つなぎ」のための尺度変換を行っているので，この変換をもって一般的な対応付けを行っているとはいえません．あくまで受験者の便宜のために，リンキングを行うこととします．

2.4.2　もう一つの試験実施デザインの検討：等化しながら実施する

前節までに述べた試験実施方法は，A大学が豊富な問題作成のためのリソースをもっており，かつ，フィールドテストの人数も多い場合であれば，うまくいくと思います．また，問題作成に労力が必要とされる場面のほとんどはフィールドテストにおいてでした．このことから，A大学語学試験が成功するかどうかは，フィールドテストによる項目パラメタの推定の結果，いかにして良質の問題を項目バンクに用意できるかにかかっている，といえます．

しかし，現実にはさまざまな制約があり，前節までの試験実施方法がうまくいくとは限りません．具体的な制約としては，以下の点が挙げられます．

- フィールドテストを実施するためのトライアル受験者として大学1年生と2年生を動員することが難しい．
- 360問とはいえ，一度に大量の問題を作成することが難しい（そのかわり，五月雨式に毎年一定数の問題を作り続けることは可能）．

2番目の制約は，問題を作る側に立った経験があればわかると思いますが，一度に大量のアイディアをひねり出すよりも，時間を置いて何度かアイディアを出したほうが，より質のよい問題に結びつくという，人間的な要因が根拠になっています．また一度に大量に作るためには，大量の英語科教員を長時間拘束しなければならず，そのような機会を大学が作れないという事情もあります．

これらの問題点を克服するためには，次のような方法があります．

まず，フィールドテストで項目パラメタを推定する項目を，1年目で実施されるプレースメントテストと確認テストを合わせた100問のみとします．予備問題（2割増）もあわせると，120問です．これで，1年目に実施するプレースメントテストと確認テストの問題について，項目パラメタが推定された冊子を作ることができます．

次に，プレースメントテストを実施しますが，プレースメントテストを2種類作成します．そして，一方には本試験の試験問題（フィールドテストでパラメタを推定した問題）

とは別に新作問題を 30 問作成し，あわせて 80 問を出題します．もう一方にも同様に，30 問作成し，本試験の試験問題とともにあわせて 80 問を出題します．これら 2 種類の分冊は，受験者をランダムに 2 群に分け，それぞれの群に対して提示することにします．すなわち，毎回の本試験の受験者を，同時にフィールドテストのトライアル受験者とするのです．さらに同じことを，確認テストでも行います．新作問題 30 問ずつを混ぜた 2 種類の本試験問題冊子を作成し，受験者をランダムに 2 群に分けて提示するのです．こうしてこれまでに得られた正誤データの構造は，図 2.3 の「1 年目確認テスト」実施後のようになっていますので，これを重複テスト分冊法と考え，項目パラメタを推定し，フィールドテスト受験者の尺度上に等化すればよいというわけです．

　こうして 1 年間の本試験を終えた段階で，フィールドテストの 120 問以外に，さらに $30 \times 4 = 120$ 問の新作問題に対して，フィールドテストに等化された項目パラメタが推定されました．2 年目についても同様の試験を行うことで，あわせて 360 問に対して等化済み項目パラメタが推定できます．毎回の本試験で 2 種類の問題冊子を用意したのは，一度の試験でより多くの新作問題にパラメタを推定するためです．仮に問題冊子が 1 種類しかない状況で 1 年あたり 120 問の新作問題にパラメタを推定するためには，受験者のスコア算出用の 50 問（項目パラメタ既知）に 60 問の新作問題を追加しなければならず，冊子 1 種類あたり問題総数が 110 問となり，受験者の労力を考えると実施は困難でしょう．

　この方式を行う上では，最初の例で示した 50 問ではなく，80 問を本試験の受験者に提示する必要があります．したがって，90 分の授業時間枠に収まるかどうかを検討しなければなりません．また，学生に対して一部とはいえ「本試験とは直接関係がない問題」であることを伏せて解答させますので，学生に対して不誠実ではないかといわれる可能性があります．

　そのような課題があることを承知すれば，問題を一度に 300 問用意する必要はなく，1 年につき 120 問用意すればよいわけですから，問題を作成する側にしてみればありがたい話です．また，フィールドテストで 120 問分のパラメタを推定すればよいわけですから，その分，重複テスト分冊法による分冊の数を減らせることになり，受験者グループの数を減らすことにつながります．これらの利点のため，本試験に「将来出題するかもしれない問題候補」を提示する方法は，現実の試験においてもよく行われています．ただし，「本試験の問題のうち，スコアの算出に使われない問題がある」という断り書きを問題冊子に明記するなど，いくつかの付加的な作業が必要です．

　このテストデザイン（項目増殖デザイン：光永・前川，2012）には，「同一年度のプレースメントテストと確認テストは同一受験者が受験する」という想定がありますので，各試験の間で同一の問題を提示しないように問題を選抜し，問題冊子を作成する必要があります．また試験後にも問題の選抜や次回試験に向けての新作問題の作成，問題冊子の編集といった作業が行われますので，本試験前に一度のフィールドテストを行う場合に比べて問題冊子編集のための事務的負担が毎年にわたるという課題があります．

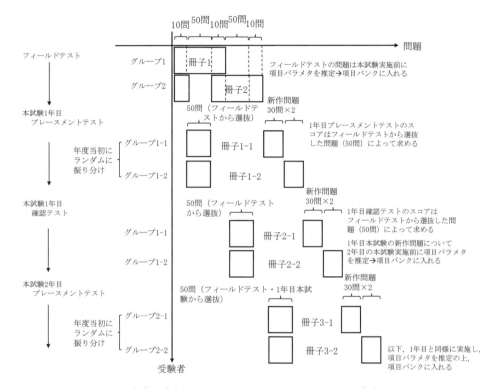

図 2.3 本試験受験者を用いた項目パラメタ推定のためのデザイン（案）

2.4.3 等化方法の検討

　等化方法によっては，実務上の値の解釈に課題が生じる場合があります．多母集団 IRT モデルによる同時推定法（4.2.1 項，6.3.7 項を参照）を用いた等化をフィールドテストで一度行うと，トライアル受験者の正誤データを手がかりとした項目パラメタが推定されます．その後で，本試験で問題を再度出題すると，その問題についてはトライアル受験者と本試験受験者の両方の正誤データが得られます．トライアル受験者に本試験受験者の正誤データを追加して同時推定法による項目パラメタの推定及び等化を行うと，その値はトライアル受験者のみで推定した項目パラメタの推定結果と異なる値になります．同時推定ではすべての問題冊子（規準集団に出題した問題を含む）について，規準集団に等化済みの項目パラメタの推定値を求めます．そのため，「規準集団における項目パラメタは，その後に行われる本試験の推定に影響されず，不変であることが好ましい」と考えるならば，再出題を繰り返し，同時推定の等化を行うたびに項目パラメタの推定値が変わるということは，望ましくない性質といえます．
　特に入試や就職のための選抜などのように，ある 1 回の試験結果が人生のその後を大き

く決定付けるような試験（このような試験を「ハイ・ステークスな試験」とよびます．1.4節を参照）においてこの問題が生じる場合，等化方法の検討はきわめて重要です．推定値が複数存在し，それらのいずれかが真の値に最も近いが，それがどれなのかわからない，というのでは，試験の実施方法として妥当ではないでしょう．

　また，前項で取り上げたような，本試験を行うたびに等化を行うテストデザインを用いると，項目パラメタの推定値が本試験を行うたびに更新されます．等化方法によっては，たとえば1年目のプレースメントテストにおいて識別力が問題Aで0.5，問題Bで0.4あったのが，確認テスト実施後に等化処理をやり直した結果，問題Aが0.3，問題Bが0.5になり，識別力の推定結果が逆転した，などということがありえます．仮に識別力が大きな問題（より信頼性が高いと判断される問題）を次回以降の本試験で利用する，というポリシーに基づいて問題冊子を編集するならば，このような事態は「気持ち悪い」といわれても仕方ないでしょう．

　このように，項目パラメタの値を基準に問題の選抜を行っている場合には，問題の選抜の基準となる値が等化を行うたびに変わることが許容されない場合もあります．しかし，本試験を重ねることで新たな受験者のデータが追加されているのだから，規準集団といえども項目パラメタは変わりうるという主張も，納得できる部分がないわけではありません．もしどうしても規準集団における項目パラメタを固定したいのであれば，個別推定法による等化，すなわち等化係数を用いた方法（4.2.6項や6.3.8項を参照）などを行えばよいのですが，個別推定法の方法は1通りでないため，やはりどの方法を用いるかで研究の余地があります．

　いずれにしても，どの問題を今後再出題するかを決めるための手がかりとしての，推定結果が一つに定まらないというのは，問題を作成している側からすれば「どれが本当の項目パラメタなのかわからないのではないか」という疑念を生むことにつながります．このような事態を防ぐためにも，事前にフィールドテストのデータを用いて，項目パラメタの値の傾向が妥当に解釈できるような等化方法を探る研究を行うことは重要なプロセスであるといえます．

2.4.4　等化のタイミングの検討

　本試験に新作問題を混ぜて出題する方法においては，どの時期に等化するかという点についても，決めておかなければなりません．たとえば，プレースメントテストと確認テストのペアがすべて終了したタイミングで二つの試験を同時に規準集団の尺度へ等化することも考えられます．また，プレースメントテストが終わったところで規準集団の尺度へ等化し，確認テストが終わったタイミングで改めて等化するという方法もあり得ます．

　二つの試験を同時に等化するか，別々に等化するかについては，等化の手法を事前に吟味することは難しいのですが，似たような別の試験の実施結果などがQ社の社内資料とし

て蓄積されているでしょうから，それを参考にします．また，たとえば等化の仕組みに精通した Q 社の専門家が，年に一度しかこの試験の等化に携わらないようにすれば，試験のアドバイスにかかる人件費を圧縮することができますので，Q 社に作業を依頼する立場の A 大学にとっては有利かもしれません．しかし，このような部分で費用を惜しむことで，尺度の安定性が損なわれるようなことがあってはなりません．やはり Q 社の経験（と，いくつかの先行研究）に基づく意思決定を A 大学が受け入れるほうが，質の良い試験の実施のためにはよいかもしれません．

■コラム 2　「社会インフラ」としての試験

試験は「勉強」「努力」といった概念に親和性が高く，「困難」「壁」「苦痛」「面倒」といったイメージが付きまといます．ある一定以上の年齢の方であればおなじみなのかもしれませんが，健康診断も同様の性格をもつライフイベントではないでしょうか．若いうちは健康でも，運動不足や高カロリーの食事，過度の飲酒や喫煙といった要因で，年を重ねるごとに検査数値に一喜一憂するようになります．考えてみれば，健康診断の検査も試験と同じように，結果を気にする性格をもったライフイベントであるといえます．

定期健康診断によって，国民の福利厚生，医療費の削減といったメリットがもたらされていますが，この仕組みは自然にできたわけではありません．医療制度や労働政策，財政政策と一体化した形で国（立法府＝国会＝国民の代表）が主導して法律を整備し，行政（厚生労働省をはじめとする行政機関）が法律に基づき必要な人的資源や医療体制を確保した上で，制度上，国民の健康状態を把握するための施策として行われています．つまり，制度として「健康保険制度」があり，その一環として「健康診断」という検査を実施しているのです．健康保険制度の前提として，社会インフラとしての「医療設備，検査設備や医師，看護師などの人材育成システム」が不可欠です．その上で，健康診断を専門にしている産業医や看護師が多数働いています．このような努力によってより妥当な健康診断が行われ，ひいては日本人全体の健康増進に役立っているのです．

このように考えると，世の中にある試験のうち，受験者が何らかの能力を有していることを社会的に保証するために行われるような「公的な試験」は，健康診断と同様の役割を担っている，という構図が指摘できます．劉（2010, 2011）はこのような観点から「社会インフラとしての試験」のあり方について論じています．

たとえば，日本社会全体で，英語に対する関心は止むことがありません．その中で，英語の能力を判断するための試験は，受験者が英語能力を有していることを証明するために行われる「公的な診断」のためのツールである，というように考えることがで

きます．実はその前提として，日本においては「日本人向けの英語教育」という大きな社会政策上の課題があり，どのようにすれば日本人の英語能力が向上するのかが研究されています．日本人における英語学習は，生涯学習といった分野で検討されていますが，その効果を測定するためのツールとして，英語能力試験がある，というわけです．

現在，日本に住んでいる人にとってはピンと来ないかもしれませんが，日本語を母語としない外国人に対して，外国語としての日本語の能力を測定したいという要求が，日本語教師から絶えずあがっています．その要求にこたえようとするさまざまな試みとして，「日本語能力試験」をはじめとする公的な標準化テスト，CBTなどが開発されています．これらの概要は李（2015）に書かれていますが，日本語を母語としない者がどの程度の日本語能力を身につけているかを測定するための試験は，試験の専門家だけではなく，多くの日本語教育に携わる者が参加して設計されています．その議論を通じて，日本と海外がどのようにかかわっていくかについての政策についても，方向性が検討されています．

こうしてみると，試験制度を考えることには，公共政策の意思決定と一体不可分な領域があるといえるでしょう．その意味で，公的な試験はいわば「公共事業」といえるかもしれません．1.4.6項で紹介した「項目バンク」に良質の問題を多く蓄えていくことは，「試験」という社会インフラの整備という意味で，公共事業の一部といえるでしょう．ダムや道路の整備といった公共事業の是非が問われる現代において，公的な試験の制度整備に関しても，ユーザーである私たちがテスト実施機関に意見を積極的に発信していくことを通じ，民主的な方法で設計していくことが望ましいといえます．

試験の「当事者」は私たち自身である

社会インフラという考え方を導入することで，試験は「問題を出す側」としてのテスト実施機関と「問題を解く側」の受験者以外に，「スコアを利用する側」が存在することがみえてきます．先ほどの健康診断の例であれば，健康診断の結果を参照して生活指導を行う，といった場合に，生活指導を行う医師は検査結果を参考にしてアドバイスします．すなわち検査結果を「利用」しています．たとえば大学入試の場合は，大学入試を「出題する側」としての大学，「問題を解く側」としての受験者以外に「スコアを利用」して合否を判定する主体としての「大学」を想定して制度を設計しなければなりません．大学入試センター試験の場合は，出題する側が大学入試センター，問題を解く側が受験生，スコアを利用する側は各大学です．

このような役割分担は，試験の公平性を保つといった意味でも重要でしょうが，課題もあります．試験を実施する上での「現場のノウハウ」を蓄積するのが「出題する

2.4 継続的な試験実施に向けて 69

側」に偏りがちであることが，その一つです．試験実施の現場で「出題する問題数をこれ以上増やせない」ことが経験上わかっているにもかかわらず，スコアを利用する側は問題数を増やしてより多くの情報を受験者から引き出したいという欲求に駆られます．このような齟齬を防ぐには，普段から試験を出題する側（テスト実施機関）とスコアを利用する主体が連携し，試験制度のあり方をともに考える姿勢が重要だといえます．

　また，これらの考えを拡大していくと，試験制度を決めるにあたっては，スコアを利用する組織が社会にどのように位置づけられるかを含めた議論が必要でしょう．たとえば，大学入試の制度を決める際には，大学だけでは決められないということです．大学が何のためにスコアを利用するかといえば，「適性のある学生に来てほしい」という意見が大学の担当者から語られるでしょうが，「そこで測られる適性とは何か」「適性を測定してどのように活用するのか」といった点について，大学関係者だけではなく，教育学者や教育社会学者といった多くの専門家の間で議論を重ねなければなりません．この構図は，教育だけでなく，運転免許の試験や司法試験といったさまざまな領域においても同様であるといえるでしょう．その意味では，社会全体が試験の結果を間接的に用いており，試験の間接的な当事者は巡り巡って社会を構成する私たち全員であるといえるのかもしれません．

第 3 章

理論編 II：数理モデルに基づくテスト理論

　前章で取り上げた A 大学 1 年次共通英語試験を実際に行う上で,「項目反応理論」などによる問題の特性の推定や, 等化といった特別な工程が出てきました. 本章ではまず, これらの理論の理解に不可欠な「分散」「相関係数」について説明します. 次にテスト理論の一つである「古典的テスト理論」について述べます. さらに, 古典的テスト理論と項目反応理論の橋渡し的な統計手法として「因子分析」について説明し, 項目反応理論の理論的背景や, さまざまな数理モデルの解説, can-do ステートメントの構築方法といった周辺領域について述べます.

3.1　試験で用いられる「データ」からわかること

　これまで取り上げた試験に関する話題では, 試験問題には 1 問 1 問に異なる「特性」があり, その特性として「難易度」や「配点」といったものがある, ということを述べてきました. しかし, これらが恣意的な受験者集団による試験結果からのデータや, そもそも客観的なデータに基づかない根拠による配点によって決められるのでは, 標準化された試験を実施することができない, という点を問題点として取り上げました.

　では, 正解・不正解の「データ」から, その特徴をどのように記述すれば, 難易度や配点の一般的根拠となり, 標準化された試験を行うことができるのでしょうか. まず必要な知識として, データのばらつきの大きさを示す「分散」と, 二つの数値がともなって変化する度合いを示す「相関係数」について説明します.

3.1.1　「分散」：ばらつきの大きさ

　たとえば, ある大規模の大学の 1 年次学生 1000 人に, 国語と英語の試験（いずれも 200 点満点）を課したとします.

　1000 人のスコアのデータを数直線上に表すと, 国語は図 3.1 の (a), 英語は図 3.1 の (b) のようになったとします. 同じようなスコアの受験者が多く存在するので, プロット

が重なって表示されています．しかし，国語のスコアの方が全体的に散らばっている傾向がわかると思います．

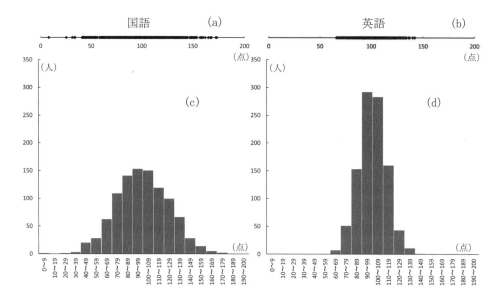

図 3.1　国語と英語のスコアのばらつきを示す数直線とヒストグラム

　実際にデータを分析する場面では，このように，散らばっているかどうかを目で見て判断することはあまりありません．ほとんどの場合，以下に述べる「分散」とよばれる値を用いて判断します．分散が大きいということは，平均点，すなわち「真ん中」からズレている学生が多いことを意味します．

　このことをより明確に図に示すために，スコアを適当な範囲で区切り，その範囲に入った人数を縦軸にとって表します．それが図 3.1 の (c) と (d) です．このような図を「ヒストグラム」とよびます．この例では，スコアの区切りの範囲を 10 点にとっています．

　2 教科のヒストグラムを見比べると，国語のほうが英語に比べて平均点（100 点）からかけ離れたスコアをとっている学生が目に付きます．その傾向は，山の「裾」がなだらかであることで，よりはっきりするでしょう．英語は，極端にできのよい学生が少なく，極端にできの悪い学生も少ない傾向にあります．そのことは，山の裾が急峻であることで，わかると思います．前者は分散が大きく，後者は分散が小さなデータであるといえます．

　また，分散の値は，全受験者について「個々のスコア－平均」を 2 乗[*1]し，全員について足し合わせた値を，人数（または人数－1）で割った値です．分散の値そのものは，スコアの尺度には載りません（たとえば (c) の例では，分散は約 525 で，図の横軸からはみ出

[*1] 2 乗しないまま「個々のスコア－平均」を全員について足し合わせると，その値は常に 0 となり，ばらつきの大きさの指標となりません．2 乗したものの和をとることで，個々のスコアにおける平均からの隔たりの大きさの和を分散の値として表現することができます．

てしまいます).これをスコアの尺度に乗せるためには,分散の平方根(ルート)をとり,その値を「標準偏差」とよびます.データのばらつきの指標としては,標準偏差が主に使われます.

なぜ「ばらつきの大きさ」の大小を数値で表そうとするのでしょうか.主な理由として,スコアが平均から隔たっている人が多いほうが,その試験で学生ごとのスコアの違いをよく表しているため,といえます.逆にスコアが平均付近に位置している受験者が多い場合は,スコアの違いがあまりみられないため,試験で測定した結果(スコア)から原因を議論する際に支障となります.

3.1.2 分布の形を正規分布とみなすと

さて,図3.1の(c)をみると,左右対称で釣鐘の形に近い分布をしていることがわかります.このような分布は図3.2で示すような「正規分布」で近似する,すなわち正規分布の形で代表させることが可能です.もちろん,正規分布とヒストグラムとの間で細かい違いはみられますが,もしヒストグラムが正規分布の形に近くなっており,近似することを許せば,以下のような利点があります.

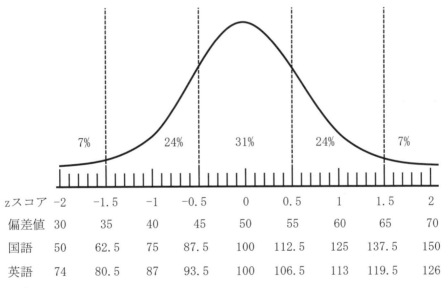

図3.2 正規分布.パーセンテージの数字は,それぞれの区画に全体の何パーセントが含まれるかを表している

それは,正規分布に近似することで,あるスコアをとった人が全体のどのあたりに位置するかを知ることができる,ということです.図3.1の(c)で示したヒストグラムでは,スコアの平均は釣鐘型の分布の真ん中であり,約100点です.ヒストグラムが正規分布に

近似できるとすると，図 3.2 から，100 点を取った人であれば全体の 50% が上位にいる，ということが推測できます．また，この例では標準偏差が約 25 点です．図 3.2 から，112 点，すなわち平均より標準偏差の 0.5 倍だけ大きなスコアを取った受験者は，全体のおよそ 31% が上位にいる，ということがわかります．このように，スコアが標準偏差いくつ分だけ平均から隔たっているかがわかれば，全体の何割が上位にいる，という情報が推測できるのです．

　図 3.1 の (c) で示したスコアのヒストグラムは，実際に横軸が平均 100，標準偏差 25 の正規分布として近似することが可能です．しかし，正規分布にもさまざまな平均と標準偏差をもつものがあります[*2]．これらを別々に扱うのではなく，平均 0，標準偏差 1 の「標準正規分布」を考えます．そして，受験者のスコアについて，

$$\frac{(各受験者のスコア - スコアの平均)}{スコアの標準偏差} \tag{3.1}$$

を計算し，このヒストグラムが標準正規分布に近似する，と考えます．すなわち，受験者のスコアを，平均が 0，標準偏差が 1 になるように変換するのです．このようにして変換されたスコアは，平均が 0 になるのですから，もともとの平均以下の受験者のスコアはマイナスに，平均以上のスコアはプラスになるように変換されます．こうして変換したスコアを「z スコア」とよびます．図 3.2 の横軸で「z スコア」と書かれた尺度は，平均が 0，標準偏差が 1 になるような尺度を表します．

　標準正規分布を導入することにより，試験のスコアの平均や標準偏差がどのような値であっても，受験者全体の中である受験者が上位何パーセントに位置するか，という推測が統一的に可能となります．すなわち，受験者のスコアについての相対的な比較が可能となります．ただし，標準正規分布を仮定すると，平均付近の受験者は 0，平均より 1 標準偏差だけ小さなスコアの受験者は −1 というスコアとなり，直感的にスコアの大小を把握するのが難しくなります．そのため，z スコアの代わりに，

$$\frac{(各受験者のスコア - スコアの平均)}{スコアの標準偏差} \times 10 + 50 \tag{3.2}$$

を計算します．この値を「偏差値」とよびます．偏差値は，図 3.2 の横軸で「偏差値」と書かれた尺度に相当し，平均が 50，標準偏差が 10 となるような正規分布を仮定した場合の z スコアに対応します．なお，平均が 50，標準偏差が 10 という値の代わりに，任意の平均と標準偏差を与える場合もあります．この場合は，偏差値を求める式の「×10」が新しい尺度の標準偏差，「+50」が平均を表していますので，これらの値を変えることにより，任意の平均・標準偏差の偏差値を与えることができます．

[*2] 正規分布の形状を決める要素は，釣鐘形の中心に相当する値（平均）と，釣鐘の山のなだらかさに相当する値（標準偏差）です．これらの値を変えると，正規分布の形状も変わります．ただし，いかなる平均や標準偏差の値を取ったとしても，正規分布が左右対称で単一の山形をもつ（単峰性）ことは変わりません．

受験業界で「偏差値」は頻繁に用いられており，皆さんにとってもなじみ深い言葉だと思いますが，これは受験業界で模擬試験を実施して収集したデータが，その年の受験生（母集団）のほぼすべてであるとみなし，母集団が正規分布をするという仮定をおくことで，受験者のスコアが全体の中で相対的にどのあたりに位置するかを判断することができるためです．しかし，受験者集団の能力分布は年によって変わりますので，ある年度に行った模試の結果と，別の年度の結果は直接比較可能ではありません．

3.1.3 「相関係数」：ともなって変わる度合いを表す

今度は，1000 人の学生の国語と数学の成績について，図 3.3 左のように，一人の学生を一つの点で表すことにします．(a) は，そのうちの学生二人についての国語と数学のスコアを表しています．学生のうち一人は，国語のスコアが 108 点，数学のスコアが 90 点で，別の学生は，国語が 116 点，数学が 107 点である場合です．これと同じように，残りの 998 人についても点を描くと，図 (b) のようになりました．このように，二つの変数（国語スコアと数学スコア）の関連を示す図を「散布図」とよびます．

図 3.3 (b) をみると，全体的に右斜め上の線状に散らばっている様子が伺えます．このことは，このクラスの学生全体の傾向として，「一方の科目のスコアが高いほどもう一方の科目のスコアも高い」ことがわかります．このように，二つの変量（国語と数学のスコア）の間に，共通して変動する傾向があることを「相関がある」とよびます．この例の場合のように，一方が大きければ他方も大きいという傾向を「正の相関がある」とよびます．

相関がある，といっても，さまざまな場合がありえます．ここではほかのデータとして，「ゲームに費やす時間」「学生の体重」の二つの変量を測定しているものとします．

図 3.3 (c) は，国語のスコアが高ければ高いほど，ゲームに費やす時間が短い，という状況を示しています．このように，一方が大きければ他方が小さくなるような傾向を「負の相関がある」とよびます．また (d) のように，国語のスコアが高かろうが低かろうが，学生の体重が変わらない様を示しています．一方の変量の大小と別の変量の大小が関連しない状況を，「相関がない」「無相関」とよびます．

相関の大きさを散布図の見た目で判断することは，あまりありません．一般的には，数字で表します．相関の大きさは，二つの変量がどれだけ「共通して変動しているか」を意味します．そこで，「ともなって変動しているばらつきの大きさ」を数値で求めることができれば，データに基づく一般的な議論をすることができます．

「共通して変動しているばらつきの大きさ」を求めるための一つのやり方としては，先の国語と数学のスコアの例で示すと，「(国語のスコア－国語のスコアの平均値) ×（数学のスコア－数学のスコアの平均値)」をすべての学生について計算し，足し合わせるという方法があります．この「平均からの差の積」を合計し，人数で割った値を「共分散」とよびます．

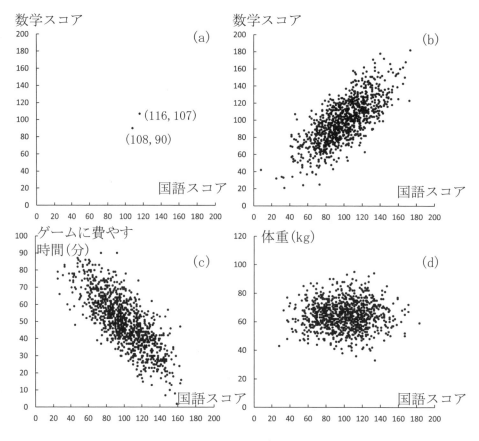

図 3.3 散布図の例（いずれも架空例）

　前述のとおり，分散の大きさは「平均からの差」の大きさでしたが，二つの変量についてそれらを掛け算すると，「国語のスコアが平均以上で，かつ数学のスコアが平均以上」の学生が多いほど，値が大きくなることがわかると思います．また，「国語のスコアが平均以下で，かつ数学のスコアが平均以下」の学生が多くなっても，値が大きくなるでしょう．したがって，共分散の値も正になるのです．それに対して，ゲームに費やす時間の例では「国語のスコアが平均以下で，かつゲームに費やす時間が平均以上」あるいは「国語のスコアが平均以上で，かつゲームに費やす時間が平均以下」の学生が多いため，平均値差の積は小さくなります．すなわち，共分散が負の値になるのです．以上から，共分散が「ともなって変化している度合い」を代表している値であることがわかると思います．

　相関係数の求め方は数種類ありますが，一般的には，共分散を「2 変量のばらつきの大きさ全体」で割った値を「相関係数」の式としています．2 変量のばらつきの大きさとしては，二つの変量の相乗平均（平方根の積）を用います．こうして求められた相関係数を「ピアソンの積率相関係数」とよびます．相関係数は r という文字で表され，$r = 0.8$ など

というように示されます．共分散そのものも，ともなって変わる量を表した値ですが，元の尺度の単位に依存した値であるため，2 変量のばらつきの大きさ全体で割って標準化し，とりうる値の範囲を限定しています．

ピアソンの積率相関係数は，−1 から 1 までの値をとります．1 が「正の相関が最大の場合」，−1 が「負の相関が最大の場合」です．また 0 は，「相関がない」場合にあたります．

このようにして求められた相関係数ですが，一般的にいくつの値をとれば「大きな相関がある」といえるのでしょうか．たとえば相関係数が 1 ならば，散布図の点が一直線上に乗り，これ以上共通に変動しようがないレベルであるといえます（試験のデータを分析する場合，相関係数が 1 になることはまずありえませんが）．テスト理論の土台となっているのは心理学ですが，心理学の初学者向け教科書，たとえば山田・村井（2004）では表 3.1 のようにその目安が書かれています．

しかし，心理学以外の分野の場合は，その分野に沿った別の「目安」があることが普通です．また，試験データの分析の場合であっても，マイナスの相関係数に特別な意味がある場合もあります（4.1.2 項を参照）．山田・村井（2004：55）でも述べられていますが，これらの値の範囲や相関の大小の程度表現はあくまで経験則に基づく目安であり，恣意的なものといえるので，批判的にとらえる必要もあるでしょう．

表 3.1　相関係数の値とその評価 (山田・村井, 2004：55)

−0.2 以上 0 未満	0 より大きく 0.2 以下	ほとんど相関なし
−0.4 以上 −0.2 未満	0.2 より大きく 0.4 以下	弱い相関あり
−0.7 以上 −0.4 未満	0.4 より大きく 0.7 以下	中程度の相関あり
−1.0 以上 −0.7 未満	0.7 より大きく 1.0 以下	高い相関あり

3.2 試験の「モデル化」の意義

3.2.1 スコアに込められた意味を紐解く

試験を実施した結果は，さまざまな「言葉」で表現されます．時には「50 点」「100 点」「730 点」のような「点数」という形の場合もあり，また「合格」「不合格」という「評語」で表される場合もあります．ある受験者が「合格」という結果を受け取ったといっても，その背後に「点数」がつきまとっている場合も多くあります．何点以上をとったから合格した，という場合です．結局のところ，「何かを行った結果」を評価することで「数値」や「評語」（秀，優，良，可，不可や甲乙丙丁戊）がつく，という構図があってはじめて試験が成り立つといえるでしょう．

その意味でいえば，「結果を数値で示す」ということに私たちが慣れていることは，実は

驚くべきことといえるかもしれません．なぜなら，数値で表せるということは，その数字の大小で能力を「序列化」できる，ということを含意しているからです．数値ではなく評語であったとしても，比較可能という意味では同じです．しかし，果たしてその数字の大小や評語の優劣が，本当に能力の大小を的確に反映しているのかといわれれば，心許ないでしょう．また，たった一つの数値の大小だけで，受験者集団の能力の大小を比較できることは「幻想」かもしれません．しかし，受験者一人に対して一つの数字がつき，その大きさをもって受験者に対する評価がなされる，という構図は，変わりません．

ここまで書くと，「そのような幻想に近いことをやろうとしている試験とは一体，何なのだろうか？」という疑問がわいてくるでしょう．その疑問に答えるには，試験のスコアがどのようなメカニズムで求められているかを考えるとよいでしょう．

先生や偉い人による「全くの主観」ではなく，受験者がある課題に解答した正解・不正解の「正誤データ」に基づいてスコアが決定されるのであれば，特定の人物の主観に基づくものではなく，より客観的な「受験者からの正誤反応」という手がかりに基づくスコアという意味で，よりよい試験であるといえるのではないでしょうか．それに対し，「ある課題」すなわち「問題」が，「この問題に正解できる人は能力が高いはずだ」という出題者による主観，思い込みによって作られているとすれば，スコアに一般性がなく，よくない試験である，といわざるを得ません．

また，試験の問題に「たくさん正解できる」受験者のほうが，「少ししか正解できない」受験者よりも「できがよい」と判断されそうだ，ということもまた，私たちの感覚に合致するでしょう．あるいは，「スコアは，受験者の能力を反映した値である」という点も，合点がいくことでしょう．その意味では，「スコア」のもっている性質について，「能力の大小を反映した値」という想定ができることが望ましいといえるでしょう．そのような「想定」は，経験的なものではなく，理論的に導かれる性質のものです．すなわち「スコア＝能力」という図式を認めれば，「能力」なるものを具体的に決めることで，スコアが具体的な「能力」を反映した値となる，という「理論的枠組み」が仮定されることが大切なのです．さらに「能力」の尺度が表している具体的な内容を明確にしておくことは，「何を問うか」という問題文の具体的内容を決める上で重要なことです．

このように，試験の前提となる「理論的な考え方に基づく想定」のことを「モデル」とよびます．試験のモデルは「スコアは，受験者の能力の大小と，その問題の質，すなわち能力の大小を的確に測れている度合いによって決まる値である」ということです．

3.2.2 数値を用いたモデル化

モデルはあくまで「仮定」であり，現実の試験の結果得られたデータが，モデルの想定したデータに一致している，すなわちモデルにあてはまるとは限りません．あてはまらないとなれば，モデルが不適切なのか，あるいはデータの取り方がまずかったのか，という

議論がなされますが，ほとんどの試験において，データの取り方が不適切な場合，すなわち試験を実施する場面でミスがあった場合には，試験監督がそれを記録しているので，ミスがあった部分のデータのみを除外して分析すればよいのです．結局，不適切なのは「仮定したモデル」ではないかという結論におちつく場合が多いです．

いずれにしても，試験の結果を定量的に分析し，仮定した「モデル」が妥当だったかどうかを検証することで，受験者の能力のみならず，試験や問題の「質」に関する定量的評価を行うことができる，という点が，試験に「モデル」を仮定する意義であるといえるでしょう．

なお，試験のモデル化に際しては，正誤データ，すなわち数値のデータに対する議論を行います．したがって，モデル化においても数値データを扱うモデル，すなわち「数理モデル」を導入する必要があります．受験者の成績を表記する上で「優秀である」「優秀とはいえないまでも，及第」「全くの不可」といったように，短文による評価も考えることができますが，これはいわば受験者の能力を文章で記述する，という意味で「言語による評価モデル」と考えることができます．言語による評価モデルの方が受験者に対する評価を文章で表現できるため，より抽象的で高度な表現が可能でしょうが，しかし，高度で緻密な表現をしようとすればするほど，文章の意味するところを一般的かつ統一的に理解することが難しくなっていくでしょう．その意味で，ある問題に対して正解したか不正解だったかを記録した「正誤データ」に基づくモデルの考え方で試験を分析することは，一般性を重んじる試験の場合，特に重要であるといえます．

本章では，古典的テスト理論や項目反応理論といった，データを数理モデルに当てはめるという考え方の紹介を通じて，正誤データからどのように問題の質や受験者の能力を推定するかを解説します．以後，「モデル」といった場合は，「数理モデル」をさします．

3.2.3 データとしての数値→モデル

それでは，「数理モデル」に対応した「正誤データ」とは，一体どのようなものなのでしょうか．

試験は，受験者に問題を出し，その答えを収集します．ここまでは，試験の実施に関わることがらです．試験実施後，各問題について正答かどうかを受験者ごとに判定します．この段階を「採点」とよぶことが一般的です．CBTのように，実施の直後に採点が行われる試験もありますが，いずれの場合でも，試験を行うたびにテスト実施機関は「どの問題をどの受験者に出し，その結果が正解だったか不正解だったか」に関する情報をデータとして得ます．これらは通常，表 3.2 の形で保存されます．表 3.2 は 16 人の受験者が 10 問に解答した結果を示したもので，「1」という数字が「正解」，「0」という数字が不正解，「.」という文字が「その問題を解いていない」（無回答）を表しています．表 3.2 のデータを「正誤データ」とよび，これから述べる分析の対象とします．

表 3.2 正誤データと縦（列）・横（行）の合計

受験番号	問題番号										計
	1	2	3	4	5	6	7	8	9	10	
1	0	0	1	0	0	1	0	0	0	.	2
2	1	0	1	1	1	1	1	1	1	0	8
3	1	1	0	1	0	0	1	0	1	0	5
4	0	1	1	1	1	1	1	1	1	1	9
5	0	0	0	1	1	0	0	1	0	0	3
6	0	0	1	1	0	1	1	0	0	1	5
7	1	1	0	1	1	1	1	1	0	0	7
8	0	1	1	1	0	1	0	0	.	.	4
9	1	1	1	1	1	1	1	1	1	1	10
10	0	0	1	1	0	1	0	0	0	0	3
11	1	1	1	1	1	1	1	1	1	0	8
12	1	0	1	1	1	0	0	0	1	1	6
13	0	0	0	0	0	1	0	1	0	0	2
14	0	0	0	1	0	1	0	1	1	.	4
15	1	1	.	1	1	0	1	1	1	0	7
16	0	1	1	1	1	1	1	1	0	0	7
計	7	8	10	14	9	12	8	10	8	4	

　表 3.2 をみれば，どの問題を誰に出したか，その結果が正解であったか不正解であったかがわかるというわけです．受験者の立場からすると，各自の行について「1」の個数を数えれば，それがその受験者の「素点」になります．しかし，この表が受験者向けに公表されることはありません．この表が公表されたならば，受験者全員の素点を計算することができてしまい，他人の素点が丸見えの状態になってしまうからです．試験によっては，各行を「個人別採点表」として当該受験者のみに示す場合もありますが，これはどの問題に間違えたかを受験者に返すことで，受験者各自の弱点を自覚させる効果を期待してのことだといえます．

　一方，表 3.2 を縦になぞって「1」の個数を数えれば，各問題について，この表の受験者においてどれだけ正解が得られたかがわかります．これを受験者総数（「1」と「0」の個数を足した値）で割れば，正答率が得られます．正答率が高いほど，その問題は易しいという傾向を示し，低ければ難しい傾向を示しますが，ここで注意しなければならないのは，これらの傾向はあくまで「当該試験の受験者全体の能力の高低」に依存しているということです．ある問題の正答がいかに少なかったとしても，受験者集団の能力が平均的に低いのであれば，正答が少なかったのは能力の低い受験者集団のせいであるかもしれませんし，そうではなく本当にその問題が難しかったせいかもしれません．

以上のように，表 3.2 の数値から一般的な問題の難易度や受験者の能力を推定しようとしても，ただ正答の数を数えただけでは妥当な解釈が得られないことがわかります．「正答が少なかった」というデータから，「受験者の能力が低かったのか，問題が難しかったのか」という，そのデータが得られた原因を推論しなければならないのです．試験の結果得られた正誤データはいわば「現実に得られたもの」であり，どうしてこのようなデータが得られたかを，数式によってモデル化し，説明することができれば，一般性をもった試験結果の解釈が可能となるでしょう．またこの手続きによって，「試験＝測定のための道具」の性能を評価することもできるようになります．そこで登場するのが「項目反応理論」という数理モデルですが，これについては後述します．

3.2.4 ガットマンスケール

表 3.2 で示した正誤データは，いくつかの方法でモデル化することで，試験の結果を適切に解釈することができます．いくら正誤データを眺めていても，その結果の解釈が適切になるとは限りませんので，正誤データに統計的処理を施して，それぞれの問題及び受験者に関する結果の解釈をします．

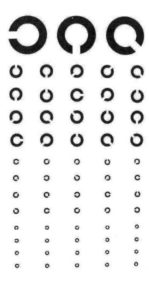

図 3.4　ランドルト環

モデル化の一つの方法として，試験ときわめてよく似た測定場面である，視力検査の場面を考えてみましょう[*3]．

いま，大きさの異なる「C」のマーク（ランドルト環）を人間に提示し，C の開口部分が

[*3] 本項は前川（1998：158–161）の内容をよりわかりやすくなるように筆者がアレンジしたものです．

第 3 章 理論編 II：数理モデルに基づくテスト理論

表 3.3 視力検査の正誤データ 2 種．左はランドルト環，右はひらがなの場合．0.1 の文字は大きく，1.0 の文字は小さい（架空例）

番号	.1	.2	.3	.4	.5	.6	.7	.8	.9	1.
	C	C	C	C	C	C	C	C	C	C
8	0	0	0	0	0	0	0	0	0	0
12	1	0	0	0	0	0	0	0	0	0
4	1	1	0	0	0	0	0	0	0	0
3	1	1	1	0	0	0	0	0	0	0
5	1	1	1	1	0	0	0	0	0	0
6	1	1	1	1	1	0	0	0	0	0
7	1	1	1	1	1	1	0	0	0	0
11	1	1	1	1	1	1	1	0	0	0
9	1	1	1	1	1	1	1	1	0	0
10	1	1	1	1	1	1	1	1	1	0
1	1	1	1	1	1	1	1	1	1	0
2	1	1	1	1	1	1	1	1	1	1

番号	.1	.2	.3	.4	.5	.6	.7	.8	.9	1.
	や	て	ふ	り	み	め	ぬ	も	つ	ゆ
8	0	0	1	0	0	0	0	0	0	0
12	1	1	0	1	0	0	0	0	0	0
4	1	1	0	0	1	0	0	0	0	0
3	1	1	0	1	0	1	0	0	0	0
5	1	1	1	0	1	1	0	0	0	0
6	1	1	1	1	1	0	0	0	0	1
7	1	1	1	1	0	0	1	0	0	0
11	1	1	1	1	1	0	0	0	0	0
9	1	1	1	1	1	0	1	1	0	0
10	1	1	1	1	1	1	0	1	0	0
1	1	1	1	1	1	1	0	1	1	0
2	1	1	1	1	1	0	1	1	1	1

どちらに向いているかを答えさせたとします．また，少しでも開口部分の向きがわからなかったら必ず「わかりません」と答えるように指示したとします．12 人の異なる実験参加者に対して，0.1 から 1.0 までのさまざまな大きさのランドルト環を見せたとします．視力検査表で 0.1 のランドルト環が最も大きく，1.0 は最も小さく印刷されているので，各実験参加者の視力に応じ，開口部分の方向に対する正誤が分かれるはずです[*4]．その結果を，正解が「1」，不正解または「わかりません」が「0」として示したのが表 3.3 の左です．表 3.3 では，表の右上に「0」が集まるように，各行と各列を並べ替えて表示しています．具体的にいうと，正誤データについてまず各実験参加者の正答数の合計を計算し，合計が小さな者が上に来るように並べ替えます．次に 0.1 から 1.0 までの視力検査結果を縦に合計し，合計が大きなものが左に来るように並べ替えます．このようにすると，表 3.3 のように，ちょうど「0」と「1」がきれいな境目をもって並びます．

　なぜ，このようにきれいな結果となったのでしょうか．それは，「ランドルト環が正しく判別できたか否か」を記録した結果と，ランドルト環の大きさという物理的な「刺激」の間に，なんらかの対応関係があり，その対応関係の結果，きれいに分かれた，ということができそうです．その意味で，ランドルト環は「識別力の高い」測定のための道具であったということができます．このように，各実験参加者に対してみたとき，「0」の右に「1」がこない形に並べ替えができるような結果がえられる測定尺度を「ガットマンスケール」とよびます．

　次に，同じ 12 人に対して，今度はさまざまな大きさをもつひらがな一文字をランドルト環の代わりに提示し，それがなんという文字かを回答させます．先ほどと同様に正解を「1」，不正解または「わかりません」を「0」として，さらに表の右上に「0」が集まるよう

[*4] 通常の視力検査では，見えなくなるところの直前までで測定が打ち切られますが，この例ではすべてのランドルト環を見せたと考えてください．

に並べ替えを行ったのが表 3.3 の右です．この場合，ランドルト環の場合に比べて測定の精度が悪い道具であったということができます．なぜなら，「0」の右に「1」がきている実験参加者が存在するからです．直感的にも，ひらがなは「め」「ぬ」「ね」などまぎらわしいものから「ん」「し」「て」などのように単純な図形とみなせるものまでさまざまであり，遠くから判別がつきやすいかどうかは，文字の大きさのみならずその文字の形にも依存していることがわかると思います．このような性質が，視力の識別力を低下させているということができるでしょう．

視力検査の例を出すと，試験と違うのではないかという意見もありそうですが，両者はよく似ています．さまざまな大きさのランドルト環を提示するということは，受験者にさまざまな難易度の問題を出題することに相当します．

ところで，表 3.3 の右のデータから，ひらがなを提示した際の 0.6 の文字に対しては，視力がよい人と悪い人で正解・不正解が分かれていないようにみえます．それに対して 0.8 の文字は，視力がよい 4 人と，それ以下の視力である 8 人を正しく判別できているようにみえます．このように，ひらがなの種類ごとにみたときに，視力の大小を正しく「識別」できるという意味で，ランドルト環はひらがなよりも性能が高い視力測定のためのツールである，といえます．このように，特定の能力を定義したとき，受験者の能力について，その違いを識別できるかどうかを，問題ごとに示す指標を「識別力」とよびます．試験の問題一問一問においても，受験者の能力を判断するための，問題文固有の識別力があり，それらは正誤データから推測することが可能なのです．

3.2.5　どうして正誤が分かれたか：因果モデルの導入

試験の「質」を議論するにあたっては，「理想的な試験」という考え方を用いると，問題点が整理されると思います．一般的に，「何かをマスターし，達成度が高い人に対して大きなスコアを返し，マスターしていない人，すなわち達成度が低い人に対して小さなスコアを返す」というのが，理想的な試験ではないでしょうか．一方，この理想からかけ離れている試験は，「達成度が高い人でも，達成度が低い人でも，スコアが変わらない」試験である，ということができるでしょう．しかし，「達成度が高い人ほどスコアが低く，達成度が高い人ほどスコアが高い」という場合は，まずありえません

さて，「達成度が高い人に対して大きなスコアを返し，達成度が低い人には小さなスコアを返す」というのが理想的な試験であり，その理想的な試験の結果（正誤データ）を分析して得たスコアがばらついたとしたら，それは受験者間における「達成度の高低，マスターできている度合いの違い」に起因するばらつきである，といえるのではないでしょうか．しかし，世の中のすべての試験が理想的というわけではありません．達成度の高さだけがスコアのばらつきの要因であるとは考えにくいでしょう．たとえば，受験者のそのときの体調，問題の質，その他多くの要素が関係しているのではないでしょうか．

重要なのは，スコアの違いがどのような原因によってもたらされたか，です．その意味で，「試験実施の結果，スコアの違いが生徒の間でみられない」，言い換えれば「生徒の実力がばらついているにもかかわらず，スコアのばらつきが小さい」という試験が，最も始末に負えない試験であるといえます．スコアのばらつきから試験の分析を行おうにも，結果としてのスコアがばらついていないのですから，要因を探る糸口すらつかめません．

このような「理想的な試験」を仮定するとき，完全に理想状態に当てはまらなくても，部分的には理想に近い場合が含まれていることも多いと思います．試験は「達成度が高い人ほど高いスコアとなるものだ」というのは，試験を課す側の意識としては当然のことでありますが，問題の質が悪かったり，受験者の気まぐれによって，そうならない場合もあります．そこで，試験の結果得られたスコアがばらついた原因として「達成度の高低」に加えて，「受験者による偶然の要素」を含んだような「理論的枠組み＝モデル」を考えます．理想的な試験であれば，「スコアのばらつきは，受験者の勉強量の多寡のばらつきで，ほとんど説明できる」はずです．両者は一対一対応であり，試験の結果をみれば，すぐに受験者の勉強量を予測することができます．しかしそこに「偶然の要素」が混じっていると，偶然の要素によって生じたばらつきは受験者の気まぐれで生じた「誤差」であり，かならずしも一対一対応とはいえなくなってきます．

まとめると，「スコア」と「達成度」との間に，「スコアが高くなったのは，達成度が大きかったためである」という因果関係を仮定し，その因果関係がどの程度みられたかを試験のデータから検証することで，試験が理想にどれだけ近いかを因果関係の強さの度合いによって評価し，試験の「質」を数値的に検討することが可能となるのです．

このような因果関係の強さの度合いは，試験結果から数値的に推測することが可能です．ただし，試験は達成度を測るためのものであるとは限りません．そこで，特定の場面に依存した指標である「達成度の高低」ではなく，普遍的な「能力の大小」という指標をとることで，多くの試験に対応可能な一般的をもった議論を行うことができます．そこで，「スコアのばらつきのうち，何割が受験者の能力の大小に起因するといえるか」という点を，試験の正解・不正解に関するデータを用いて検証することで，試験の信頼性を検討する，という提案が，心理学者を中心に唱えられてきました．数量的な測定指標（スコアのばらつき＝分散）に関するデータに因果関係を想定し，データの意味づけ，解釈を行う方法を，因果モデルによる分析とよぶことがあります．

以下，注意書きのない場合は，「能力」を「その受験者が有する実力，達成可能性，特性を，一般的・普遍的な尺度で表現したもの」と定義します．試験では，この一般性をもった「能力」が原因となり，試験で出題した問題冊子にある問題の正解・不正解が（結果として）分かれた，ということを仮定します．

3.3 数理モデル（1）古典的テスト理論

あなたが受験者の立場に立ったとき，このように考えたことはないでしょうか．「たった一度の試験を受けたところで，仮に試験の最中におなかが痛くなったら，本当の自分の実力を発揮できないかもしれない……．」

この後に，「……だから，一度きりの試験で一生が決まるのはイヤだ」などという感想が聞かれるのが常でしょう．しかし，この一文が述べている状況から，「本当の自分の実力を反映した『真のスコア』が存在する」という可能性を考えることができます．受験者がとったスコアは，「真のスコア」に，受験者がたまたま調子がよかったとか，前の日にテレビでたまたま見たドキュメンタリー番組の内容が大きなヒントになって正解できたとか，まぐれ当たりをしたとか，体調不良で本来の調子が出なかったとか，その他種々の事情で真のスコア以外の要因が影響して生じた「誤差」が加わったものである，という仮定です．すなわち「受験者から観測されたスコア ＝ 受験者の真のスコア ＋ 誤差」ということです．

3.3.1 信頼性の指標を定義するために

試験の「質」として重要なのは，その試験が万人に対して，いついかなるときでも「能力の違い」によってばらつきが大きくなることである，といえるでしょう．このように，いついかなる場合でもその試験が等しく機能する傾向を「信頼性が高い」と表現します．このことは，公平な試験の実施にも欠かせないといえます．直感的な理解としては，1.4.3 項の「射撃のアナロジー」を参照してください．

前述した「真のスコア」が存在するのではないか，という考え方は，「信頼性」を定義する上で重要です．なぜなら，「数理モデル」として「真のスコア」なる架空の存在を認めることは，試験のデータから得られた素点を「真のスコア」の予測値として扱うことを認める，ということにつながるからです．そして，その予測値と観測されたスコアとのズレが大きい，すなわち予測結果のズレが大きいということは，予測が外れやすい，ということを意味し，「信頼性が低い」といえます．このことをより明確にするために，「真のスコア」と「観測されたスコア」に「ばらつきの大きさ ＝ 分散」を考えることにします．分散が大きいと，集団におけるスコアは平均から大きく隔たっている傾向を表し，小さいと，スコアが平均に近い傾向を表します．

そのように考えると，ある試験を受験した受験者集団について，「素点」「真のスコア」「誤差」は受験者によって差があり，それらは数値で指標化できるという状況を考えることができます．今，真のスコアの予測値と素点との関連を検討しようとしているのですが，「素点のばらつきのうち，どれくらいが真のスコアのばらつきによって説明できるか」を数値で表すことができればよいと考えます．素点のばらつきは，真のスコアのばらつきと，

それ以外の要因によるばらつき」の和で表されますので，真のスコアのばらつきが大きいということは，それ以外のばらつき，つまり誤差の分散が小さいということを意味します．したがって，予測値と観測されたスコアのずれが小さいということを意味しており，信頼性が高いといえます．同時にこのことは，「真のスコアのばらつきは，ほとんど素点のばらつきとみなせる」ということも意味します．これは，「真のスコアと素点の相関が高い」と言い換えることができます．

繰り返しになりますが，「スコアのばらつき」が何によって引き起こされたか，ということは，受験者ごとの誤差を仮定したとしても，突き止めることはできません．まぐれ当たりでプラスの値になったかもしれませんし，隣の受験者の貧乏ゆすりで気が散ってマイナスの値になったかもしれませんが，それらの要因分析がメインではありません．あくまで，「真のスコアの分散が大きかったかどうか」が問題なのです．

以上のことから，真のスコアと素点の相関が高いような問題冊子を出すことができれば，信頼性の高い試験をしていることになり，信頼性が高いという意味で質のよいテストであるといえます．このような試験を目指すには……といいたいところですが，課題が一つあります．「真のスコア」は私たちが仮定した変数であり，データをいくら見回しても，値を確認することができません．すなわち，直接観測することができないのです．どうすればいいのでしょうか．

3.3.2 数式には「読み方」がある

少々，難しいかもしれませんが，以下に数式にて，信頼性を表す数値がどのように求められるのか，その一端を書いてみたいと思います．その前に，簡単な数式の読み方を説明します．

普通，一つの数字を表すために，「x」という文字を使って，その文字には任意の数字が入る，という表記をします．このときの x を「変数」とよびます．しかし，x なる文字が実際に何を表すのか，別に文章で書かなければ，数式を使って何かを表現することはできません．たとえば，「x を筆者自身の身長とする」のような説明が，数式で何かの事象を表すためには必須です．

テスト理論においては，X という文字[*5]は，観測されたスコアを表すことが多いです．しかし，複数の受験者が同時に参加する試験場面において，観測されたスコアが一人分だけでは，一般的な事柄を示すことはできません．X は X でも，人によってその値が違うということを数式で表現しなければなりませんので，何らかの工夫をします．

表 3.4 を見てください．10 人の受験者についてのスコアが載っています．たとえば 1 番目の受験者は観測されたスコアが 2 点であり，2 番目の受験者は 8 点であることを示しています．この両者を区別するために，1 番目の受験者の観測されたスコア X に小さく 1 と

[*5] 数式は，大文字と小文字を区別します．x と X は違う変数です．

いう数字を添え，X_1 という「文字」を書きます．$X_1 = 2$ と書けば，「1 番目の受験者の観測されたスコアは 2 である」ということを意味するのです．同じように，$X_2 = 8$ というわけです．このように，小さく書いた文字を「添え字」とよびます．

添え字には，「1 番目」「2 番目」という特定の受験者に関する変数を表す以外に，X_i という表記をすることがあります．この i は，「i 番目の受験者」という意味を表し，ある特定の受験者を指定する，という意味をもちます．この例では全部で 10 人の受験者がいますので，i は 1 から 10 までの値をとりえます．そのことを示すために，$i = (1, 2, ..., 10)$ と表記することもあります．

一方，特定の受験者を指定せず，X_1 から X_{10} の全体を指し示したい場合があります．その場合は添え字のない X という文字で代表させます．また，X_1 から X_{10} の平均を示す場合は $M(X)$ と書くことにします[*6]．ここで M は Mean（平均）の意味をわかりやすく表すために M という文字を選んでいます．また，すべての X の数値を使わないと平均が算出できないため，括弧の中に入れている X には添え字をつけていません．

表 3.4 の右の 2 行については，すぐ後の項で説明します．

表 3.4 観測されたスコア X_i，真のスコア T_i，誤差 E_i

i	X_i	T_i	E_i
1	2	T_1	E_1
2	8	T_2	E_2
3	5	T_3	E_3
4	9	T_4	E_4
5	3	T_5	E_5
6	5	T_6	E_6
7	7	T_7	E_7
8	4	T_8	E_8
9	10	T_9	E_9
10	3	T_{10}	E_{10}

3.3.3 数式による信頼性の定義

「古典的テスト理論」は，試験の問題に対する受験者の正誤データに対して，以下の (3.3) 式のようなモデルを各受験者について考えます．

$$X_i = T_i + E_i \tag{3.3}$$

[*6] 他の統計学の教科書では，平均を表すために $\bar{X}$ という表記もみられます．

X_i は i 番目の受験者の素点（以下「観測されたスコア」と表記します），T_i は真のスコア，E_i は誤差を表します．10 人分のスコアを一度に表すと，表 3.4 のような形になります．観測されていませんので，T_i や E_i は不明です．(3.3) 式は，表 3.4 で示した 10 人全員に対して，これらの関係が成り立っている，という意味です．

ここで，誤差は個人 i の間で相関がない，という仮定をおきます．誤差は「個々人の勝手な変動」ということですから，たとえば隣り合った受験者で似通った「個々人の勝手な変動」をすることはありえない，という仮定です．また，真のスコアと，個人の誤差の間にも相関がない，という仮定をおきます．個人の誤差が，その人の能力によって変わるということはない，という仮定です．

すると，真のスコアと観測されたスコアの相関の二乗 ρ^2 は，

$$\rho^2 = \frac{V(T)}{V(X)} \tag{3.4}$$

と表されます[*7]．ここで $V(T)$ は真のスコアの分散，$V(X)$ は観測されたスコアの分散です．「分散」はばらつきの大きさを表す統計数値で，観測されたスコアのばらつきの大きさを示します．V としたのは，Variance（分散）の頭文字をとっているためです．

また，(3.4) 式は，以下のようにも表すことができます．

$$\rho^2 = 1 - \frac{V(E)}{V(X)} \tag{3.5}$$

(3.4) 式または (3.5) 式で示すような ρ^2 を，「信頼性係数」とよびます．すなわち信頼性係数とは「真のスコアと観測されたスコアとの相関係数の二乗」，言い換えれば「観測されたスコアの分散に占める，真のスコアの分散の割合」または「1 から，（観測されたスコアの分散に占める，誤差の分散の割合）をひいたもの」と定義されます．また，誤差の分散の平方根 $S(E)$ を「測定の標準誤差（standard error of measurement）」とよびます．この値は，観測されたスコア X のばらつきのうち，真のスコア T のばらつき「以外」の要因でばらついた部分を指します．具体的には，観測されたスコアの標準偏差 $S(X)$ を用いて，(3.5) 式から

$$S(E) = S(X)\sqrt{(1-\rho^2)} \tag{3.6}$$

と表すことができます．

数式で表現すると，数学や統計学になじんでいる読者にとっては一つの式で X や T の関係を表すことができますが，そうでない読者には理解するのが困難だと思います．そこで，図 3.5 のようなイメージをもっていただければ，よりわかりやすいのではないかと思います．ここで注意すべきは，測定の標準誤差は，受験者の真のスコア（図 3.5 の横軸）に依存しない，という点です．

[*7] ρ はギリシャ文字の一種で「ロー」と読みます．「p」ではありません．

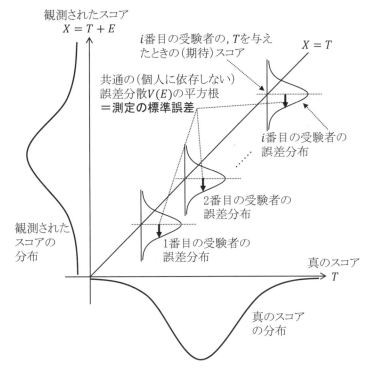

図 3.5　古典的テスト理論における測定の標準誤差

　ただし，観測されたスコアの分散は観測されているので求めることができますが，真のスコアが架空の存在である以上，「真のスコアの分散」もまた仮定の産物です．したがって，信頼性係数は直接的に求めることができません．図 3.5 でいうと，横軸は潜在的に存在を仮定したものである，ということです．しかし，$V(T)$ を何かで置き換えて，真のスコアの分散とみなせる何らかの値を当てはめればよさそうです．よく考えれば，受験者全員に対して各人の T_i の正確な値を突き止める必要はなく，その分散が「推定」できればよいのです．また，$V(T)$ を求めることができなくとも，(3.5) 式にあるように，仮定の産物である「誤差の分散」$V(E)$ を求めることが可能であれば，信頼性係数を推定することが可能です．まとめると，信頼性係数を推定するには，「いかにして真のスコアの分散 $V(T)$ または誤差の分散 $V(E)$ を推定するか」にかかっている，といえます．

3.3.4　折半法による信頼性係数の推定

　その推定値は，どのように求めればよいのでしょうか．
　それは，「真のスコアの平均が等しく，ばらつき（分散）も等しいとする二つの問題セットを仮定する」という状況を考えることで，解決への糸口がみえてきます．その二つの問

題セットから観測されたスコアを X_1, X_2（ここで 1 や 2 という添え字は，受験者ではなく，二つの問題セットの違いを表していることに注意してください）とすれば，その相関係数 $\rho(X_1, X_2)$ をもって「真のスコアのばらつきの推定値 $\rho(X)$」を

$$\rho(X) = \frac{2\rho(X_1, X_2)}{1 + \rho(X_1, X_2)} \tag{3.7}$$

と推定することができる，ということが知られています[*8]．この (3.7) 式を「スピアマン・ブラウン（Spearman-Brown）の公式」とよびます．

ただ，通常，二つの異なる試験場面では，各々の試験場面において誤差（＝観測されたスコア−真のスコア）の発生要因が異なることが予想されますので，誤差の分散が等しい，というのは，かなり「強い仮定」だといえます．しかし，「二つの問題セット」が，「一つの問題セットをランダムに二つに割り振って二つの問題セットを作った結果」と考えれば，二つの問題セットは同じ受験者の同じ受験場面から得られているとすることで，それぞれの問題の背景で生じる誤差要因は同じと考えることができそうです．

もっと厳密に仮定に沿う方法としては「問題セットのうち，難易度が似た値で，合計点と正誤の相関が似た値である問題文のペアを作り，各対が別々の問題セットになるように二つに分ける」とすればよいでしょう．こうすることによって，先の「真のスコアの平均と，真のスコアの分散が等しい二つの問題セット」と仮定できる正誤データを作り出し，それらに対してスピアマン・ブラウンの公式を適用して求めた $\rho(X)$ を信頼性係数と考える，という方法があります．ここで「真のスコアの平均と，真のスコアの分散が等しい複数の問題セット」による測定を「強平行測定」とよび，そのような問題セットを「強平行テスト」とよびます．また，このような強平行テストを一つの問題セットから作り出す方法を「折半法」とよびます．

3.3.5　クロンバックの α 係数

前項で述べた折半法によるスピアマン・ブラウンの公式を用いた信頼性の推定では，「強平行テスト」という概念が出てきましたが，やはり「真のスコアの平均も分散も等しい平行テスト」を考えるのは，いささか強引な仮定です．せめて，「2 種類のテストにおいて，一方の真のスコアは，もう一方の真のスコアからある定数 c だけ隔たっている」という仮定にとどめることができれば，現実の試験場面で「ありそう」ではないでしょうか．すなわち，真のスコアの平均に差を生じさせるような何らかの事情が生じている，という仮定です．このような仮定に基づく測定を「弱平行測定」，そのような問題セットを「弱平行テスト」（または「タウ等価（tau-equivalent）テスト」）とよびます．

[*8] ここでは相関係数を ρ で表していますが，ここでは二つの問題セットを「仮定」して相関係数を導いているため，実際に観測された相関係数ではないということで，ギリシャ文字の ρ を用いています．

弱平行テストでは，真のスコアの分散に関して，互いに等しいという仮定をおきません．その意味で「弱い仮定」であるのですが，同時に「平行テスト間で信頼性が異なる」（真のスコアの分散が異なるため）という前提を認めることになります．このような複数の平行テストを集積することによって，全体の信頼性を推定することができる，という考えに基づき，試験全体における信頼性の推定値を「信頼性係数」として表す方法が考案されてきました．

考えてみれば，これまで「問題セット」といわれてきたものの中身は，何問かの問題文の集合体です．すると，たとえば 10 問ある試験問題セットを考えた場合，これを「問題数が 1 である 10 冊の問題セット」の集合ととらえ，「10 個の平行テスト」から信頼性係数を推定するというアプローチがとれそうです．ただし，その場合は「とりうる信頼性係数が，どのように問題を 2 分割するかのバリエーションに依存して変わる」，という課題が浮かび上がります．たとえば 2 問しかない問題セットについては，折半の仕方は 1 通り，すなわち（冊子 A に問題 1，冊子 B に問題 2）ですが，4 問の問題セットについては，

- （冊子 A に問題 1・問題 2，冊子 B に問題 3・問題 4）
- （冊子 A に問題 1・問題 3，冊子 B に問題 2・問題 4）
- （冊子 A に問題 1・問題 4，冊子 B に問題 2・問題 3）

の 3 通りが考えられます．問題セットに含まれる問題数が多くなった場合，$2N$ 問からなる問題セットを 2 つの問題冊子 A と B に折半するやり方は $(2N)!/(2 \times (N!) \times (N!))$ 通り（$N!$ は 1 から N までの自然数を掛け合わせた値，たとえば $4! = 4 \times 3 \times 2 \times 1 = 24$）のバリエーションがあります[*9]．

これだけのバリエーションのそれぞれについて，折半法による信頼性係数がすべて異なります．なぜなら，前提となる「観測されたスコアの分散」が，それぞれの冊子においてばらばらであり，冊子を構成する問題にバリエーションがある以上，信頼性係数もばらつくからです．強平行測定では，問題 1 から問題 4 まですべて同じ真のスコアの分散を仮定したので，信頼性係数も一意に定まりますが，弱平行測定を仮定した場合，より弱い仮定ですむ代わりに，さまざまな折半の場合を考えなければならなくなったわけです．

それでも，これらの折半法による信頼性係数の平均を何とかして求めよう，と考える研究者によって，信頼性の値として参照可能な値を定義する提案がなされてきました．導出の途中経過は省略（池田（1973：144–146）他を参照してください）しますが，クロンバック（1951）によって，後に「クロンバックの α 係数」として知られる，信頼性係数の「下界（lower bound）[*10]」を与える有名な式が導かれました．「下界」ですので，信頼性係
かかい

[*9] 問題数を $2N$ とおいたのは，問題数が偶数である状況を表現するためであり，問題数が奇数であれば「折半」できずに，1 問余ってしまうためです．

[*10] 「下限」と書いてある文献もありますが，正確には「下界」です．詳しくは岡田（2011a）を参照してください．

数はこの値を下回らないことが保証されているということで，(3.8) 式に示すような α 係数が，試験の正誤データのみならず，質問紙項目に対する信頼性係数の推定値そのものとしても広く使われるようになりました[*11]．

$$\alpha = \frac{n}{n-1}\left(1 - \frac{\sum_{j=1}^{n}\sigma^2(X_j)}{\sigma^2(X)}\right) \quad (3.8)$$

ここで n は項目数，$\sum_{j=1}^{n}\sigma^2(X_j)$ は各問題のスコアの分散を足し合わせた値，$\sigma^2(X)$ は観測されたスコアの分散を示します．注意してほしいのは，この場合には「問題数が1の平行テスト」という考え方をしていますので，添え字 j は前項の「問題セットの違い」とは異なり，「問題項目の違い」を表すことに相当するという点です．したがって，X_j は「j 番目の問題に対する」という意味を示します．

以上のように，観測されたスコアの背後に「真のスコア」を考え，折半法という信頼性の推定の枠組みを仮定することにより，観測できなかったはずの「真のスコアの分散」や「信頼性係数」を推定する方法が浮かび上がってきました．このことは，「測定値（正誤データ）が得られた背景について，何らかの『適切な仮定』をおくことによって，『信頼性』のもともとの定義に基づく推定値が得られる」ということを示しています．このようにして，データが生じた背景に一定の枠組みや仮定をおくことが「モデル化」に他なりません．このような「モデル」を考えることで，試験の結果の解釈に一般性が生まれ，試験結果を分析する者が場当たり的な解釈を繰り返すという事態を避けることができます．

3.3.6 信頼性係数はどの程度必要か

α 係数に限らず，信頼性係数は 0 から 1 までの範囲をとることが一般的です．実際のところ，どの程度の信頼性係数があれば十分かといった点については，議論が分かれています．一般的な心理テストの場合，村上（2006：40）は 0.8 以上という基準を示していますが，試験の場合は「信頼性は，テストによって個人の処遇を決定するとき，その得点にどの程度の誤差を見込むべきかを示したもの」であるから，0.8 でも十分ではない，とする意見もあります（村上，1999）．またホーガン（2010：113）にはいくつかの意見が載せられていますが，試験問題冊子の信頼性としてはおおむね 0.9 から 0.95 が望ましい値であるものの，研究目的（集団の差に関心があるような場合）のためには 0.7 から 0.8 でもよい，と要約できます．

試験の実践においては，受験者の心理的負担を考慮するならば，心理テストのような質

[*11] 信頼性係数の下界の値とは「これ以下の信頼性となる場合がない」信頼性係数を示しています．したがって，試験の分析の結果，たとえば α 係数が 0.8 であったとすれば，実際はそれ以上の「真の」信頼性係数の推定結果であろう，ということで，その問題冊子には「十分な信頼性がある」と報告するわけです．信頼性係数が 1 であるということは，観測されたスコアの変動に占める「真のスコアの変動の推定値」の割合が 1，すなわち真のスコアの変動で観測されたスコアの変動すべてを説明できるということですから，最も信頼性が高い問題冊子であるといえます．

問紙調査よりも，問題冊子に含まれる問題数が少ないことも重要になってくるでしょう．しかし，試験問題数が少ないと信頼性は低下する傾向があります（3.3.8項を参照）．よって，個々の問題の信頼性を高める努力が必要といえます．

3.3.7 ふたたびスピアマン・ブラウンの公式

信頼性係数は，問題数を増やせば増やすほど，大きくなっていきます．たとえば，10問の問題セットに新たに2問を追加することにすれば，その2問が既存の10問と相関があることになり，12問全体でみたときの誤差分散が減ることになります．ただし，問題が一貫して一つの構成概念を測定しており，正誤反応の間に相関が高いことが前提です．

先の項で，スピアマン・ブラウンの公式について述べました．実はこの公式は，問題数を設定する上で，一つの大きなヒントを与えてくれるのです．

スピアマン・ブラウンの公式から，問題セット全体の信頼性係数 ρ_X は，問題1問あたりの平均的な信頼性係数 ρ と，問題数 n とにより，一般的に（3.9）式のように表されます[*12]．

$$\rho_X = \frac{n\rho}{1+(n-1)\rho} \tag{3.9}$$

たとえば，問題1問あたり平均的に0.15の信頼性係数をもつ問題が20問あった場合，20問全体での信頼性係数は

$$\rho_X = \frac{20 \times 0.15}{1+(20-1) \times 0.15} = 0.779 \tag{3.10}$$

と推定されます．

また，20問の信頼性係数が0.8であるときの，1問あたりの平均的な信頼性係数を求めたい場合は，（3.9）式を ρ について解き，

$$\rho = \frac{\rho_X}{n-(n-1)\rho_X} \tag{3.11}$$

に $\rho_X=0.8$，$n=20$ を代入すれば，

$$\rho = \frac{0.8}{20-(20-1)\times 0.8} = 0.167 \tag{3.12}$$

と求めることができます．

このようにスピアマン・ブラウンの公式を用いることで，以下のような問に対しても，一定の指針を与えることができます．

仮に，20問の問題冊子を用いて試験を行い，信頼性係数としてクロンバックの α 係数を計算したところ，0.7だったとします．0.7という信頼性係数は小さいと考えたテスト実施機関は，問題冊子にある問題数を増やすことで，対処しようと考えました．さて，何問に

[*12] この式は，強平行測定の場合における信頼性係数の定義式の形と同じ形のものです．

増やせば，信頼性係数が 0.8 に達するでしょうか．ただし，増やした問題についても，先に出した 20 問と同程度の信頼性をもっているものとします．

この問に対する一つの解答は，(3.9) 式を n について解いた式

$$n = \frac{\rho_X(1-\rho)}{\rho(1-\rho_X)} \tag{3.13}$$

を用いて，ρ_X に目標とする信頼性係数 (0.8)，ρ に手持ちの冊子の 1 問あたりの信頼性係数を代入すればよいのです．手持ちの冊子全体では 0.7 の信頼性係数で，全部で 20 問でしたので，$\rho = 0.7$ および $n = 20$ を (3.9) 式に代入すると，1 問あたりの信頼性係数は 0.104 と求まります．これを用いて，目標とする信頼性係数が 0.8 になるための問題数は

$$n = \frac{0.8 \times (1-0.104)}{0.104 \times (1-0.8)} = 34.462 \tag{3.14}$$

となりますので，35 問あれば要求が達成されることになります．

なお，問題数のことを「テストの長さ (test length)」と表現することもあります．たとえば，「テストの長さが 20，全体の信頼性係数が 0.7 の問題冊子において，信頼性係数を 0.8 にするようなテストの長さは 35 である」というように表現します．

3.3.8 信頼性係数と問題数の関係

クロンバックの α 係数は，「問題間の相関係数の平均」の値と，問題の数に依存して変わることが知られています．これは，α 係数が

$$\alpha = \frac{n\bar{r}}{1+\bar{r}(n-1)} \tag{3.15}$$

という式で表されることによります．ここで n は問題の数，$\bar{r}$ は問題間の相関係数の平均値です．たとえば 5 問の問題冊子に対して，「問 1 と問 2」「問 1 と問 3」「問 1 と問 4」「問 1 と問 5」「問 2 と問 3」「問 2 と問 4」「問 2 と問 5」「問 3 と問 4」「問 3 と問 5」「問 4 と問 5」の 10 通りについて計算できます（「問 1 と問 2」の相関係数は「問 2 と問 1」の相関係数と同じですので，重複分を除くと表のような「相関行列」で示された数字の個数だけ相関係数が計算できます）．これらの数値は，各々の問題のペアについて，受験者がどれだけ共通して正解しているか（または不正解であったか）の度合いを表す指標です．これらの相関係数をすべて足し合わせて 10 で割ると「問題間の相関係数の平均値」が計算できます．この値を (3.15) 式の $\bar{r}$ に入れ，$n = 5$ とすると値が計算できます．表 3.5 の場合では，$\bar{r} = (0.532 + 0.567 + \ldots + 0.668)/10 = 0.5598$, $\alpha = 5 \times 0.5598/(1 + 4 \times 0.5598) = 0.864$ と計算されます．

表 3.6 に，問題数と問題間の相関係数の平均をいろいろ変えながら，α 係数がどうなるかを計算したものを記しました．この表をみると，さまざまなことがわかります．

表 3.5 5 問からなる問題冊子における，問題間の相関係数

	問 1	問 2	問 3	問 4	問 5
問 1	–				
問 2	0.532	–			
問 3	0.567	0.672	–		
問 4	0.468	0.485	0.540	–	
問 5	0.494	0.614	0.558	0.668	–

表 3.6 問題数と問題間相関係数の平均のさまざまな組み合わせにおけるアルファ係数（カーマインら，1983：43）

問題数	問題間相関係数の平均					
	0.0	0.2	0.4	0.6	0.8	1.0
2	0.000	0.333	0.572	0.750	0.889	1.000
4	0.000	0.500	0.727	0.857	0.941	1.000
6	0.000	0.600	0.800	0.900	0.960	1.000
8	0.000	0.666	0.842	0.924	0.970	1.000
10	0.000	0.714	0.870	0.938	0.976	1.000

　まず，相関係数の平均が 0.2 前後と低い場合でも，問題数を多くすれば，大きな α 係数となることがわかります．実際の試験においては，表 3.5 のような高い問題間の相関係数となることはあまりありません．せいぜい 0.2 から 0.3 前後といったところでしょう．それだけ，「同じような概念を測定する」ということが難しい，ということでもあるでしょうが，10 問の平均が 0.2 であったとしても 0.714 という α 係数を得ることができます．また平均を 0.3 にすることができれば，(3.15) 式に $\bar{r} = 0.3$ 及び $n = 10$ を入れると 0.811 というさらに高い α 係数を得ることができます．このことにより（議論はありますが）「0.8 以上」という最低基準をクリアするようになります．

　その一方で，問題数が 8 問で，相関係数の平均が 0.6 であった場合，α 係数は 0.924 です．ここで，相関係数の平均を 0.6 に保ったままで，さらに 2 問追加した場合，α 係数は 0.938 に増加します．しかし増加の幅は 0.014 に過ぎません．一般的に，相関が高くなるような問題を追加し続けることは，追加分の問題が既存の問題のヒントにならないようにしなければならないことを考えると，非常に困難でしょう．そのような困難を乗り越えて 2 問を追加したところで，0.014 しか高まらないのであれば，それだけの労力をかける価値はない，といえるでしょう．それに対し，相関係数の平均が 0.6 で，2 問を 4 問に増やす場合，0.750 から 0.857 と，0.107 増加します．このように，α 係数は問題数を増やすと増

加しますが，問題数が多い場合には，問題数をより増やしても α 係数の増分は小さくなっていきます．

3.3.9 モデルに「難易度」と「配点」の要素を入れる

教科書的なレベルを超えますが，古典的テスト理論の範疇で，(3.16) 式のようなモデルを考える場合もあります．J 問ある問題冊子において，それぞれの問題の「特性」が異なるようなモデルです．

$$X_i = a_j T_i + b_j + E_i \tag{3.16}$$

ここで X_i は i 番目の受験者における観測されたスコア，a_j，b_j は j 番目（j は 1 から J まで）[*13]の問題固有の何らかの要因によるスコア X_i への影響を表す係数です．このモデルは，J 問からなる問題冊子において，問題ごとに「特性」を表す a_j，b_j という値が付与されていて，受験者固有の要因 E_i とともにこれらが影響して真のスコア T_i がばらつく，ということを意味しています．では，「問題に固有の特性」とは，具体的には何を指すのでしょうか．

まず，b_j についてですが，b_j の値が大きければ全員のスコアについて X_i が一斉に高まります．よって，b_j はスコアの大小に影響する要素ということで，「問題の難易度」を表しているといえます．また，a_j ですが，この値が大きければ大きいほど，真のスコアに対して大きな重み付けがなされるということを表しています．つまり，a_j という項を入れることで問題固有の「重み」が異なる，ということを表すことができます．問題冊子という単位でみた場合，a_j が全体的に大きい問題冊子を用いて測定した場合は，a_j が小さい問題冊子の場合に比べて，X_i のばらつきのうち T_i のばらつきにより説明される量が大きくなります．すなわち，真のスコアをよりよく説明する道具であるということがいえます．

「受験者の能力のばらつきをよりよく説明する」ということを言い換えると「受験者の能力の違いをよりよく識別できる」ということを意味します．つまり，a_j の大きな問題は，受験者の真のスコアに対して，その値をばらつかせる大きな発生源となっているため，受験者の能力の違いを説明する「決め手」になっている，という意味です．真のスコア（能力）が平均程度の受験者 P さんと，それよりわずかに大きな受験者 Q さんがいたとしても，a_j の大きな問題を用いて測定された場合，そのわずかな差が a_j 倍になって表現されます．以上より，a_j は真のスコアのばらつきをよりよく説明できる問題かどうかに関わる要素ということで，「問題の識別力」を表しているといえます．

ここで，b_j や a_j がどのような意味をもつかを述べましたが，実際にはどのような値を用いればよいのでしょうか．まず b_j については，「難易度」の要素を一般的に正誤データから求めるためには，その問題の正答率に比例した値とするのが適切ではないでしょうか．

[*13] ここで j は問題の違いを，i は受験者の違いを表す添え字です．したがって，これ以降に出てくる a_j，b_j はいずれも，問題ごとに異なる値を仮定するものです．

よってここでは，b_j を「難易度＝正答率」と考えればよいことがわかります．

次に a_j ですが，正誤データを用いずに，問題を作った人間が「この問題は受験者の能力をよく識別できるはずだ」という直感的な信念の下，「配点」という形で a_j を決めることがよくあります．配点は，問題を作った人が「この問題は重要であり，受験者の出来不出来はこの問題に正解できるかにかかっているんだ！」という信念の度合いが大きいほど，大きな値に設定されます．しかしながら，その値の根拠は正誤データに基づいておらず，いわば出題者の主観的な決定に基づいている，という欠点があります．どうしてそのような配点にしたのですか，と問われたときの理論的根拠が薄いのです．

では正誤データから a_j を決めることは不可能なのでしょうか．実は可能なのです．

3.4 節で述べる「因子分析」の考え方を応用することによって，「問題冊子の背後に共通して現れる，能力（真のスコア）のばらつきを説明するための要因」を「共通因子」とし，その要因が原因となってそれぞれの問題の正誤がばらついた，という仮定をおけば，「共通因子」の影響力の大きさを正誤データから求めることが可能です．詳細については 3.4 節を参照していただきたいのですが，その「共通因子」を決める要素としては「項目間相関」の値が挙げられます．似たような正誤反応を示す問題同士は，それぞれが単一の共通因子を同じように測定していると考えるのが適当でしょう．問題の数が多くなったとしても，それぞれが同じ概念を測定しているのであれば，項目間相関は互いに高くなり，その背後に仮定された共通因子もより自然な仮定となるに違いありません．しかし，ある問題とほかの問題との項目間相関が低いのであれば，それらの問題は共通因子とは別の概念を測定しており，全体の信頼性を高める要素ではないと予想できます（図 3.7）．

因子分析を行うと，このような「共通因子との結びつきの強さ」を問題ごとに推定することができます．これが「因子負荷量」とよばれる値であり，これを a_j と考えることで，主観的な配点とは違った形の「識別力」指標を得ることが可能です（後に出てくる項目反応理論においても，「共通因子」に基づく「能力のばらつきの説明」が出てきます）．

ところで，(3.16) 式のモデルは，問題冊子に含まれるすべての問題について，真のスコアからの影響力 a_j が問題ごとに異なり，また，それぞれの問題の難易度に応じて b_j だけ真のスコアに違いをもたらす，ということを表現しています．これは，a_j が互いに異なる，という意味で，「すべての問題の信頼性係数が等しい」という弱平行テストを仮定した信頼性係数に比べて，より実態に即したモデルであるといえます．このような，「問題ごとの因子負荷量 a_j が異なる」という仮定のみをおく場合を「同族テスト（congeneric test）」とよびます[*14]．a_j を因子分析によって求めることができれば，同族テストによる信頼性係数を

$$\omega = \frac{(\sum_{j=1}^{n} a_j)^2}{\sigma_X^2} \quad (3.17)$$

という形で定義することができます（ただし，真のスコアについては，単位をどのように

[*14] 一方，a_j がすべて同じような場合が「タウ等価テスト」です．

おいてもよいので，分散 $V(T) = 1$ とおくことにします）．(3.17) 式を McDonald の ω 係数とよびます[*15]．ここで σ_X^2 は観測されたスコアの分散です．このように，古典的テスト理論では問題冊子の背後にあるモデルを変えることにより，信頼性係数をさまざまに定義することができます．

ここで重要なのは，a_j や b_j といった，「問題固有の特性」といった値をモデルに導入し，適切な方法で値を求めることにより，弱平行テストの場合に比べてより厳密な信頼性を定義することが可能である，という点です．また，a_j や b_j の値をどのように求めるか，という点を検討することで，正誤データを根拠にして問題に対する定量的な評価指標を求めることができる，ということもまた重要な点だといえます．

3.3.10 古典的テスト理論の問題点

これまで，問題の特性を表す値（たとえば識別力，難易度）を項目パラメタという形で各問題に想定することで，問題の特性を定量的に検討することが可能になりそうだ，ということを述べました．しかし，古典的テスト理論には，避けては通れない課題があります．

それは，本書で繰り返し指摘している，「問題が易しかったから正解が多かったのか，受験者の能力が高いから正解が多かったのか」を古典的テスト理論では判断できない，という点です．

この問題点は，標準化テストを実施する上で，大きな障害となります．なぜなら，標準化テストには「ある概念を測定するための，一般性をもった尺度」を定義する必要があるのですが，受験者の正誤データから得られた情報から「一般性をもった尺度上での問題の難易度」を推定することができないためです．問題が難しかったかどうかを一般性を保ったまま評価するためには，「今の受験者集団」以外の集団においてもなお，問題が難しいかどうかを検討しなければなりません．あるいは，「正答が少なかったのは，受験者の学力が低いせいではなく，問題が難しかったからだ」といえる根拠を見つけなければなりません．そしてそのような根拠は，古典的テスト理論における「真のスコア」アプローチでは，不可能なのです．

しかし，(3.16) 式の形をみればわかるように，a_j と b_j という「問題の特性」と T_i という「受験者の特性＝能力」を分離するモデルが，すでに提唱されています．また，a_j や b_j を推定することは，一つの共通因子を仮定した因子分析モデルを用いれば可能，ということを述べました．しかしながら，これらのパラメタを正誤データから推定しなければなりません．正誤データは順序尺度とはいえ，2値データ，すなわち「正解したか，不正解だったか」に関する情報しかもちません．このデータから因子分析を行い，パラメタを推定することが，長年の課題でした．

[*15] ω 係数については，岡田（2011b）が参考になります．また，(3.17) 式の導出については，植野・荘島（2010: 43-44）などを参照してください．

これらの課題を解決するために，個々の問題の正誤がばらついた背後に，一般性をもった一つの「因子」を仮定するモデルを導入し，2値データからパラメタを推定し，それぞれの問題の特性を推定するという考えが提案され，使用されています．これが，3.5節で述べる「項目反応理論（項目応答理論）」の核心です．

しかし，項目反応理論の説明の前に，まず因子分析を用いて同族テストにおける因子負荷 a_j の推定について述べる必要があります．なぜなら，(3.16) 式は因子分析モデルの式と同一であり，因子分析を理解することで，項目反応理論も理解しやすくなるからです．

3.4　因子分析：能力値の定義をデータから抽出する

ここまで解説したところで，「潜在的に存在が仮定される『能力』という尺度」という仮定に，違和感を覚える方も多いと思います．たしかに，そのような能力の仮定をもとにした抽象的な構成概念を測定するための「尺度」というのは，一度に理解することが難しいと思います．そこで，本書で繰り返し登場した「因子分析」という分析手法を解説することで，その理解が促進されると考え，本節で解説します．

因子分析は，項目反応理論と密接な関連があります．両者は異なる統計的手法として体系化されてきましたが，これらは実質的には同一のモデルであるとみなすことができます．

3.4.1　身体的特徴の背後にある「原因」を明らかにする

日本の学校では，身体測定を毎年決まった時期に行ってきました．以前は，身長，体重，胸囲，座高の四つの値を測定し，記録してきました．これら四つの値は，互いに相関をもっています．たとえば，身長が高い人ほど，体重も重いはずですし，身長が低い人ほど体重は軽いでしょう．同じことが，体重と胸囲，身長と座高のような，四つの要素間すべてにあてはまると思います．

これらの要素の間に相関が高いということは，それぞれの要素の分散のうち何割かは，4要素にまたがる共通の分散ではないかということがいえます．そして，その共通の分散は，これら4要素の変動に影響を及ぼしているといえるのではないでしょうか．そのような「ばらつきをもたらす共通の要因」を「因子」とよびます．なんとなく「体格が大きい」と思える体型の人が，身長が高く，体重も重く，胸囲も大きく，そして座高も高いということです．逆に，「体格が小さい」人であればあるほど，身長は低く，体重も軽く，胸囲も小さく，座高も低いということです．この例では，「体格の大小」が因子に相当します．そしてそれは，直接的に定量的な観測ができない変数であるということで，「潜在変数」であるとよばれます．

しかし一方で，因子がそれぞれの測定項目に及ぼしている影響力の大きさは，ばらばらであるでしょう．直感的に考えて，体格の大小がより大きく影響するのは，身長や体重で

はないでしょうか．一方で，座高は生徒の足の長さと関連していて，体格の大きさそのものとは関連している度合いが小さいのではないかという考えも成り立ちます．このように，因子からの影響力の大きさを「因子負荷量」という数値で表現するのが，因子分析の特徴です．専門的にいえば，因子分析の推定すべきパラメタとして「因子負荷量」がある，というわけです．

また，体格の大きさは，それ自体一つの尺度として扱うことができます．たとえば服飾メーカーは，「体格の大小」因子を参考にして既製服の大きさを決めれば，世の中一般のほとんどの人の体型にマッチした服をあらかじめ用意することができるでしょう．具体的には「S」「M」「L」などで表される服のサイズは，身長，体重などの身体的特徴に基づく寸法を「総合的に加味して」決められた「体格の大小」の尺度であるといえるでしょう．

また，服を買う消費者という立場からみると，服のサイズという尺度上で，消費者それぞれの「体格の大きさ」の推定値を，身長，体重，胸囲，座高の4要素の測定結果から推定することができます．通常，服を買う場合，実際に試着してみて適合サイズを決めますが，試着しなくとも，身長や体重などの数値から，自分の「体格の大きさ」を推定することもできます．このような体格の大きさといった「因子」の特徴の大きさを示す尺度得点を「因子得点」とよび，パラメタとして扱います．

これまでの例で挙げた「体格の大きさ」は，試験の例でいえば，これまで述べてきた「能力値」に，身長や体重といった要素は「試験問題に対する正誤」にあたります．項目反応理論における能力値は，因子分析における因子得点に相当します．

3.4.2 データ分析事例による因子分析

因子の数は，一つであるとは限りません．2因子以上を仮定したモデルもあります．

日本の国公立（2004年度からは国立大学法人，公立大学法人）の大学入試においては，受験者に「大学入試センター試験」として「国語」「数学」「理科」「地理歴史・公民」「英語」の5つの教科について解答させ，次に大学個別の「二次試験」を課し，これらのスコアをもとに合否を決定しています．

国公立大学の受験者からみると，大学入試センター試験の結果，5教科のスコアが得られるわけですが，これらの5教科のスコアの大小について，いくつかのパタンに分かれることが想像できるでしょう．まず，「国語」「英語」「地理歴史・公民」に強い受験者と，「理科」「数学」に強い受験者に分かれそうなことは想像に難くありません．つまり，「文系」と「理系」という区分です．日本の大学入試では「数学が得意か否か」という単純な根拠によって，受験パタンが変わり，ターゲットとする大学や学部も変わりますが，そのような受験者の大学選択行動に影響を及ぼしているのが「文系」「理系」であることは，経験則に基づく一つの仮説として教育界に膾炙しています．

しかし，このことをデータに基づいて実証的に示すことは，可能なのでしょうか．可能

だとすると，どのようなデータがあればよいのでしょうか．

その解決の糸口になるのが，大学入試センター試験の素点データです．受験者ごとに5教科のスコアを列挙したデータをもとにして議論することが，その第一歩であるといえるでしょう．これらのデータについての相関係数があれば，その値が高いペアについて，「似通っている」度合いが高いと判断されますので，まずは5教科のスコアについて相関係数を計算してみればよいでしょう．表3.7に，大学入試センター試験の前身にあたる「共通一次試験」の，ある年の受験者全体におけるスコアの相関係数を示します[16]．

表3.7に示した表は，縦の列と横の行が交わったところが，その2教科の相関係数を表しており，「相関行列」ともよばれます．たとえば，国語と社会科の相関係数は0.537で，表3.1で示した目安にしたがうと，中程度の相関があるといえます．

表3.7 1979年の共通一次試験の相関行列（柳井・井部，2012：7）

	国語	社会科	数学	理科	英語
国語	1				
社会科	0.537	1			
数学	0.402	0.504	1		
理科	0.478	0.624	0.644	1	
英語	0.562	0.587	0.563	0.576	1

表3.7を眺めると，「国語・英語・社会科」の間で他に比べて大きな相関係数となっており，「数学・理科」でも大きな相関係数となっているが，「国語・数学」や「国語・理科」の間では相関係数が他に比べて小さい，ということがわかります．言い換えれば，「数学・理科」の背後には，国語の出来不出来にかかわらず，これらのスコアをばらつかせる共通の「潜在因子」（共通因子）が仮定でき，同時に，「国語・社会科・英語」にも，別の潜在因子が仮定できそうだ，ということです（相関係数は，それぞれの科目について，二つの科目がともなって変動する部分がどの程度大きいかを反映した値です．したがって，互いの相関係数がともに大きな3科目については，これら3科目の背後に共通の変動要因を仮定できる，ということです）．

ただし，「数学・英語」で相関係数が大きくなっているように，いま述べた二つの潜在因子でこれら5教科のスコアのばらつきがすべて説明できるわけではありません．このことは，それぞれの科目の特有の要因によるばらつきがある，という想定によって，共通因子とは異なった理由づけをすることができます．これらは共通因子に対して「独自因子」とよばれ，科目ごとに仮定することができます．

---

[16] 大学入試センター試験の「地理歴史・公民」は，共通一次試験では「社会科」とよばれていましたので，以後「社会科」と表記します．

このように，いくつかの測定結果のばらつきを，「共通因子」と「独自因子」に分解するモデルを「因子分析モデル」とよびます．

因子分析モデルにおいて，仮に共通因子の影響力が，独自因子の影響力の合計よりも顕著に大きかったなら，共通因子は「5科目のばらつきを共通に説明する，潜在的に影響力をもつ原因」であると考えます．逆に，5科目のうち特定の科目が特異に変動している場合もありえます．その場合，たとえば「国語」は，文章理解力以外に「心情を読み解く力」などの要素が絡み，他の科目と相関が低くなったのではないか，と考えることが可能ですが，そのような科目は「共通性」が低いと解釈できます．このような「共通性」を推定することもまた，因子分析モデルの特徴です．

ただし，相関が低かったからといって，すぐに「心情を読み解く力」の存在が示唆されるとは限りません．もしかしたら「漢字をどの程度知っているか」「古文の係り受けをどの程度知っているか」など，別の要因であるかもしれないからです．その意味で，独自因子の解釈はきわめて難しいといえます．逆に，共通因子の解釈については，どの科目に影響を与えているかを検討することにより，ある程度妥当な命名が可能でしょう．たとえば因子分析の結果，「国語」「社会」「英語」に正の影響力が大きく，「理科」と「数学」に対して負の影響力が大きいという因子が見出されたとしたら，「文系か理系か」という名前をつけることで，一般的な解釈ができるようになるのです．

さて，表3.7を「データ」と考え，因子分析を実際に行った結果についてみていきましょう．通常，因子分析は2段階で行います．最初の段階ではまず「因子負荷量」「固有値」及び「共通性」が推定されます．固有値（表3.8）は，共通因子の影響力の全体的な大きさを示す指標で，データの背後にいくつの共通因子を仮定すべきかを検討するために必要です．また共通性（表3.9）は，他の科目と比べて特異な変動を示す科目があるかどうかの指標で，独自因子の影響力の大きさを反映した値です．これらの指標をもとにして，分析者が共通因子の数を決定します．また，特異な変動を示す科目を分析の対象外にすることもあります．表3.8において固有値をみる限り，二つの共通因子を仮定したモデルで全体のスコアの変動の76%ほどを説明していることや，たくさんの共通因子を仮定するとモデルの意味を考える上で複雑になりすぎることから考えて，ここでは共通因子として一つまたは二つが適切ではないかと判断できます．

次の段階として，因子のパターンを解釈しやすくするため，「因子軸の回転」を行います．1段階目で推定された因子負荷量の値から，たとえばすべての科目に因子負荷が高い第1因子と，特定の科目だけに因子負荷が高い第2因子というように結果が表現されますが，因子の意味を解釈するためには，一つの科目が属している因子は一つだけというほうが，都合がよいのです．すなわち，ある科目は第1因子にのみ因子負荷が高く（第2因子の因子負荷は低く），別の科目は第2因子のみに因子負荷が高い（第1因子の因子負荷は低い）というように，です．そのために，第1段階で推定された因子負荷量の値を，そのような科目ごとに因子の特徴が明確なように変換する操作を「因子軸の回転」とよびます．

通常，2因子以上のモデルの場合は，因子軸の回転を行います．

表 3.8 相関行列から得られた固有値

因子の番号	固有値	累積固有値 %
1	3.197	63.93
2	0.644	76.82
3	0.451	85.85
4	0.394	93.73
5	0.313	100.00

表 3.9 共通性の推定値

科目	共通性
国語	0.389
社会	0.500
数学	0.472
理科	0.554
英語	0.508

因子軸の回転を行うと，「因子負荷量行列（因子パターン行列）」と「因子間相関」が推定されます（ただし，因子間相関は仮定される因子の数が二つ以上の場合のみ推定されます．また，斜交回転をした場合のみ推定されます）．表 3.10 には，共通因子が一つ仮定されるモデルの場合，表 3.11 には二つ仮定される場合の推定結果を示します（いずれも最尤法，プロマックス回転．推定方法や因子の回転については多くの参考文献がありますが，たとえば柳井・井部（2012：第1章）を参照してください）．

共通因子の数を一つと考えて因子分析を行った場合には，分析者である私たちが仮定した共通因子の影響力によって，それぞれの科目のスコアがどの程度ばらついたかが数値化されます．それが「因子負荷量行列」です．因子負荷量行列には，それぞれの科目と，共通因子からの影響力の大きさ，すなわち因子負荷量が推定された結果が示されています．表 3.10 をみると，共通因子に最も影響を受けているのは理科で，次いで英語，社会科，数学，国語の順であることがわかります．しかしながら，いずれの科目も共通因子の影響力が大きく及んでいますので，5 科目のスコアは共通に変動している要素が大きいことが示唆されます．

ところで，ここで「共通因子」とよんだ要素について，具体的に何を示すと解釈すればよいでしょうか．これは，5 教科の背後に存在する共通のスコアのばらつきを生み出す成分ということで，「学力」とよんでよいのではないかと考えます．このように，因子分析においては，どの科目に因子負荷が高いかを解釈し，妥当な結論を導き出すステップが存在します．分析を行ったからといって，自動的に何かを明らかにしてくれるというわけではなく，最終的な結果の解釈は分析者に委ねられています．

表 3.11 で示すのは，共通因子が二つあると仮定した場合の分析結果です．共通因子 1 は理科と数学，共通因子 2 は国語に大きな因子負荷量となっていることがわかります．ただし，英語と社会科は，共通因子 2 の因子負荷量が大きい結果とはなっていますが，共通因子 1 からも高い因子負荷がみられます．その意味で，「理科・数学」と「国語」，それに「英語・社会」は，共通因子が二つである場合，それぞれに対して異なる性質をもっているといえます．また，因子間相関が 0.764 であるということは，「共通因子 1 で示されている傾

表 3.10 因子負荷量行列（共通因子を一つ仮定した場合）

科目	因子負荷量
理科	0.801
英語	0.767
社会	0.764
数学	0.722
国語	0.649

表 3.11 因子負荷量行列（共通因子を二つ仮定した場合）及び因子間相関

科目	因子負荷量	
	共通因子 1	共通因子 2
理科	0.821	0.027
数学	0.802	−0.048
国語	−0.093	0.845
英語	0.335	0.484
社会	0.390	0.420
因子間相関	0.764	

向と共通因子 2 で示されている傾向の間には高い相関がある」ということを示します．

ところで，これら二つの共通因子は，何を表しているのでしょうか．一つ目の因子は，「理科」「数学」に高い因子負荷があり，「国語」に低い値となっていることから，いわゆる「理系的な論理的思考能力が必要か否か」の違いを反映しているのではないでしょうか．そう考えると，英語や社会科は多少の論理的思考能力が必要とされる分野であることにより，国語に比べて因子負荷が高まったと推測されます．

また，二つ目の因子についてですが，国語，社会科，英語に高い因子負荷となり，理科，数学に低い因子負荷となった，という結果から，文章理解の要素がどれだけ含まれるかに関わる因子ではないかと推測されます．そして，因子間相関が高いということから，「論理的思考能力と文章理解には相関が高い」と解釈できそうです．

これらの結果の解釈は，たぶんに主観性を含んでいるため，「そうではない」と思う方も多いかもしれません．しかし，表 3.10 で示した，共通因子が一つの場合には，分析結果からの共通因子の解釈が「学力」であることは，もっともらしい結果であることに賛同していただけると思います[*17]．

3.4.3 因子分析の図的表現

因子分析で見出される共通因子は，データ（先の例では 5 教科の試験のスコア）の相関係数から抽出するものであり，共通因子と 5 教科の関係性は因子負荷量行列という形で示されます．しかし，共通因子はあくまでデータの相関行列に対して仮定される一種の構成概念であり，直接観測されるものではありません．

[*17] これは私見ですが，このデータは 35 年以上前のもので，現在の学力の実態を反映しているかといわれれば，疑問だといえましょう．また，「論理的思考能力」や「文章理解」といった因子であっても，特に英語や社会科においては，いずれの因子にも負荷がみられているため，この結果から即「文系」「理系」といった二分法が有効であるということはできないといえます．

因子分析は，このように抽象的な概念を扱う数理モデルの応用であり，また数字で変数間の関係性を表現する関係上，どうしても直感的な理解が難しい分析手法です．そこで，因子分析をよりわかりやすく表現する方法として，変数間の関係性を図で表すやり方が提案されています．

図 3.6 がそれで，各尺度と因子の間で仮定される因果関係を表現したものです．このような図は「パス図（path diagram）」とよばれます[*18]．図 3.6 の四角で囲われた要素は，5 教科の尺度を表します．それらのばらつきの原因として一つ（または二つ）の「共通因子」を仮定し，楕円で表記しています．パス図では，四角で囲われた変数は「観測された変数」を表すのに対し，円で囲われた変数は直接観測されていない「潜在変数」を表します．また，共通因子から五つの尺度に伸びる矢印は，共通因子が原因でそれぞれの尺度の変動を説明することができる，という「因果関係」を表します．共通因子で説明できない変動については，それぞれの尺度独自の要因によってばらついていると解釈できるため，「独自因子」が仮定されています．独自因子から伸びている矢印は，それぞれの尺度にのみ引かれているため，共通因子のような尺度をまたいだ因果関係を表していません．また，2 因子のパス図において，共通因子 1 と共通因子 2 の間に引かれている矢印は，2 因子間に相関があるという因子間相関を表しています．両方向に矢印が引かれている場合は相関関係を，一方向の場合は因果関係を表しています．

それぞれのパスの脇には数字が書かれていますが，これを「パス係数」とよびます．図 3.6 のパス係数は，表 3.10 及び表 3.11 に対応しています．因子分析モデルの場合，因果関係をあらわすパス係数は因子分析における因子負荷量の推定値を，相関関係を表すパス係数は因子間相関を表しています．

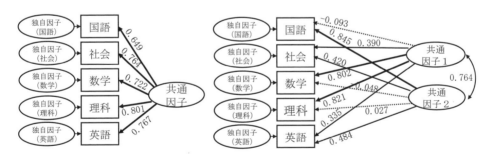

図 3.6　因子分析モデルのパス図による表現．左は 1 因子，右は 2 因子．

パス図を用いると，潜在因子を含まないモデルも表現することができます．一例として「重回帰分析」がありますが，これについては 5.3.1 項を参照してください．

[*18] 「パス」は「道」という意味で，因果や相関関係を矢印という「道」で表した図ということで，そうよばれます．

3.4.4 因子得点と能力値

表には示しませんでしたが，受験者一人ひとりに対し，共通因子で表される概念の度合いについて，それらを表すスコアが推定できます．たとえば，一つの共通因子のモデルの場合，「学力」という共通因子の程度を，受験者一人ひとりの素点から計算できるのです．これを「因子得点」とよびます．1因子の場合は，当然，素点が大きなほうが大きな因子得点となりますが，それならば素点を単純に合計した値でもよいと考えるかもしれません．しかし，因子負荷量の値で重みをつけた値であるという点が，素点の合計と異なります．また，標準化された（平均0，標準偏差1になるように調整された）値であるということで，満点の値が科目ごとに異なっていても，すべての科目の影響力を公平に取り扱うことができるため，能力の指標としてより一般的な解釈が可能となっています．因子得点は，項目反応理論における「能力値」の値に対応します．

2因子の例では，共通因子1（論理的思考能力）から主に影響を受けているのは数学，理科であり，共通因子2（文章読解能力）から主に影響を受けているのは国語，社会，英語です．したがって，たとえばある受験者が国語・英語・社会科で高スコアで，理科・数学で低スコアだったとすると，文章読解能力の因子得点は高く，論理的思考能力の因子得点は低くなります．また，別の受験者が数学や理科のスコアが大きく，国語，社会，英語でスコアが低い場合，逆に文章読解能力の因子得点が低く，論理的思考能力の因子得点は高まります．このように，因子得点の算出によって，受験者の分類が可能となります．この例の場合は，各受験者の因子得点が平均よりも大きければ「高い群」，小さければ「低い群」と考えることで，「文章読解能力＝高・論理的思考能力＝高」「文章読解能力＝高・論理的思考能力＝低」「文章読解能力＝低・論理的思考能力＝高」「文章読解能力＝低・論理的思考能力＝低」という四つの傾向に分類することができます．

3.4.5 因子数の決定に関する問題点と確認的因子分析

先の例では，因子分析を行う際，二つの因子が見出されそうだということを，因子分析に先立ち，相関係数の表から推測しました．しかし，必ずしもそのことが真実となるかといえば，そうではありません．一般に，因子分析を行う手順として，分析者による「因子数の決定」という段階があります．

先の例では2因子になりそうだということがあらかじめわかっていたので，因子数を2と仮定したモデルを用いて分析を行いました．しかし，実際に因子分析を行うと，第1因子の固有値，第2因子の固有値……として，もとの科目数だけの固有値が算出されます．ただし，固有値の大きさ，すなわち因子の影響力の大きさは，第1因子が最も大きく，第2因子がその次に大きく……の順で抽出されますので，ある程度の因子の大きさを満たさないような影響力の小さな因子は，全体の変動の説明に大きく寄与していない因子と考え

て，因子とみなさない，と考えます．

このように，因子数の決定を分析者が行う必要がある，という点は，因子分析のモデルの柔軟性という意味では歓迎すべきですが，反面，分析に先立ち，理論的な枠組みを別に見出さなければならない（先の例での「文系・理系」という概念の一般性）ことは，因子分析を行う上で一つの課題であるといえます．同様の課題は，因子の命名についても当てはまります．

一方で，因子構造に関する仮説が事前に提示されている場合は，「確認的因子分析」を行うことで，仮説の通りの因子構造がデータから見出せるかを検討する場合があります．

これまで述べてきた因子分析は，データから因子負荷量を推定し，共通因子を命名するという手順をふんでいます．このような因子分析は，データから潜在因子を探索するという意味で「探索的因子分析」とよばれます．一方で，「5教科が2つの共通因子，すなわち国語・英語・社会科に影響を及ぼす因子と理科・数学に影響を及ぼす因子を仮定することによって，モデルがデータによりよく当てはまっている」というような仮説をたて，モデルの当てはまりの大小を評価するという因子分析の手法もあります．これを「確認的因子分析」とよびます．

探索的因子分析では，すべての因子からすべての観測された変数に対してパスが引かれ，それぞれの因子負荷量を推定するのに対し，確認的因子分析では仮説に基づき，パスが引かれます．先の例では「共通因子1」と「国語」「英語」「社会科」，「共通因子2」と「理科」「数学」の間のみにパスが引かれます．確認的因子分析では，モデルの当てはまりのよさを表す「適合度指標」（3.5.15項を参照）に基づきモデル適合度が評価されます．適合度が大きければ，あらかじめたてた仮説に基づく因子構造が受け入れられるということです．

3.4.6 因子分析から項目反応理論へ

これまでの議論で，因子分析という考え方を導入することにより，問題の難易度を能力の分布に依存しない形で明らかにすることができるのではないかと述べました．しかしながら，因子分析にはその推定手法について，一つの大きな問題があります．それは「離散量のデータを扱えない」という点です．

そもそも正誤データは，単なる「0」と「1」という数字の羅列であり，その一つひとつは問題に正解したか不正解だったかという，質的に異なる二つの状態しか示していません．その意味で，正誤データ自体は「離散的」とよばれます．正確には，「一つの問題への解答に対して順序をつけるならば，正解した受験者のほうが，不正解だった受験者よりも上である」ということがいえるでしょうから，正誤データは順序を表すデータであるといえます．それに対して，因子分析の方法論的発展は主に「連続量」のデータを前提としたものでした．すなわち，身長，体重や，前項で扱った問題冊子に対するスコアといった，連続的に変化するとみなせるような量的データに対して相関係数を求め，相関係数の背後にあ

る共通因子を抽出する，という方法として因子分析の方法論は発展してきました．

因子分析はすでに1940年代に基本的な考え方が提示され，パラメタ（因子負荷量行列など）の推定方法も提案されていましたが，項目反応理論では「確率モデル」という考え方が提示され，「最尤推定」という推定の方法が一般的になる1970年代まで，その理論的発展はお預けになっていたのです．

次節では項目反応理論について説明します．次節以降の解説においても，受験者の間に潜在的に仮定される「能力」を仮定し，それを一つの「尺度」と考えるという考え方が登場します．

3.5　数理モデル（2）項目反応理論

「個々の問題冊子に対するスコアがばらついた背後に一つの因子を仮定する」という考え方は，本書でも何度か出てきました．ここでは再び，3.3.5項と同様に，一つの問題冊子を「問題数1の問題冊子の集合」であると考えてみます．この冊子の背後にも，同様の因子を仮定すると，その因子によって測られる構成概念を，それぞれの問題がどの程度説明できるかという観点から，定量的に評価することができます．

たとえば，英語の読解力を判断する試験の場合，「英語読解力」というある程度一般性をもった「因子」を仮定し，試験の問題セットにある一問一問それぞれを英語読解力の大小を判断する材料と考え，それぞれの問題が英語読解力という一般性をもった構成概念の説明にどれだけ寄与しているかを評価する，ということができるのです．

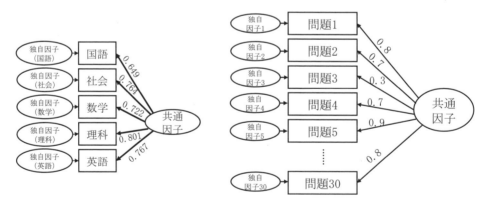

図 3.7　1因子を仮定した因子分析（左）と同族テストのモデル（右）．因果関係をパス図により示した

このことを図に表すと，図3.7右のようになります．図3.7右では問題が X 問あり，それぞれの背景に図3.7の右側に示す楕円の中にある「共通因子」（たとえば「英語読解力の大小」）という因子が仮定され，図3.7の左側に小さな円で囲われた「独自因子」が仮定

されています.このように,多数の問題の背後に一つの共通な変動要因を考え,問題の正解不正解が分かれた(解答がばらついた)原因は,この「共通因子」と,それぞれの問題の特性によって独自にばらついたとされる「独自因子」によって説明できる,というモデルを考えます.項目反応理論は,この「1因子の因子分析モデル」をベースにしたモデルです.ここで共通因子は,「受験者の能力を規定する要因」と考えることが重要で,独自因子はいわば「各問題の正誤のばらつきのうち,受験者の能力以外の要因で正誤が分かれる要因」と考えます.

図3.7右は,図3.7左に示す「1因子を仮定した因子分析」そのものであるといえます.また,(3.16)式で示すような,「共通因子」からの影響力の指標,すなわち a_j を考慮した「同族テスト」は,1因子を仮定した因子分析において,共通因子に対応した因子スコアが T_i,すなわち真のスコアである場合に相当します.

3.5.1 確率モデルの導入

項目反応理論では,問題の特性について,前節で説明した「困難度(難易度)」「識別力」を設定しますが,古典的テスト理論とは異なる形でこれらの問題特性を表現します.キーワードは「確率」です.

これまで述べてきた「試験問題に対する受験者の反応」は,正解したか,不正解だったかという,2通りの結果のみが記録されているものでした.項目反応理論でも,それは変わりません.というより,変えようがありません.何か別の形式の採点データがあれば,たとえば「惜しいけど不正解」「まあまあ正解」といった文章の形で「部分点」を表現することも可能でしょうが,統一された明確な採点基準がない限り,客観的な採点結果とはいえないでしょう.

そこで,見方を変えて,モデルの方を考え直してみます.これまでは「正解だった」「不正解だった」という背後に「真のスコア」という潜在的な変数を考えていました.これに加えて,その潜在的な変数の違いが原因で「正解する確率が高まる」というような,「能力」と正解する「確率」の関係をモデルで表現することができれば,受験者のもっている能力の実態をより反映した仮定となることが期待できるでしょう.

試験のスコアに関するモデル化については,「試験で得られたデータ」が試験の「結果」に相当します.そして,能力の違いという「共通因子」や受験者個人に起因する「独自因子」が,試験を行う前に仮定した「要因」です.この両者の間の関係性を定量的に表現するために「確率」の概念を導入する,ということでした.では,どのように「確率」を導入すればよいのでしょうか.

3.5.2 問題項目特性と項目パラメタ

項目反応理論では「能力」を,「その試験で測定されている概念に関して,一般的普遍的状況で示される潜在的な能力水準」と考えます.英語読解試験の場合は,英語読解能力を一般的に表している「能力値」の軸上で受験者の能力を表示できる,と考えるのです.こうすることで,たくさんの英語読解能力を問う問題を出題することにより,英語読解能力のスコアを1因子の尺度で表示することができるのです.さらに,個々の問題の間で,英語読解能力という1因子から受ける影響の度合いが異なるという「同族テスト」のモデルを仮定し,問題の質に関する議論が可能となります.

項目反応理論で示されている「能力値」は,テスト理論関連の論文では,ギリシャ文字の「θ (シータ)」で表記されることが一般的です.能力値を横軸にとり,「問題に正解できる確率」を縦軸にとります.このようにして表されるグラフを,問題1問1問に対して描くことができます.これを「項目特性曲線(item characteristic curve : ICC)」や「項目反応関数(item response function : IRF)」とよび,問題の特性を表現するものとして用います.では,具体的にどのような関数(グラフで表すならば曲線)が「もっともらしい」関数なのでしょうか.

今,6問の問題をある受験者集団に出し,データを得たとします.受験者集団はとても大きく,また,あまり考えにくいのですが,先の因子分析の解説で述べた「潜在的な能力値」の軸上で「能力の低い受験者」から「高い受験者」までまんべんなく散らばっており,それぞれの能力値がわかっていると考えてください.6問それぞれについて,正解の数を数え,受験者全体の人数で割れば,その問題の正答率が計算できますが,ここでは能力値を100段階に区切って,それぞれの段階別に正答率を計算した場合を考えます.すなわち,横軸は「レベル1」から「レベル100」までの100段階それぞれの能力値を表しているとします.そして,規準としてレベル50(中央)に平均的な能力値があると想定したとします.これは,レベルの「ものさし」に,原点(ゼロ)を設定した場合に対応します.

図3.8は,6問について,横軸にレベル別,縦軸に正答確率をプロットした曲線です.図3.8で示す6種のうち,(1)のグラフは,どの能力値である受験者に対しても,正解する確率がほとんど一緒であることを示します.また(2)は,能力が高い受験者ほど正解する確率(正答確率)が低くなることを示します.このような関係にある問題は,いずれも受験者の能力を判断する材料として不適切である,といえます.理想としては(3)に示すように,能力値がある一定のところで,正答確率が階段状に急上昇する問題です.(3)のような問題で,「ある一定」の部分を「閾値(いきち,しきいち)」とよびます.閾値より能力値が高い受験者は正答確率が100%,それ以下の受験者は正答確率が0%というのは,その閾値前後の能力値の受験者に対して,識別力が高い問題であるといえます.これは,古典的テスト理論で述べた「識別力」の考え方そのものです.また(4)に示すグラフは(3)

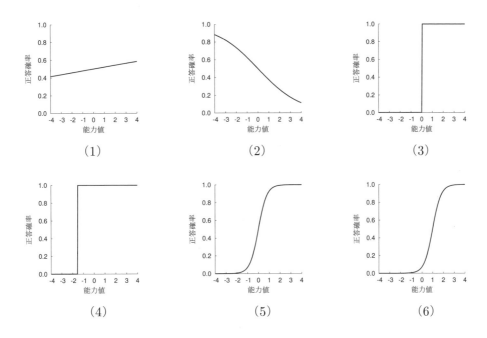

図 3.8　6 種類の項目反応関数．いずれも横軸は受験者の能力値を示す

の問題に比べて，能力値の低いところに閾値があります．このような問題は (3) の問題に比べて易しかったため，相対的に閾値が下がったといえます．また (5) では階段状ではなく，より滑らかな曲線を描いて正答確率が上昇しています．実際には (3) や (4) のような階段状になることは想定しづらく，(5) のような「曖昧さ」をもっていながら，それでも「ある閾値を境に正答確率が上昇する」というグラフが現実的です．

項目反応理論を試験の分析に応用する場合は，能力値の範囲として，通常は -4 から 4 までといったように限定することが一般的です．また，能力値の平均，すなわち「レベル 50」と称しているものについては，0 と定めます．

ここで大切なのは，難易度が「一般的な能力値」の尺度の上で示されるという点です．観測されたスコアの場合のような，受験者集団の能力分布に依存した尺度ではなく，因子分析の考え方を導入して得た，一般性をもった抽象的な能力値 θ に基づく尺度を導入し，「ある能力値の受験者だったらこの程度の正答確率がある」という指標に基づいて，問題の難易度を表示しているのです．

3.5.3　モデルを数式で表す

図 3.8 は，いずれも「受験者の能力の大きさと，正解する確率の関係」を 1 枚のグラフで表したものでした．たとえば (1) のグラフは単調に増加する右上がりの直線なので，縦

軸を y, 横軸を x とおくと, $y = 0.01x + 0.5$ などという式で表現することができます. 式「だけ」で表現可能というところが重要なのです. 図を描いていちいち説明するよりも, この方が簡便であり, 取り扱いがやさしくなります.

もう一つ, 数式で表す利点として, 問題項目の特性を「パラメタ」で表すことができる, という点があります. (1) のグラフは, $y = 0.01x + 0.5$ という式を表しています, このような直線の式は「傾き」と「切片」を変化させると, それに応じてグラフの形が変わります.

たとえば, $y = 0.05x + 0.3$ という関数の場合, (1) の問題よりも「難しくなる」ことを意味します. なぜなら, 横軸の能力値 x として「0」を代入すると, 前者は $0.01 \times 0 + 0.5 = 0.5$ で, 能力値が 0 の人の正答確率が 50% と求まりますが, 後者は $0.01 \times 0 + 0.3 = 0.3$ で, 正答確率が 0.3 となり, 同じ能力値でも後者のほうが正答確率が低下するからです. このように, 傾きや切片を変化させることで, その問題の特性のうち, 難易度の違いや識別力を表現することができるのです. グラフの形を決める要素となるのは傾きや切片といった「係数」であり, これらは「パラメタ」ともよばれるものです.

しかし, 能力値と正答確率の関係を表すために私たちが必要としているのは, このような直線の式ではありません. なぜなら, 縦軸が「確率」である以上, x の値の大小に関わらず, y の値が 0 から 1 までの範囲に収まる必要があるからです. 確率の値は 0 以上 1 以下なので, これはどうしても満たされなければならない前提です. 先の例でいえば, たとえば能力値が 2 である人が, $y = 0.3x + 0.5$ という式で表される項目反応関数の問題に対する正答確率を求めようとしても, $0.3 \times 2 + 0.5 = 1.1$ となり, おかしな結果となってしまいます. すなわち, 項目反応関数の式は, (1) のような直線の式では不都合であるということです.

その際に役に立つのが, 図 3.8 の (5) や (6) で示した曲線です. これらは, 縦軸の値の範囲が 0 から 1 の間に収まっているようにみえます. では, これらの曲線は, どのような数式で表されるのでしょうか.

3.5.4 項目反応理論のモデルいろいろ

「能力値が高まれば, それだけ正答確率が高まる」ということを表現できる曲線を, 数式で表現できる形で見つけなければなりません. また, 縦軸は「確率」を表すため, 横軸がどんな値をとろうが, すなわち能力値がどんなに極端な値であろうが, 縦軸すなわち問題に正解する確率は 0 以上 1 以下の値に限定されている必要があることは, 先に述べました. そこで, そのような条件を満たす曲線の一つとして「ロジスティック曲線」を用います. 実は, ロジスティック曲線は図 3.8 の (5) や (6) で示した曲線そのものなのです. ロジスティック曲線は縦軸が「0 以上 1 以下」の値をとる曲線であり, 確率を表現するにはうってつけなのです.

3.5 数理モデル（2）項目反応理論

受験者が「正解したか，不正解だったか」という 2 値のデータに基づくモデルは，主に 3 種類ありますが，いずれもロジスティック曲線を用います．3 種の違いは，パラメタの数です．

(1) 困難度のみを想定したモデル（1 パラメタ・ロジスティックモデル）
(2) 識別力，困難度を想定したモデル（2 パラメタ・ロジスティックモデル）
(3) 識別力，困難度，下方漸近パラメタを想定したモデル（3 パラメタ・ロジスティックモデル）

1 パラメタ・ロジスティックモデルから 3 パラメタ・ロジスティックモデルまでを，「1PLM」「2PLM」「3PLM」と略記する場合が多くあります．本書では，この省略形を用います[19]．

ここで「困難度」は，これまで述べてきた「難易度」に対応するパラメタで，正答確率が 50% となる能力値に相当します．ただし，3PLM の場合はその限りではありません．

(1) から (3) のロジスティック曲線の数式は，具体的に以下のとおりです[20][21]．

(1) 1PLM の場合
$$P(\theta|b) = \frac{1}{1+\exp(-D(\theta-b))}$$

(2) 2PLM の場合
$$P(\theta|a,b) = \frac{1}{1+\exp(-Da(\theta-b))}$$

(3) 3PLM の場合
$$P(\theta|a,b,c) = c + \frac{1-c}{1+\exp(-Da(\theta-b))}$$

(1) から (3) の左辺は，「受験者がその項目に正答する確率」を表します．図 3.8 のグラフの縦軸に相当します．また，D は定数で，1.702 です[22]．そして，それぞれの数式に含まれる a, b, c が，項目パラメタにあたります．

図 3.8 の (5) と (6) で示したグラフは，実は 1PLM の場合の式の中で b という値を変化させたという違いしかありません．数式の形は同じで，値を変化させるとそのグラフの形が変わる，という意味で，b という係数は「パラメタ」にあたります．図 3.8 の (5) の

---

[19] また，「Rasch（ラッシュ）モデル」とよばれるモデルもあります．提案者の名前をとってこうよばれますが，(1) とほぼ同様な意味で用いられます．ただし，モデルの考え方が (1) から (3) のモデルとは異なります．この議論については，加藤ら（2014）や村木（2011）を参照してください．

[20] $p(\theta|b)$ という表記は，b の値が既知であるという条件の下，能力値 θ をもつ受験者が正答する「条件付き確率」を表しています．

[21] $\exp(x)$ は e^x を表します．e は自然対数の底で，2.7182818… です．

[22] 定数 D が用いられているのは，ロジスティック曲線による項目特性関数を，正規分布の累積関数に近似させるためです．ロジスティック曲線による項目特性関数の表現が行われるようになる以前に，正規分布の累積関数による表現が提案されていました．この定数が 1.702 のとき，両者の曲線がほぼ一致することが知られています．

グラフは，1PLM の数式に $b=0$ を代入し，能力値 θ を -4 から 4 まで動かしながら右辺を計算した結果をプロットしたものです．一方（6）は，$b=1$ を代入して同じくプロットしたものです．すなわち，問題の難しさを変化させる要素は，b というパラメタである，ということを意味します．したがって（1）式の b を「困難度パラメタ」とみなして，ロジスティック曲線を用いて問題の困難度の大小を表現することができます．

図 3.9 に，1PLM の場合の項目反応関数を示します．図 3.9 から，正答確率が 50% になるような能力値を「困難度」ということがわかります．1PLM に限らず，2PLM や 3PLM においても，困難度は受験者の能力値と同じ尺度で表現されていることを仮定しています．

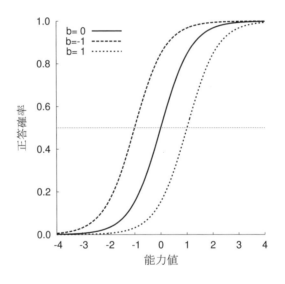

図 3.9 1PLM の項目反応関数．横軸は受験者の能力値．実線は $b=0$，太点線は $b=-1$，細点線は $b=1$ の項目反応関数

同様に，2PLM の式では，1PLM の式に加えて a という値が追加されています．a の値を変化させることにより，項目反応関数は図 3.10 に示すように変化します．a を大きくすることで，曲線の「傾き」が急になっていることがわかります．また a を小さくすると，傾きがなだらかになることもみてとれます．a が大きな問題は a が小さな問題に比べて，受験者の正解する確率がある能力値の前後で急激に変化するということを表します．ここでの「ある能力値」とは，正答確率 0.5（縦軸の値が 0.5）のときの能力値の付近です．a が小さい項目反応関数となる問題は，正答確率がほぼ 0.5 であるような能力値の範囲が広い，すなわちその能力値にあてはまるどの受験者も正答率がほぼ 0.5 になるということを意味します．よって，受験者の能力値を識別することができない問題であるということができます．このような問題を「識別力が低い」とよびます．逆に，a が大きく，項目反応関数の傾きが急な問題は，正答確率が 0.5 に近い範囲が狭く，受験者の能力値の違いを識

別することが可能であるという意味で「識別力が高い」とよびます．このことから，a を「識別力パラメタ」とよびます．

ただし，a の値については $a > 0$ という前提があります．a が 0 を下回ると，項目反応関数は「右肩下がり」になり，「能力値が高いほど正答確率が低下する」という事態を表現することになってしまうためです．

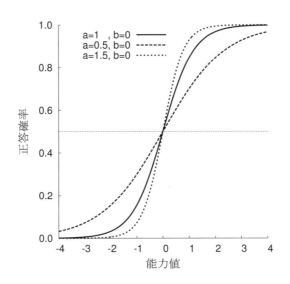

図 3.10 2PLM の項目反応関数．横軸は受験者の能力値．実線は $a = 1, b = 0$，太点線は $a = 0.5, b = 0$，細点線は $a = 1.5, b = 0$ の項目反応関数

3PLM の式においては，項目反応関数の「下方漸近線」が 0 ではなくなります．この場合の下方漸近線とは，能力が低い受験者において項目反応関数が接近する線のことです．1PLM や 2PLM では能力が低い受験者の正答確率は 0 に近づきますが，3PLM では 0 より大きな一定の値 c に近づくことを仮定します．図 3.11 のように，c の値を変化させることにより，どんなに能力値が低い受験者でも正答確率が 0 以上の一定の値である，という問題の特性を表現できます（$0 \leqq c < 1$ という前提があります）．この c の値を変化させる，ということは，多枝選択式の試験において，まぐれで選んだとしても一定の正答確率があるだろう，ということを表現しています．どんなに能力が低い受験者でも，ある一定の確率 c で「まぐれ当たり」による正答がありうる，ということを，c の値を推定することで問題の特性として表現するのです．そこで，c を「下方漸近パラメタ」とよびます．

以上述べた「困難度パラメタ」「識別力パラメタ」「下方漸近パラメタ」を総称して，「項目パラメタ[23]」とよびます．項目パラメタは，問題冊子中の問題の特性を表します．すなわち，項目反応関数の形を決める要素であり，受験者の能力値別の正答率を表現する要素

---

[23] ここでの「項目」は，「問題」を意味します．

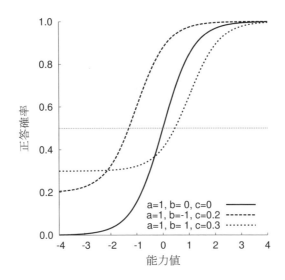

図 3.11　3PLM の項目反応関数．横軸は受験者の能力値．実線は $a=1, b=0, c=0$，太点線は $a=1, b=-1, c=0.2$，細点線は $a=1, b=1, c=0.3$ の項目反応関数

です．

　項目反応理論においては，問題 1 問 1 問について，これらの項目パラメタを正誤反応データから推定します．項目反応理論を扱った参考書には，a_j, b_j, c_j のように，項目パラメタに添え字がついている場合があります．これは，問題冊子に含まれる j 番目の問題における項目パラメタ，という意味です．

　どのモデルを採用するかは，さまざまな観点を考慮して決めます．一つの指針として，モデルがどれだけデータを説明できているか，言い換えればモデルの適合度がもっとも高いモデルを用いる，といった考え方があります．モデルの適合度については 3.5.15 項を参照してください．

3.5.5　能力値の信頼区間

　試験問題の冊子には，さまざまな識別力や困難度の問題があることがほとんどです．しかし，問題間でその値に偏りがあると，さまざまな能力値をもつ受験者の能力を識別することが難しくなる場合があります．

　たとえば，20 問からなる問題冊子があり，そのうち 10 問の困難度がマイナスであったとします．残りの 10 問はプラスの困難度です．この問題冊子において，困難度がマイナスのやさしい問題はすべて識別力が 1，すなわちある程度の高い値であったとします．それに対し，困難度がプラスの 10 問はすべて識別力が 0.3，すなわち能力が高いか低いかを十分に識別することができない問題であったとします．この問題冊子を能力の低い人が解い

た場合は，能力が「本当に低い人」と「それより少し能力が高いが，平均からは下位の人」の能力を識別することが可能です．すなわち，項目反応理論による分析において，前者の受験者の能力値が後者の受験者の能力値よりも低い値になることが確実になるのです．なぜなら，これら困難度がマイナスの問題は，いずれも識別力が高いからです．その反面，能力の高い受験者の能力値は，困難度の高い問題の識別力がいずれも低いために，あやふやな値となるでしょう．

このような「推定があやふやかどうか」を数値で示す方法として，「信頼区間」という考え方があります．その前提として，能力値 θ について，どの受験者にも真の θ があり，それを正誤データから推定する，ということを考えます．

信頼区間は，ただ一つの真の θ の値を推定するのではなく，ある範囲に真の θ が含まれる確率が大きいかどうか，といった考え方に基づきます．ある正誤データを分析し，能力値を推定した際，ある受験者の θ が 0.3 と推定されたとします．このとき，十分に大きな確率，たとえば 95% の確率で，狭い範囲，たとえば ±0.1 という範囲（すなわち 0.2 から 0.4）に真の θ の値が含まれている，ということが推定されれば，95% 信頼区間が 0.3 ±0.1 といえます．このとき，0.3 のような一つの推定値を「点推定値」とよびます．

信頼区間の幅は，θ の標準誤差を推定することで，求めることができます．真の θ を推定するにあたって，より確からしい手がかりがあれば，言い換えれば識別力が高い問題が多ければ，それだけ標準誤差が小さくなります．問題の識別力が高いということは，その問題の困難度付近の θ をよく識別できるということを意味するからです．したがって，先の例では能力値の低い受験者は，困難度がマイナスの問題の識別力の高さから，θ の標準誤差が小さくなり，その 95% 信頼区間が小さくなります．逆に，能力値がプラスの受験者では，95% 信頼区間が広くなり，それだけ「あやふや」な推定値となります．信頼区間の推定にあたっては，3.5.11 項も参照してください．

3.5.6 テスト情報量曲線

先の信頼区間の例では，能力値の低い受験者に対して識別力が高い問題が多く含まれ，能力値が高い受験者に対しては識別力の低い問題が多い場合を考えました．見方を変えると，能力が低い人に対してはその信頼区間が狭く，能力の違いをよりよく識別できるという意味で，その問題冊子は「能力の低い人に対して，より能力の違いに関する情報を多くもたらす」といえます．逆に，能力の高い人に対しては，能力の違いに関する情報が少ないといえます．このように，問題冊子全体でみたときに，その問題冊子が受験者のどの能力値の範囲に対して多くの情報をもたらすかを「情報量の大小」で表現することが，試験の分析では多く行われます．

能力値 θ は，受験者の能力を示す指標ですが，他の種類のスコア（たとえば素点）も同様に能力を示す指標としての「情報」をもっています．実は，3.5.10 項で説明する方法で

推定された能力値の「最尤推定値」は，それらの能力を表す指標の中で，もっとも情報量が大きくなることがわかっています（南風原，1991：23–24）．そこで，項目反応理論においては，能力値 θ の最尤推定を行った結果を用いて「情報量」を得るための「情報関数」を定義します．

識別力が大きな問題は，その問題の困難度の値付近の能力値をもつ受験者の能力をよりよく識別する道具となっています．したがって，識別力が大きな問題が，どのくらいの困難度をもっているかによって，能力値ごとの情報量は違ってきます．2PLM の場合，ある問題 j の情報関数 I_j の定義は

$$I_j(\theta|a_j,b_j) = a_j^2 P_j(\theta|a_j,b_j)(1-P_j(\theta|a_j,b_j)) \tag{3.18}$$

で表されます（1PLM の場合は，$a_j = 1$ とおけばよいのです）．また 3PLM の場合は

$$I_j(\theta|a_j,b_j,c_j) = \frac{a_j^2(P_j(\theta|a_j,b_j,c_j)-c_j)^2(1-P_j(\theta|a_j,b_j,c_j))}{(1-c_j)^2 P_j(\theta|a_j,b_j,c_j)} \tag{3.19}$$

で表されます．いずれの場合も，θ を -4 から 4 程度の範囲でさまざまな値（たとえば 0.05 刻み）に変化させ，それぞれの θ における情報量を求めます．横軸に θ，縦軸に情報量をとった図を「項目情報量曲線」とよびます．

問題冊子全体における情報量を求めるためには，問題冊子 1 問 1 問について θ を変化させながら情報量を計算し，同じ θ の場合ごとにそれらの和をとります．すなわち，

$$I(\theta|a_j,b_j,c_j) = \sum_{j=1}^{J} I_j(\theta|a_j,b_j,c_j) \tag{3.20}$$

をさまざまな θ の値について求めます．横軸に能力値，縦軸に情報量をとったグラフが，「テスト情報量曲線」です．問題冊子 1 冊に対して，1 本のテスト情報量曲線が描かれます．

テスト情報量曲線の例を図 3.12 に示しました．テスト情報量曲線の主な用途は，問題冊子を作成する際，希望する能力値向けの問題冊子となっているかどうか確かめることです．図 3.12 の実線で示したように，困難度が -1 付近に山があるような問題冊子は，能力値が -1 付近の受験者かどうかを判断するのにふさわしい道具です．それに対し，図 3.12 の点線で示した困難度 1.5 付近の箇所に山がある冊子の場合，困難度が -1 付近の冊子に比べて「上級者向け」であることが示唆されます．この例のように，情報量のピークとなっている能力値が異なる問題冊子は，それぞれ異なる平均的学力をもつ受験者層に対してより情報量が大きいということができます．仮に上級者向けの問題冊子を作りたければ，問題冊子を作成したのち，図 3.12 での「上級者向け」のようなテスト情報量曲線になっているかを確かめればよいのです．

もう一つの観点として，複数ある問題冊子のうち，どれが最も情報量のピークが高いかという比較をすることもあります．たとえば，同じ程度の能力値にピークがある 2 種類の問題冊子であっても，一方がもう一方に比べて高い情報量であった場合は，その問題冊子

3.5 数理モデル (2) 項目反応理論　119

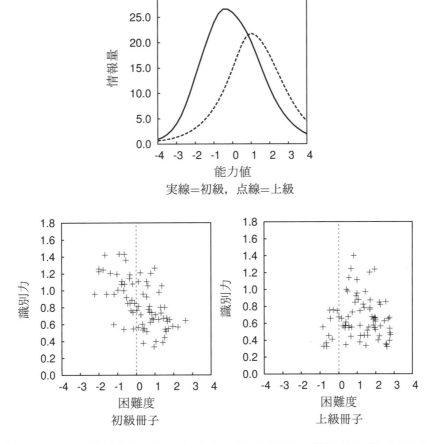

図 3.12　テスト情報量曲線の例（上）．下の 2 枚の散布図は，横軸にそれぞれの冊子の困難度，縦軸に識別力をプロットしたもの．

の方がより受験者の能力を識別できるといえます．すなわち，能力を測定するための道具としてより望ましいと判断できます．

　テスト情報量曲線は，問題冊子のもつ受験者レベル別の「判定の道具としての確からしさ」を表すグラフであるといえます．描くために必要な要素は，各問題の項目パラメタです．項目パラメタの値をもとにして，能力値別に情報量を計算し，プロットします．このグラフは，項目反応理論によるパラメタ推定のためのソフトウェア（231 ページを参照）を用いて，簡単な操作で描くことができます．

3.5.7 局所独立の仮定

ところで，同じ能力値の受験者が問題セットの中にある問題を解いたとき，項目反応理論では受験者の正誤に影響する要素として「能力値」で表現される構成概念「のみ」，すなわち1因子を仮定しなければなりません．このことは，かなり強い仮定です．たとえば，問題冊子の中の問題に，以下のような多枝選択式の問題が同時に出されていたとします．

問1　x を求めよ．
問2　問1で求めた x を用いて，y を求めよ．
問3　x と y を用いて，z を求めよ．

これら3問は，「問1が不正解ならば問2も不正解であり，問2も不正解ならば問3も不正解」となることが必定だといえます．なぜなら，問1の「正解」がわからなければ問2を解く手がかりが得られず，問1・問2の「正解」が得られなければ問3を解く手がかりが得られないからです．

このことを別の観点から表現すると，問1・問2・問3の正解・不正解のパターンを説明するためには，一般的な「能力の違い」のほかに，問1・問2・問3の背後に仮定される「別の潜在因子」の存在を考えたほうがよいということになります．具体的には「問2の正誤が問1の正誤に依存しており，問3の正誤が問2の正誤に依存しているという，依存関係を生み出す要因」という潜在因子であり，いうまでもなく，問題の出し方，形式に起因します．

このような相互依存関係がみられる問題が試験に含まれることで，どの受験者に対しても共通の意味をもつ「能力値」以外に，「正誤が他の問題の正誤に依存している」という潜在因子を仮定することが必要になります．そして，それぞれが正誤に影響を及ぼす要因となっている状況が現出するのです．言い換えれば，受験者の能力の大小を反映した「能力値」を測定するはずの尺度なのに，別の潜在因子による影響が混在していて，それらが区別できない状況です．受験者が問2に正解したのは，受験者の能力が高かったためなのか，問1に正解してそこからヒントを適切に得たためなのか，区別できなくなっているのです．

このような潜在因子の存在を考えずに済ませるためには，能力の違いのみが正誤に影響するような問題を提示すればよい，ということになります．そのためには，問1から問3のような，「ある問題に正解することと，別の問題に正解することに関連がある」状況を排除することが必要になります．

このように，「同じ能力値の受験者では，各々の問題に対する正誤反応は互いに『無相関』（＝独立）」であるということは，「局所独立の仮定」とよばれており，項目反応理論を用いた分析をする上で重要な前提条件です．よって，項目反応理論を用いた実際の試験においては，局所独立の仮定が満たされているかどうかを，何らかの方法で正誤データを分

析して検討します．

　また，局所独立の仮定が満たされるかどうかを，データから推測する手法も提案されています．1因子性の分析手法，たとえば因子分析における「固有値」を用いることで，正誤データを用いて局所独立の度合いを推測することが可能です．このように，項目反応理論において局所独立は大切な概念であり，受験者の能力値や項目パラメタを推定する際に必要な仮定です．

3.5.8 局所独立の仮定が満たされない試験

　ところで，日本の試験においては，特に数学の問題で，先にあげた問1から問3のような，いくつかの問題を連続して解かせる形式，「局所依存」の問題がしばしば用いられます．たとえば，一つの英文を読ませて，文中にある空欄に当てはまる英単語を答えさせた後，その英単語を含む文章の意味を問う問題は，局所依存の問題であるといえます．また，医学・看護系の試験で，一つの診察場面で病名を当てさせた後，患者に対する適切なアドバイスを受験者に選ばせる，といった問題も局所依存です．このような局所依存関係をもった問題群を「テストレット（testlet）」とよぶことがあります．コラム1で触れた「日本的テスト文化」の一つである大問形式は，このような局所依存関係を引き起こしやすい形式であるといえるでしょう（つねに局所依存であるというわけではありませんが）．たとえば，数学の大問で，問題1に解答できなければ問題2も自動的に不正解になるような構造は，小問を並立させた出題形式を用いることで回避できます．

　このような局所依存の問題群を，局所依存であるという仮定をおいたモデルでなく，これまで説明してきた局所独立の仮定を前提とする項目反応理論モデルで扱うと，能力値の信頼区間が過小に推定されてしまう，という課題が生じます（Sireci et al, 1991）．またデータに対するモデルの当てはまり（3.5.15項を参照）が悪くなるという課題もあります．対処案として，局所独立の仮定をおく単位を「1問」ではなく，「一つの問題群」とする方法があります．すなわち，先の数学の問題の問1から問3の場合であれば，「問1から問3を一つの問題とみなし，正解した問題数を正誤データとする」という方針で採点するのです．ただし，このような方針で作成したデータに対しては，これまで説明してきた2値データに対する項目反応理論のモデルではなく，多値データを扱うことのできるモデルを適用する必要があります．具体的には，Samejimaの段階反応モデル（graded response model）などがあります（次項で解説します）．

3.5.9 段階反応モデル

　段階反応モデルとは，受験者の反応について「正解」「不正解」という2種類の値以外に，「部分点」というような中間の段階を考慮に入れたモデルです．

　いま，多数の受験者が多数の記述式の問題に解答したテキストデータを，一人の評価者

が採点したとします．結果として「正解」「準正解」「部分点」「不正解」という四つのカテゴリに分類されたとします．「準正解」とは「正解」には至らなかったがそれに近いほどの解答を，「部分点」とは全くの「不正解」ではないものの「準正解」とはいえない解答をそれぞれ指します．それぞれ，明確かつ統一された採点基準に基づいて，採点が行われたと仮定します．

「正解」「不正解」の二つのカテゴリしかない場合，たとえば能力値が0の受験者において正解する確率が0.4であれば，不正解である確率は自動的に$1-0.4=0.6$と求めることができます．確率の値は，とりうる状態すべてを合計すると1になるためです．しかし，カテゴリが四つある場合，「正解」「準正解」「部分点」「不正解」の確率をすべて足すと1になる必要があるため，単純に1から正答確率を引いて不正解の確率を求めることができません．

そこで段階反応モデルでは，「境界カテゴリ反応関数」とよばれる関数を考えます．まず，どんなに能力が低くても，その解答のカテゴリは「不正解」以上になることは自明です．そこでj番目の問題において，最下位カテゴリ以上となる確率をP_{j1}^+として

$$P_{j1}^+(\theta) = 1 \tag{3.21}$$

と考えます．これは，「不正解」カテゴリ以上になる確率が，能力値によらず1であることを表しています．また，添え字が「$j1$」となっていますが，これは「j番目の問題における1番目のカテゴリ」を意味しています．

能力水準が上がっていくと，「部分点」カテゴリ以上となる確率が高まるでしょう．そしてこのことは，「不正解」カテゴリになる確率が低下していくことを意味します．なぜなら，「部分点」カテゴリ「以上」（「部分点」又は「準正解」又は「正解」）になる確率は，1から「不正解」カテゴリになる確率を引いた値となるためです．段階反応モデルでは，この「部分点」カテゴリ以上になる確率P_{j2}^+について，(3.22)式を仮定します．ここでb_{j2}は，「不正解」カテゴリから「部分点」カテゴリに上がるためにどれだけの能力値が必要かを示す項目パラメタであり，言い換えれば困難度パラメタです．またa_jは識別力パラメタです．

$$P_{j2}^+(\theta|a_j, b_{j2}) = \frac{1}{1+\exp(-Da_j(\theta-b_{j2}))} \tag{3.22}$$

同様に，「準正解」カテゴリ以上になる確率P_{j3}^+を，(3.23)式と考えます．ここでb_{j3}は，「不正解」カテゴリから「準正解」カテゴリに上がるために必要な能力値を表す項目パラメタです．ただし，一つ前に示したb_{j2}よりも大きな値であるという仮定をおきます．「準正解」より「部分点」カテゴリに上がるためにはより大きな能力が必要，という場合を排除するためです．また，識別力パラメタa_jはカテゴリ間で共通であるという仮定をおいています（以下同様）．したがって，aには添え字がjのみついていて，カテゴリの違いを表

す添え字はつけていません．

$$P_{j3}^{+}(\theta|a_j, b_{j3}) = \frac{1}{1+\exp(-Da_j(\theta-b_{j3}))} \tag{3.23}$$

さらに，「正解」カテゴリ以上になる確率（すなわち，「正解」カテゴリになる確率）P_{j4}^{+}を，(3.24) 式と定めます．b_{j4} は「不正解」カテゴリから「正解」カテゴリに達するための能力値を示す項目パラメタで，b_{j2} や b_{j3} よりも大きな値である必要があります．

$$P_{j4}^{+}(\theta|a_j, b_{j4}) = \frac{1}{1+\exp(-Da_j(\theta-b_{j4}))} \tag{3.24}$$

最後に，「正解」カテゴリより上になる確率を考えますが，この問題には「正解」より上のカテゴリはありませんので，0 と定めます．

$$P_{j5}^{+}(\theta) = 0 \tag{3.25}$$

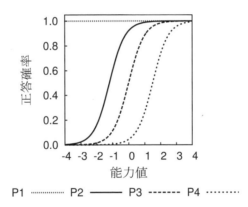

図 3.13 段階反応モデルの境界カテゴリ反応関数．横軸は受験者の能力値．P1（確率 = 1 の直線）は「不正解」以上，P2 は「部分点」以上，P3 は「準正解」以上，P4 は「正解」以上になる確率を示す関数

以上の P_{j1}^{+} から P_{j4}^{+} について，能力値と正答確率との関係を図 3.13 に示します．これらが「境界カテゴリ反応関数」です．図 3.13 の a_j は 1.2，b_{j2} は -1.2，b_{j3} は 0，b_{j4} は 1.5 という値の例を示しましたが，図 3.13 から，能力値が 0 の受験者は，「不正解」以上のカテゴリに入る確率が 1，「部分点」以上のカテゴリに入る確率が 0.9 前後，「準正解」以上のカテゴリに入る確率が 0.5，「正解」のカテゴリに入る確率がほとんどない（具体的には 0.04），と読みとれます．ここで重要なのは，「P_{j2}^{+} から P_{j4}^{+} が，それぞれカテゴリ困難度パラメタ b_{j2}, b_{j3}, b_{j4} の違いだけによって平行移動している」という点です．これらはすべて同じ関数の「コピペ」であり，カテゴリ困難度のみが異なるという関係にあります．

すべてのカテゴリで共通の識別力パラメタ a_j を仮定することで，定式化がシンプルとなり，モデルの解釈も容易になり，より実践的に適したモデルとなるのです．

ところで図 3.13 は，それぞれのカテゴリ「以上」となる確率を表していましたが，試験の現場では「ある能力をもった受験者がどのカテゴリであると判断されるか」を推測することが重要でしょう．そこで，隣り合ったカテゴリ間で，確率の値を引き算します．すなわち，ある能力値をもった受験者が「不正解」カテゴリである確率は，「不正解」カテゴリ以上である確率から，一つ上のカテゴリである「部分点」カテゴリ以上である確率を引いた値と定義します．同様に，「部分点」カテゴリである確率は，「部分点」カテゴリ以上である確率から，「準正解」カテゴリ以上である確率を引いた値と定義します．すなわち，

$$\begin{cases} P_{j1} = P_{j1}^+ - P_{j2}^+ \\ P_{j2} = P_{j2}^+ - P_{j3}^+ \\ P_{j3} = P_{j3}^+ - P_{j4}^+ \\ P_{j4} = P_{j4}^+ - P_{j5}^+ \end{cases} \quad (3.26)$$

と定義します．

このような定義をすると，「ある能力値をもった受験者がどのカテゴリに入るか」を表す図 3.14 のようなグラフを問題ごとに描くことができます．これを「項目カテゴリ反応関数」とよびます．図 3.14 において，P_{j1} は C1，P_{j2} は C2，P_{j3} は C3，P_{j4} は C4 の曲線に対応します．

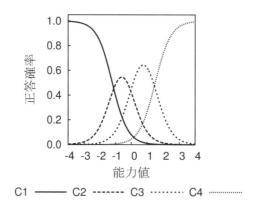

図 3.14　段階反応モデルの項目カテゴリ反応関数．横軸は受験者の能力値．C1 は「不正解」，C2 は「部分点」，C3 は「準正解」，C4 は「正解」カテゴリになる確率を示す

項目カテゴリ反応関数を問題ごとに描くことにより，それぞれの問題について，どの程度の能力値をもつ受験者がどのカテゴリに入る確率が高いかを直感的に知ることができます．たとえば図 3.14 の場合，能力値が 1 の受験者は「準正解」カテゴリに入る確率が最も高いということが見て取れます．

段階反応モデルを導入することによって，局所依存が仮定される問題群（テストレット）を試験で用いた場合でも，問題群から得られた正誤反応の正答を数え，「0問正解」「1問正解」「2問正解」という正解数の間に能力の違いがあるという仮定をおくことで，項目反応理論モデルによる分析がより妥当なものとなります．段階反応モデルによる分析では，「0問正解」と「1問正解」との間の能力の差は，「1問正解」と「2問正解」の差と異なる，という点を表現することが可能です．素点による分析ではこれらの「差の差異」は同じであるという仮定をおかざるを得ないため，受験者の正誤反応と能力との関係を記述する上での制約となっていました．段階反応モデルでは標準化テストの上でよりきめ細かく正誤反応と能力の関連性を記述することができるのです．

ただし，段階反応モデルは求めるべき項目パラメタ（困難度）が「カテゴリの数 -1」個あります．このことは，あまりにカテゴリが多いと分析が不安定になることを意味します．またカテゴリの数が多い場合，境界カテゴリ反応関数が互いに接近し，結果の解釈が困難になることも予想されます．適切な解釈が可能なカテゴリの数としては，解答のバリエーションの多さにもよりますが，多くても5〜7段階程度ではないでしょうか．

3.5.10 パラメタ推定の方法

項目反応理論においては，受験者の正誤データから，項目パラメタ推定値と能力値のそれぞれを求めます．これらのパラメタ推定の方法としては，「最尤法（最尤推定）」とよばれる方法が最もよく用いられます．

項目反応理論に基づくパラメタ推定における最尤法は，正誤データを得たとき，その正誤データが得られる確率が最も大きくなるようなパラメタを探索するアプローチをとります．パラメタを，その値がとりうる範囲（$a > 0$ 及び $0 \leqq c < 1$ の中）で探索し，手元にある「観測された正誤データ」が得られる確率が最も大きくなるような（すなわち，最も尤もらしい）パラメタの値をもって，そのパラメタの推定値とするのです．このような，正誤データを固定し，パラメタを変数と考える関数を「尤度関数」とよびます．このことを言い換えれば，尤度関数を最大化するようなパラメタを求めることで，それをパラメタの推定値とする，ということに他なりません．ここで大事なのは，データを固定された値であるとみなし，尤度関数が最大になるようにパラメタの値を動かす，という考え方です．

最尤法に限らないことですが，パラメタの種類を増やすことで，モデルがより多くの情報をもたらすことになり，より多くの情報が得られることになります．ただし，同時に推定すべきパラメタの数が多いと，それだけ評価すべきパラメタの値のバリエーションが増えるため，推定が不安定になることが予想されます．具体的には，1PLMで問題数分の b パラメタを求めればよいのに対し，2PLMでは加えて a パラメタを，3PLMではさらに c パラメタを推定しなければなりません．

項目パラメタがわかっている場合の能力値の推定

パラメタの推定の実際について，まず能力値を推定する場合を取り上げます．その前提として，項目パラメタがすべて既知である状況を考えます．すなわち，項目パラメタがすでにわかっている（推定されている）場合です．項目パラメタの値と受験者の正誤反応を手掛かりに，能力値を推定する場合の最尤推定について述べます．

能力値の推定には，「受験者をまたいで能力値の値は独立である」という前提があります．すなわち，ある受験者の能力値によって，別の受験者の能力値の推定結果が左右されないということです．この前提から，能力値の推定は，受験者ごとに独立して行えばよいことがわかります．受験者が1000人いる場合，それぞれの受験者の正誤データについて以下に示すような能力値の推定を1回ずつ，総計で1000回行えばよいわけです．

具体的な例として，2PLMを仮定した試験において，表3.12のような項目パラメタをもつ4問の問題に対して，ある受験者が表3.12右のような正解・不正解のパターンを示した場合を考えます．これらの値から，能力値を推定してみたいと思いますが，最尤法を用いずにこれらの試験結果を一瞥すると，

- この試験では2PLMを用いているため，能力値が0の人にとって，困難度0の問題に対する正答確率が0.5であり，能力値が0.8の人にとって，困難度0.8の問題に対する正答確率が0.5であるという結果が与えられている．
- この受験者は1問目に正解しており，2問目に不正解であった．よって，能力値は0から0.8の間にあるとおおまかに予想される．
- また，困難度が0.5の問題において正解しているが，困難度0.6の問題には不正解であることから，能力値は0.55程度ではないかといえるのではないか？ ただし，困難度0.8の問題に対して不正解であることと，0の問題に対して正解していることから考えると，だいたい0と0.8の中間あたり，0.4くらいであるかもしれない？

といった具合に，推測することができるかもしれません．

表3.12 受験者が解いた問題の識別力及び困難度，正誤反応

	識別力 a_j	困難度 b_j	正誤 u_j
問1	0.8	0.0	1
問2	1.0	0.8	0
問3	0.7	0.5	1
問4	1.1	0.6	0

しかし，そのような推測は，あまり意味がありません．まず，上の推測では，識別力の値が考慮されていません．識別力を加味すれば，もっと違った「尤もらしい」値が推定さ

れるかもしれません．また，せっかく「受験者が問題に正答する確率」を数値で表していたにもかかわらず，数値的な検討をほとんど行っていません．上記のように，困難度 0.5 の問題に正解していて，0.6 の問題に不正解だったのだから，0.5 と 0.6 の中間あたりが尤もらしい，という「印象に基づく結論」もありうるでしょう．しかし，そのいずれが尤もらしいかを，数式でうまく定義して，その定義に基づく結論を「最も尤もらしい能力値の推定値」とすれば，ベストでしょう．そこで登場する考え方が，「最尤法」なのです．

最尤法では，前述の通り，能力を推定する際の手がかりとして，項目パラメタと正誤反応を与えています．これらを与えられたものとして固定し，最も尤もらしい推定値を探索するのです．すなわち，「データ」と「それを与えたときの推定値の尤もらしさ」の対応関係を「尤度関数」として定め，それが最大になる推定値を「最尤推定値」とします．

ある受験者における能力値推定の場合の尤度関数は，局所独立を仮定した場合の，正誤データ u_j の生起確率を，パラメタ θ の関数としてみたものと定義します．すなわち，各問題について，2PLMの式

$$P_j(\theta) = \frac{1}{1 + \exp(-1.7 a_j(\theta - b_j))} \tag{3.27}$$

に表 3.12 の項目パラメタを代入した上で，それらが同時に起こる確率を式で表すのです．これら 4 問の正誤が同時に起こる確率は，局所独立の仮定をおいた場合，確率の積で表されます．数式で書くと

$$L = \prod_{j=1}^{4} P_j(\theta)^{u_j}(1 - P_j(\theta))^{1-u_j} \tag{3.28}$$

となります．この式は，j を 1 から 4 まで変化させ，$P_j(\theta)^{u_j}(1 - P_j(\theta))^{1-u_j}$ を計算した 4 つの結果をすべて掛け合わせることを表しています．

この例では $u_1 = 1$, $u_2 = 0$, $u_3 = 1$, $u_4 = 0$ ですので，j が 1 の場合と 3 の場合は，$(1 - P_j(\theta))$ の項にある $1 - u_j$ が 0 となる一方で，$P_j(\theta)$ の項にある u_j が 1 になります．したがって，$P_j(\theta)$ の値を尤度関数の値に掛ければよいことになります．一方，j が 2 や 4 の場合は，逆に $1 - u_j$ が 1，u_j が 0 となるので，$(1 - P_j(\theta))$ の値を掛ければよいのです．この式は $u_j = 1$，すなわち正解した問題については正答確率 $P_j(\theta)$ を，$u_j = 0$，すなわち不正解の問題については「不正解の確率＝正答の余事象の確率」として $(1 - P_j(\theta))$ を，尤度関数の値として掛け合わせればよいことを示しています．

各問題について 2PLM の式に項目パラメタを代入することで，式の中にある未知の値は θ だけになります．そして，尤度関数の式にある θ の値を適当な範囲（たとえば -4 から 4 まで）の間で動かし，式の値が最大になる θ の値を，最尤推定値とします．

例の場合について，やってみましょう．この受験者は 1 問目に正答しています．したがって，能力値 θ を与えたときのこの受験者の正答確率は表 3.12 の「問 1」にあたる数値

を 2PLM の式に代入すると，

$$P_1(\theta) = \frac{1}{1 + \exp(-1.7 \times 0.8 \times (\theta - 0.0))} \quad (3.29)$$

という関数で求められます．また，2 問目に不正解でしたので，誤答する確率は 1 から正答する確率を引けばよいことを考慮すると，

$$P_2(\theta) = 1 - \left(\frac{1}{1 + \exp(-1.7 \times 1.0 \times (\theta - 0.8))}\right) \quad (3.30)$$

という関数で求められます．同様に，

$$P_3(\theta) = \frac{1}{1 + \exp(-1.7 \times 0.7 \times (\theta - 0.5))} \quad (3.31)$$

$$P_4(\theta) = 1 - \left(\frac{1}{1 + \exp(-1.7 \times 1.1 \times (\theta - 0.6))}\right) \quad (3.32)$$

となります．$P_2(\theta)$ と $P_4(\theta)$ については，不正解であったことから，正答する確率ではなく，1 から正答する確率を引いた「余事象の確率」の関数としていることに注意してください．

次に，これらの関数の値について，4 問についてすべてかけ合わせた値を求めます．ただし，尤度関数の計算のもとになる 2PLM の式の値は 0 から 1 までの値なので，そのままかけ合わせたのでは，尤度が 0.0000001 といった小さな値になってしまう可能性があります．そこで，それぞれの自然対数をとって，それから足し合わせることにします[*24]．こうすることで，尤度関数の値が極端に小さくなることなく，尤度関数の大小関係を記述することができます．尤度関数（(3.28) 式）の対数を取った関数を「対数尤度関数」とよび，θ の値に対する対数尤度関数の値を「対数尤度」とよびます．すなわち

$$\ln L = \sum_{j=1}^{4} \Big(u_j \ln P_j(\theta) + (1 - u_j) \ln(1 - P_j(\theta)) \Big) \quad (3.33)$$

です．θ の値をさまざまに変えながら，対数尤度について記したのが表 3.13 です．

表 3.13 をみると，$\theta = 0$ と 1 の間に，対数尤度の値が最大のポイントがあるのではないかと推測できます．しかしこの表では θ の刻みが粗すぎますので，もっと細かく θ の値を変えた場合を記します．それが図 3.15 です．ここでは θ の値を 0.01 刻みで変化させた場合を図示しています．この図から，対数尤度の値（縦軸）が最も大きくなるのは，θ が 0.3 あたりであることがわかるでしょう．

実際の θ の推定では，このように尤度関数のグラフを描いて極大値を求めることはしません．Newton-Raphson 法といった計算アルゴリズムに基づき，対数尤度関数が最大とな

[*24] 自然対数は $\ln(x)$ や $\log_e(x)$ と表されます．自然対数の和 $\ln(x_1) + \ln(x_2) + \cdots + \ln(x_j)$ は，もとの数列の積の自然対数 $\ln(x_1 \times x_2 \times \cdots \times x_j)$ に等しくなります．

表 3.13 対数尤度の値．$P_1(\theta)$ から $P_4(\theta)$ はそれぞれの問題に対応する 2PLM の式の値を示す

θ	$\ln P_1(\theta)$	$\ln P_2(\theta)$	$\ln P_3(\theta)$	$\ln P_4(\theta)$	計（対数尤度）
-4	-5.444	0.000	-5.360	0.000	-10.805
-3	-4.097	-0.002	-4.180	-0.001	-8.280
-2	-2.784	-0.009	-3.025	-0.008	-5.825
-1	-1.588	-0.046	-1.940	-0.049	-3.623
0	-0.693	-0.228	-1.034	-0.282	-2.238
1	-0.228	-0.878	-0.439	-1.136	-2.681
2	-0.064	-2.162	-0.155	-2.688	-5.070
3	-0.017	-3.763	-0.050	-4.499	-8.329
4	-0.004	-5.444	-0.015	-6.360	-11.824

る θ の値を計算し，それをもって最尤推定値としています．この例の場合，その値は 0.31 と算出されます．実は，このような関数の極大値を求めるためには，対数尤度関数を微分した関数が不可欠です．対数をとらないもとの尤度関数のままではなく，対数をとったほうが微分しやすいため，最尤法を用いたパラメタ推定においては対数尤度を用いることが多いです．

　なお，何らかの事情があって受験者がある問題に「無回答」である場合もありえます．それが受験者の能力不足によって解答できなかったと仮定される場合は「不正解」として処理します．ただし，垂直等化や水平等化をおこなうテストデザイン（4.2.2 項，4.2.3 項を参照）の場合は，試験実施上の都合で（受験者の能力によらない「無回答」として）特定の問題群を「未提示」として処理しなければならない場合があります．そのような場合は，(3.33) 式で表現される対数尤度関数から当該問題項目を除いて足し合わせます．たとえば表 3.13 の場合，4 問目に「不正解」ではなく「無回答」であったなら，$\ln P_4(\theta)$ の項を足さずに対数尤度を求めます．これにより，一部の問題に対する解答が得られなかった場合でも，残りの問題の正解・不正解の情報をもとに，能力値の最尤推定を行うことができます．

　能力値の推定では，上記に記した方法以外に EAP（Expected A Posteriori）とよばれる，ベイズ統計学に基づく方法もあります（詳しい計算法については豊田（2012），加藤ら（2014）などを参照してください）．ただし，最尤推定法によって能力値を推定する手法では，「全問正解」や「全問不正解」の受験者に対して能力値の推定を行うことができません．これらの受験者においては，対数尤度関数の極値が存在しなくなり，尤度が最大となる能力値が「無限大」や「マイナス無限大」となってしまうためです．EAP の方法では，能力値が母集団において標準正規分布をするという仮定を「事前分布」として与えることで，全問正解や全問不正解の受験者に対しても能力値を推定することが可能です．

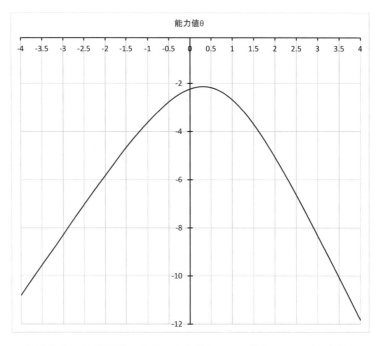

図 3.15 対数尤度の値（縦軸）．横軸にさまざまな θ の値をとりながら変化させた場合についてプロットした

実践場面における能力値推定：項目パラメタ既知の場合

　項目反応理論による試験で，フィールドテストを行った際に求められた項目パラメタは，フィールドテストのモニター（トライアル）受験者以外に対してもそのまま適用できます．このことを利用すると，フィールドテスト上で推定された項目パラメタを手がかりに，本試験受験者に対して，その項目に対する正誤だけをデータとして得れば，フィールドテストで構成した尺度上で別の受験者の能力値を推定することが可能です．

　実際の試験の運用においては，本試験に先立ちフィールドテストを行います．フィールドテストの正誤データから項目パラメタを推定したのち，それが「項目パラメタ既知」の問題として項目バンクに記録されます．本試験の実施前に項目バンクから問題冊子を構成し，これを受験者に提示して正誤データを得ます．先に述べた考え方より，本試験の正誤データと，項目バンクに記録された（フィールドテストで推定された）項目パラメタをもとに受験者の能力値を推定します．

3.5.11 パラメタの標準誤差

能力値の推定を行うと，同時に「能力値の信頼区間」を推定することができます．これは，ある受験者の能力値の推定値がどの程度「信頼できるか」を反映した指標と解釈されます．実際に信頼区間を推定する際には，能力値の「標準誤差」[*25]を正誤データから推定し，それを能力値の推定値の「幅」として表示します．推定された能力値の標準誤差が大きかった場合は，信頼区間が広くなり，標準誤差が小さな場合は信頼区間が狭くなります．

この「能力値の標準誤差」の指標は，コンピュータ適応型テスト（CAT）の実施になくてはならないものです．CATについては5.6.2項を参照してください．

ところで，能力値はそれぞれの受験者についてその人のある能力の一側面を表す数値であるといえます．これらは，項目反応理論の考え方からすると，問題に対する正誤データから推定された，受験者に関する特性を表す値であるといえます．ならば，項目の特性について「項目パラメタ」とよんでいるのと同じように，「能力値」とよんできた推定値は，受験者一人ひとりに推定される「能力パラメタ」と言い換えることができるでしょう．

そのように考えると，項目パラメタにおいても，標準誤差を考え，どれくらいの幅のある数値なのかを推定することも可能ではないか，という発想が出てきます．実際，次項以降で説明する項目パラメタの推定プログラムにおいても，項目パラメタの標準誤差を推定することが可能です．これらの値を問題ごとに比較することで，問題の「質」を判断することも行われています．

3.5.12 項目パラメタの推定

これまで能力値の推定方法について述べました．これらは項目パラメタがわかっている場合ですので，試験の実践においては項目パラメタを先に推定しなければなりません．

項目パラメタの推定においても，能力値の推定と同じように，正誤データを与えられたものとして固定し，パラメタの値を動かすことで，最も尤度が高くなるようなパラメタの値を探ります．これまで提案されてきた最尤法による項目パラメタの推定方法については，大きく分けて2種類あります．一つは正誤反応データから項目パラメタと能力値を同時に推定する方法で，もう一つは項目パラメタのみを推定する方法です．

前者を「同時最尤法」，後者を「周辺最尤法」とよびますが，現在広く用いられているのは後者です．理由としては，同時最尤法では「一致性」が欠如するため，という統計的な問題点が挙げられます．一般にさまざまな統計的手法は受験者人数が増えるほど，推定結果が真の値に近づいていくという性質（これを一致性とよびます）があることが確かめられていますが，同時最尤法では一度の推定で問題数分の項目パラメタに加え，受験者数分

[*25] 「測定の標準誤差」とは異なる考え方です．

の能力値をも同時に推定することになり，原理的に一致性がないことがわかっています．周辺最尤法は一致性があるため，統計学的にも妥当な推定結果を返す方法として用いられています．

周辺最尤法では，このような推定の不安定さや方法論的な問題点を，項目パラメタ推定場面で能力値にある特定の分布を仮定することで解消しているのです．項目パラメタを推定するためには能力値に関する情報が必要ですが，周辺最尤法では項目パラメタの推定のために能力値に「事前分布」を仮定します．常識的に考えうる能力値分布を仮定した上で，実際には受験者における能力値の推定値（局外母数とよびます）は推定せず，項目パラメタだけを推定するのです．同時最尤法では受験者個人の能力値も項目パラメタと同時に推定しますが，周辺最尤法では受験者の能力値に関する情報を「受験者集団の分布」で表現し，これをモデルに取り入れた上で，項目パラメタに関する尤度を最大化します．

項目パラメタ推定は，たとえば第 6 章で述べる `lazy.irtx` を用います．また専用のソフトウェア（231 ページを参照）もあります．さらに，統計ソフトウエアの中には，項目パラメタ推定を行う機能をもつものがあります[26]．ただし，パラメタの事前分布の設定のように，試験を実際に分析する際にはその適用の可否が議論されるような要素が絡むため，定型的な方法で推定できるというわけではありません．とはいえ，推定の方法が異なっても，適切な方法をとれば項目パラメタや能力値の「真の値」に近い結果が推定され，推定方法の違いで生じる差異は全体からみれば小さなものであるといえます．大事なのは，推定方法を本試験実施前にフィールドテストなどの方法により検討しておくことであり，また，検討の過程において検証可能な形で記録に残すことだといえます．

項目パラメタの推定に周辺最尤法を用いた場合は，3.5.10 項で述べた尤度関数の最大化を「EM アルゴリズム（expectation-maximization algorithm）」という方法により行います．EM アルゴリズムはデータに欠測があっても項目パラメタの推定ができるので，受験者からの解答が得られていない問題が部分的に存在しても，項目パラメタを推定することが可能です．EM アルゴリズムに関する技術的な詳細については，加藤ら（2014）を参照してください．ただし，数学及び統計学の知識が必須です．

3.5.13 項目パラメタ推定における無回答の取り扱い

時間が足りないために問題冊子の最後の問題まで解答し切れなかった受験者が多くいる試験の場合，項目パラメタの推定においても，能力値の場合と同様に「無回答」をモデルに入れて分析を行うことが可能です．

そのような場合の正誤データは，表 3.14 左のようになっています．後ろのほうの問題（Q7 から Q9）には「無回答」が多く存在しています．仮に表 3.14 右のようにこれらを「無回答」ではなく「誤答」として項目パラメタを推定すると，これらの問題で困難度が高

---

[26] たとえば，SAS/STAT ソフトウエアでは `PROC IRT` として提供されています．

3.5 数理モデル（2）項目反応理論   133

表 3.14 無回答が含まれる正誤データ（左）と無回答を誤答とみなした正誤データ（右）

ID	Q1	Q2	Q3	Q4	Q5	Q6	Q7	Q8	Q9
1	1	0	1	1	0	1	1	.	.
2	1	0	0	0	0	1	0	.	.
3	0	1	0	0	0	1	.	.	.
4	1	1	1	1	0	0	0	0	.
5	1	1	1	1	1	0	0	0	0
6	1	1	1	1	1	1	0	0	1
7	0	1	1	1	1	1	0	0	0
8	1	1	0	0	0	1	0	.	.
9	1	1	1	0	1	1	.	.	0
10	0	1	1	0	1	1	0	0	0
11	0	1	1	1	1	1	1	1	1
12	1	0	1	1	0	1	1	1	.

Q1	Q2	Q3	Q4	Q5	Q6	Q7	Q8	Q9
1	0	1	1	0	1	1	0	0
1	0	0	0	0	1	0	0	0
0	1	0	0	0	1	0	0	0
1	1	1	1	0	0	0	0	0
1	1	1	1	1	0	0	0	0
1	1	1	1	1	1	0	0	1
0	1	1	1	1	1	0	0	0
1	1	0	0	0	1	0	0	0
1	1	1	0	1	1	0	0	0
0	1	1	0	1	1	0	0	0
0	1	1	1	1	1	1	1	1
1	0	1	1	0	1	1	1	0

めに推定されます．しかし，困難度が高めに推定されたのは，あくまで問題冊子の配列順が最後のほうであったという，項目特性とは関係ない要素のためであるといえます．

このような場合，表 3.14 左の正誤データを用いて，最後から数えて連続して無回答である場合に，これらを「誤答」ではなく「時間切れによる無回答」として項目パラメタを推定することにします．こうすることで，最後の問題まで行き着いた人だけのデータを用いて，問題の提示順の影響を考慮した困難度を推定することができるのです．

ただし，表 3.14 で ID が 9 の受験者をみると，Q7 と Q8 が無回答で，Q9 に誤答しています．このような場合，何らかの事情（たとえばこの受験者が Q9 をやさしい問題だと考えた，など）により Q9 を先に解き，Q7 と Q8 にも手をつけていたにもかかわらず時間切れとなった可能性があります．もしそうだったとすれば，Q7 や Q8 に目を通していながら正答にたどり着けなかったということで，項目パラメタ推定の際に Q7 と Q8 は「誤答」とみなしたほうがよさそうです．もっとも，このような可能性は，正誤データから判断することができません．したがって，ここに示す推定のルールが最も妥当であるとは必ずしもいえない場合もありえます．項目パラメタの推定のルールを決める際には，さまざまな可能性を考慮し，最も妥当だといえる方法をとることが望まれます．

能力値を推定する場合は，後ろのほうの項目が「無回答」のままでは，公平な推定を行うことになりません．時間切れで解答できなかった空欄は，通常「誤答」と同じとみなします．したがって，表 3.14 右の正誤データを用いて，すべての無回答を「誤答」として能力値を推定することにします．

3.5.14 安定した項目パラメタの推定のためには

項目反応理論で求められたパラメタは，あくまで与えられたモデルの下，尤度を最大化するパラメタであるというだけです．もともとの仮定に反する正誤データ，すなわち「能力の異なる受験者間で，正答確率がほとんど変わらない」といった正誤データに対しては，推定結果における尤度が高くなりません．

また，推定されたパラメタの標準誤差が大きい場合は，求められた項目パラメタ（または能力値）からの誤差範囲が大きいことを意味しており，その意味で妥当な推定結果とはいえなくなってしまいます．たとえば，ある受験者の能力値の推定値が 0（標準化された値なので，平均に近い能力を示します）であったとしても，標準誤差が 2 であれば，±2 の範囲の値をとりうる，ということを意味しており，推定結果の誤差範囲が大きいということで，妥当性に疑問が生じます．

あるいは，困難度の推定値が 6 などという，大きな推定結果となる可能性もありえます．これは，能力値が 6 の受験者において正答確率が 50% ということを意味する値ですが，こんなに大きな能力値の受験者はきわめてまれにしか存在しません（平均 0，標準偏差 1 の正規分布の仮定をおいた能力値の分布において，平均から標準偏差の 6 倍も離れた箇所に位置する受験者は想定しづらい）ので，解釈不能な項目パラメタといえます．

このように，解釈が難しくなる項目パラメタとなる原因は，以下のようなものが経験的に知られています．

- 正答率が極端に大きい，または小さい．
- その問題に対する正誤と，素点における合計点との相関（I-T 相関，4.1.2 項を参照）が負である，または 0 に近い．
- （3PLM の場合）もともと c パラメタが大きくなるようなデータであった．

これらの特徴をもった問題に対しては，妥当な項目パラメタを推定することが困難です．よって，これらの問題を除外して，パラメタを推定することがあります．

また，複雑な確率モデルに基づく分析を行う関係上，ある程度の受験者がいなければ，安定した項目パラメタが推定できないことが知られています．したがって，「十分な人数を確保する」といった点も考えなくてはなりません．また，「測定したい母集団からランダムサンプリングした受験者となるようにする」といった観点は，安定したパラメタ推定はもとより，尺度の解釈上においても重要です．

ただし，原理上は受験者が多ければ多いほどよいわけではなく，受験者から得られた正誤反応のパターンが豊富でなければ，安定した推定が望めません．たとえば 1 万人の受験者がいたとしても，（あまり考えにくいことですが）全員が全問不正解であれば，正誤データは「0」が並び，問題の特性を推定する材料にならないことは明らかです．また，問題冊子に 2 問しかない場合の，正解・不正解の「解答パターン」を考えると，「1 問目に正解，2 問目に正解」「1 問目に不正解，2 問目に正解」「1 問目に正解，2 問目に不正解」「1 問目，2 問目ともに不正解」の 4 通りがありますが，これが 10 問の場合は $2^{10} = 1024$ 通りの「解答パターン」に増えます．項目パラメタを求めるためには，解答パターンごとに「その解答パターンを示した受験者が何人だったか」を集計した結果が用いられます．よって，受験者人数ではなく，解答パターンの種類が多ければ多いほど，正誤データから得られる情報が増えることになります．

ただし，解答パターンの種類が多くても，もっともらしくない解答パターンが多い場合，たとえば難しい問題に正解していて，かつ，易しい問題に不正解であるような受験者が多い場合は，項目パラメタ推定時に尤度を下げることにつながりますので，安定した結果にはならない傾向があるといえます．

3.5.15 モデルの当てはまりとモデル選択

どんな試験においても，多かれ少なかれ，理論から逸脱した解答パターンを示す受験者は存在するでしょう．そのため，前項で述べたとおり，データをいくら増やしても，また，正誤反応のパターンがどんなに増えても，項目パラメタ推定の尤度が高まらず，推定が安定しない場合がありえます．それは，「仮定したモデルが実態（得られたデータ）を反映していない」場合です．

最大化された尤度が小さいということは，「データが，モデルから予測される推定結果から乖離している」ということを意味しています．その意味で，尤度はこのような「乖離度の小ささ」を反映した指標であるといえます．しかし，乖離度を小さくする（よりあてはまりをよくする）ためには，モデルで説明できる部分を増やすということで，項目パラメタの個数を増やす（たとえば1PLMの代わりに2PLMを用いる）という方法を取ることも考えられます．つまり，乖離度はパラメタの個数にも依存しているといえます．

そこで，最大化された尤度を根拠として，モデルの乖離のなさを反映した指標を「適合度指標」と考えます．実際の分析では適合度指標を用いて，どのモデルがもっとも「当てはまっているか」を判断し，適用すべきモデルを決めるのです．

一般に，パラメタの個数が増えれば，モデルがデータをより説明できることとなり，尤度は高まります．しかし，その一方で推定が不安定になりがちです．モデルの当てはまりのよさと，パラメタの推定の安定性を勘案して，どのモデルにするかを選択します．モデル選択の指標としては，「AIC（Akaike Information Criterion）」や「BIC（Baysian Information Criterion）」などの「情報量規準」を用います．これらはいずれも，適合度（尤度）が高く，かつ推定したパラメタの個数が少ないほど小さな値をとり，そのモデルを選択すべきであるという結果になります．

モデルの当てはまりが悪いまま，項目反応理論に基づく試験を実施することは，試験の結果推定された能力値が実際の能力を反映していないものになっている可能性を残すことにつながります．モデルの当てはまりが悪い場合は，同じデータに対して別のモデルを仮定して分析し，情報量規準の値が改善するか検討します．

これまで述べた適合度指標は，試験全体における正誤データとモデルとの乖離度を反映した指標です．これを「全体適合度」とよびます．その一方で，能力値推定によって，受験者に対しても最大化された尤度が求められます．この指標はそれぞれの受験者に対する適合度指標とよぶことができ，「個人適合度」とよばれます．また，問題1問1問に対して

も適合度を求めることができ,「項目適合度」とよばれます.個人適合度が低い受験者は,S-P 表（4.1.5 項を参照）で「特異な受験者」とされる者のように,結果の解釈に注意が必要な受験者[*27]であり,項目適合度が低い問題は他の問題と比較して異なる解答傾向がみられる[*28],といったことを,これらの指標から判断します.

全体適合度,個人適合度,項目適合度の値を用いて,1PLM,2PLM,3PLM それぞれについてモデルの適合度を評価することで,いずれのモデルを適用すべきかの指針とすることができます.ただし,このような「正誤データに基づいたモデル選択」の考え方を,必ずしも常にとれるとは限りません.たとえばフィールドテストのトライアル受験者の人数が本試験の受験者数よりも少ない場合は,どのモデルが最も適合するかが変わってしまうことも少なくありません.フィールドテストの段階で 2PLM が最もよく当てはまったにもかかわらず,その後の本試験のデータを分析したところ,3PLM の方がより良くあてはまった,といった場合です.このような場合,3PLM が最も適切であるとわかっていることを承知の上で 2PLM を適用する,という対処法もありますが,フィールドテストに 3PLM を適用して再分析する,という方法もあります.いずれの方法が良いかについては,モデル適合度のみならず,たとえば下方漸近パラメタを推定して問題選抜の参考にするメリットがあるのか,今後行われる試験でも下方漸近パラメタを安定して求められるだけの受験者である見通しがあるのかといった,さまざまな角度からの検討を要します.

3.5.16　正規分布に従うスコアへの変換

2.2.7 項でも触れましたが,通常,項目反応理論で推定される能力値は,平均が 0 に近くなります.推定結果をそのままのスコアとして受験者に示すと,たとえば平均的能力から少し小さい能力の人ならば,その値は -0.2 などとなり,これは直感的にわかりにくい結果であるかもしれません.そこで,たとえば試験のスコア（尺度得点）として,「能力値 $\times 10 + 50$」という値を報告することにすれば,これは偏差値「風」の尺度得点となり,受験者にとっても解釈がしやすくなります.ただし,規準集団における能力値が正規分布をするとは限らないので,その場合は偏差値のように相対比較を行うことができるように,一工夫しなければなりません.

規準集団の能力値分布が正規分布からかけ離れた分布をしていた場合は,正規分布をしない能力値を正規分布に近くなるようなスコアに変換するような「能力値からスコアへの変換表」を作成することで,スコアの分布を正規分布に近づけることができます.スコアが図 3.2 で示す正規分布に従うということから,ここで得られたスコアを手がかりに,受験者は「規準集団上の尺度において,自分より上位の受験者が何パーセント存在する」と

[*27] 困難度の高い問題群に正答し,かつ困難度の低い問題群に誤答している受験者は,個人適合度が低くなります.

[*28] 能力値の高い受験者に正答が少なく,かつ能力の低い受験者に正答が多い問題は,項目適合度が低くなります.

いう推論をすることができるようになります．この変換表は，以下のような方法で作成することができます．

フィールドテストで規準集団を定義するとき 規準集団の能力値 θ について，累積相対度数を返す関数 $F(\theta)$ を求める*29．次に，(3.34) 式を用いて θ とスコア Y の対応表をつくる．ここで得られた Y は，平均 M_Y，標準偏差 S_Y の正規分布に従う．ただし，Φ^{-1} は，標準正規分布（平均 0，標準偏差 1 となるような正規分布）の累積分布の逆関数を示す．

$$Y = \Phi^{-1}(F(\theta))S_Y + M_Y \tag{3.34}$$

この「能力値 θ →スコア Y の変換表」は，図 3.16 で示すような手順で，θ を Y に変換します．まず，ある特定の θ の値（たとえば 0）をもつ受験者に対し，その累積相対度数を返す関数 $F(\theta)$（図 3.16 左）を適用し，この受験者がフィールドテスト受験者全体で上位何パーセントに位置するかを求めます（この例では 0.476）．次にこの値を手がかりとして，平均 50，標準偏差 10 の正規分布に従う尺度においてスコアがどうなるかを，図 3.16 右に示すように求めます*30．(3.34) 式は $F(\theta)$ を与えたときに Y の値を返す関数ですが，図

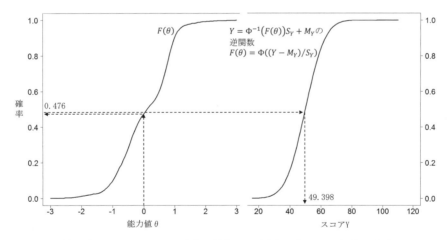

図 3.16　能力値 θ からスコアへの変換の仕組み．左側のグラフは（正規分布するとは限らない）θ に対し，累積相対度数の値を返す関数 $F(\theta)$．右側のグラフは累積相対度数に対応するスコアを，平均 $M_Y = 50$，標準偏差 $S_Y = 10$ の正規分布に近似させる関数の逆関数．右側のグラフの式中にある Φ は，標準正規分布の累積分布関数を表す

---

*29 等パーセンタイル法によるリンキング（4.3.1 項を参照）の手法を用いて，規準集団全員の θ を手がかりに，θ とパーセンタイルの対応を計算することに相当します．

*30 たとえば R（第 6 章参照）を用いて `qnorm(0.476,0,1)*10+50` とすれば，計算できます．ここで 0.476 は確率の値，10 は変換後のスコアの標準偏差 S_Y，50 は変換後のスコアの平均 M_Y を表します．

3.16 右のグラフはこの逆，すなわち Y を与えたときに $F(\theta)$ を返す関数を示しています．

実際の試験では，変換表として，θ についてある階級幅をもった離散的な数であると考え，さまざまな θ の値に対する Y を求めることで，表 3.15 を作成します．表 3.15 では，θ の尺度を 0 を中心として 0.6 刻みで区切った点を「中央値」と定め，中央値から ± 0.3 の幅を「階級幅」と定義し，中央値に該当する θ の値を用いて変換後のスコア Y を計算しています．この方法により，規準集団の θ が正規分布していない場合であっても，変換されたスコア Y が正規分布するように近づきます．

表 3.15 θ からスコア Y への変換表の例．θ が下限を上回り，かつ，上限未満の場合，該当する項の Y が変換後のスコアとなる

θ 下限	θ 中央値	θ 上限	Y
	-2.70	-2.67	18
-2.67	-2.64	-2.61	20
-2.61	-2.58	-2.55	20
⋮	⋮		
-0.09	-0.06	-0.03	49
-0.03	0.00	0.03	49
0.03	0.06	0.09	50
⋮	⋮		
2.85	2.88	2.91	82
2.91	2.94	2.97	82
2.97	3.00		110

フィールドテストを行った後，本試験（2 章の例ではプレースメントテストや確認テスト）を行い，受験者にスコアを返します．その際，以下の手続きで，能力値 θ^* をもつ本試験受験者に対して「規準集団において平均 M_Y，標準偏差 S_Y の正規分布をするような」スコア Y^* を返すことができます．

本試験で受験者の能力値からスコアを求めるとき フィールドテストで定義した θ と Y の対応表を用いて，規準集団に等化済みの能力値 θ^* を，スコア Y^* に変換する．

本試験の受験者の能力値が正規分布をするとは限りませんので，ここで変換したスコア Y^* は必ずしも正規分布とはなりません．しかし，たとえば本試験で 55 点をとった受験者は，規準集団上で平均 50，標準偏差 10 の正規分布に従う尺度上でのスコアを得ているということで，仮に規準集団と同じ試験を受験した場合，自分より上位にいる受験者が受験者全体の 31% 存在する，ということができます（図 3.2 参照）．このことは，本試験で得

られた θ を規準集団上の尺度に等化し，適切に尺度の変換をすることで，本試験の受験者集団の能力分布によらずに，偏差値のような相対比較を行うことができるスコアを表示できることを示しています．

3.5.17 項目反応理論に基づく試験における満点と 0 点

項目反応理論に基づく試験では，スコアの尺度において，満点や 0 点に特別な意味をもたせることはありません．また，スコアが合格基準点を越えたかどうかに基づいて合否を判断したり，can-do 対応表の作成に反映させたりしています．これらのことから，こうした試験で満点を追求する試みは，あまり意味をなさないといえるでしょう．そもそも，満点とは「受験者の能力が，その試験では測定不能なほど高い」状態を示しています（0 点は測定不能なほど能力が低い状態を示しています）ので，満点が続出する試験となってしまった場合，試験の実施者にとっては「もっと難しい問題を出す必要がある」と判断し得るような，好ましくない状況であるといえます．

項目反応理論による等化を行い，前項で示したスコアへの変換を行った場合，たとえばある一定の能力値を超えた受験者にはすべて一定の値を「満点」と報告するなどの方法をとることもできるでしょうが，「満点」の意味づけが素点と異なることからは逃れられません．したがって，「満点に特別の意味をもたせる」ような試験を項目反応理論による等化を行って実施する場合は，素点の満点を取った受験者に対して，スコアとは別に「全問正解賞」などの表記をすることも必要かもしれません．しかし，どの程度の能力で「全問正解」できるのかにかかわらず，たまたま出題された問題すべてに正解したというだけで「全問正解」の標記をすることに，どれほどまでの教育的意義があるのか，疑問が残ります．

3.5.18 can-do ステートメントとスコアの対応

標準化された試験において「○点以上△点以下の受験者は，□□をすることができる」といった，「スコア」と「できること」の対応表が目安として掲げられることが多くなってきました．「何ができるか」の文言を「can-do ステートメント」，それらと試験のスコアとの対応を「can-do ステートメント対応表（can-do 対応表）」とよぶことがあります．can-do 対応表は，主に語学試験において受験者の勉強をサポートする目的で提供されることが多く，受験者が次のステップへの目標をどこに定めるかをある程度明らかにしてくれる重要なリストです．

例として，英検の 1 級合格者について四つの技能から述べた can-do 対応表を表 3.16 に示します．

can-do 対応表を作成するためには，以下のような手順をふみます．

まず，can-do ステートメントの候補リストを作成します．英語試験であれば，「英語で書かれた新聞が読める」「英語のラジオ放送を聴いて理解できる」「英語で手紙が書ける」

表 3.16 英検 1 級向け can-do 対応表（日本英語検定協会, 2016）

技能	can-do ステートメント
読む	雑誌の社会的，経済的，文化的な記事を理解することができる．（TIME／Newsweek など）
	文学作品を理解することができる．（小説など）
	資料や年鑑などを読んで必要な情報を得ることができる．（報告書，統計的な資料など）
	留学や海外滞在などの手続きに必要な書類を理解することができる．
聞く	幅広い話題に関するまとまりのある話を理解することができる．（一般教養的な講演や講義など）
	社会的な話題に関する話を理解することができる．（環境問題に関する講演など）
	会議に参加して，その内容を理解することができる．（イベントの打合せ，会社のミーティングなど）
	テレビやラジオの政治・経済的なニュースを理解することができる．
	いろいろな種類のドラマや映画の内容を理解することができる．
話す	社会的な話題や時事問題について，質問したり自分の考えを述べたりすることができる．
	会議に参加してやりとりをすることができる．（イベントの打合せ，会社のミーティングなど）
	幅広い内容について，電話で交渉することができる．（予定の変更，値段の交渉など）
	相手や状況に応じて，丁寧な表現やくだけた表現を使い分けることができる．
書く	社会的な話題について自分の意見をまとまりのある文章で書くことができる．（環境問題に関してなど）
	自分の仕事や調査について，まとまりのある文章を書くことができる．（レポート，報告書，仕事のマニュアルなど）
	商品やサービスについて，苦情を申し立てる文章を書くことができる．（商品の故障，サービスの内容など）
	社会的な話題に関する雑誌記事や新聞記事の要約を書くことができる．（社説や論文など）
	講義や会議の要点のメモをとることができる．

といったようなものが挙げられます．これらは，「受験者の参考になるか」といった観点から選ばれるのは当然ですが，「英語の学習進度上，等間隔になっているか」「英語能力の下位尺度と対応が取れているか」といった点も，ある程度考慮されなければなりません．次に，これらのステートメントの候補すべてについて，規準集団を決めるフィールドテストを行う際に，受験者アンケートとして「どの程度できるか」を尋ねます．フィールドテスト実施後にアンケートを実施することが多いようですが，時間をおいて独立したアンケートとして実施することもあります．

フィールドテストの標準化を行う過程で，フィールドテスト受験者全員について，英語能力の大小が推定されます．この値を規準として，それぞれの can-do ステートメントについて，「できる」とする受験者と「できない」とする受験者の境目が能力値の軸上のどこに現れるかを調べます．その境目となる能力値を表示することで，can-do 対応表とすることができます．

ただし，can-do ステートメント候補にあがったすべてが，実際の can-do 対応表に盛り込まれるわけではありません．たとえば，アンケートの結果，候補の中に異質なものが含まれていたら，それは受験者の能力値以外の要因でできるかできないかが分かれる性質の can-do ステートメントかもしれません．あくまで例ですが，「英語で商店と値引き交渉することができる」という can-do ステートメントに対して，「できる」とした受験者でも「できない」とした受験者でもほとんど能力値が同じであったとしたら，この文言は can-do 対応表に載せることはできません．実際に，値引き交渉は英語能力以外の能力，たとえば対人交渉能力のような要素に左右されることが大きいと考えられます．また，能力値に差があったとしても，ほかの can-do ステートメントの結果と相関が低い文言も，英語能力以外の要因で「できる」か「できない」かがばらついた可能性があるため，採用には慎重にならなければなりません．このような異質な can-do ステートメントをみつけるためにも，can-do ステートメントに対する回答に対して因子分析を行い，共通因子が英語能力（もしくは英語能力の下位尺度）であることを能力値と因子の相関から確認した上で，can-do ステートメントとすることが行われています．

英検のほか，実際に can-do ステートメントのリストが構築されている試験に，「BJT ビジネス日本語能力テスト」があります．この試験は日本語を母語としない人向けの，ビジネス日本語によるコミュニケーション能力を測定するための試験です．その構築の過程は葦原・小野塚（2014）を参照してください．

3.5.19　ニューラルテスト理論：標準化テストをさらに身近に

項目反応理論と同様，能力を抽象化し，その意味するところに一般性をもたせた数理モデル的手法として，「ニューラルテスト理論」があります（荘島，2009）．これは「潜在ランク理論」とよばれるモデルの一部で，潜在変数が順序関係を示す場合です（植野・荘

島, 2010：57,84). 項目反応理論は能力値を連続的な数字によって表示しますが，ニューラルテスト理論では離散的な「能力ランク」を潜在的に仮定し，受験者がどのランクに所属しているかを「所属ランク確率」で表示する，という特徴があります．

　ニューラルテスト理論は，項目反応理論と同様，受験者の能力に関する指標と項目の特性に関する指標を推定することができます．ただし，ニューラルテスト理論では能力に関する指標を「ランク」すなわち「段階」で示します．たとえば能力を5段階に分けたときに，能力の高い受験者は「最上位にいる確率は60％，4段階目にいる確率は40％」というように推定されます（段階数は任意に決めることができます）．同様に，項目の困難度に関しても5段階で表示されます．

　「所属ランク確率」で能力を表示することで，受験者の能力を細分化する必要がない試験の場合に，より少ない受験者からでも問題の識別力や困難度に相当する値を求めることができます．これにより，クラスルームテストといった受験者の少ない試験においても，項目反応理論で仮定したモデルと類似の結果を得ることが可能です．方法論の詳細な解説は植野・荘島（2010, 第4章）を参考にしてください．また，計算のためのツールとしては，荘島（2015）のExametrikaがあります．

　ただし，受験者をより多くのランクに分けたい場合は，所属ランク確率の数を増やす必要があります．しかし，ランクの数を増やすことにより，推定すべきパラメタの個数も増えることになり，パラメタ推定に困難さがともないます．

■コラム3　尺度水準の違い

　因子分析と項目反応理論はきわめて類似した分析手法であるといえましょう．では，因子分析と項目反応理論によるパラメタ推定は，どのような点で違いがあるといえるのでしょうか．最大の違いは，因子分析が主にその対象として「連続量」を扱うのに対し，項目反応理論は「離散量」を扱うという点です．

　「連続量」とは，先の5教科の例で挙げたように，連続的に変化すると考えられる量のことです．それに対して「離散量」とは，「正解」「不正解」のような，質的に異なるいくつかのカテゴリの値しかとらない量を表します．試験の正誤データは離散量であり，因子分析で扱うことのできる数値は連続量であることが一般的です．ただし，たとえば100点満点の試験においては「0点」「1点」……「100点」までの101通りの値を考えることができますが，これを「質的に異なる101通りの状態」であると考えて「離散量」と扱うことはありません．

　連続量，離散量の考え方に加えて，主に行動科学においては，これらの変数に関する属性の違いを「尺度水準」の違いととらえ，説明することが一般的です．尺度水準

には四つの水準があり，変数がもたらす情報量が多い順番に「比率尺度」「間隔尺度」「順序尺度」「名義尺度」と定義されています．

比率尺度
絶対的な原点が決められている尺度．ある値が他の値の何倍に相当するかを問題にすることができる．たとえば重さは「0 グラム」が「重さなし」であることと決められているため，20 グラムの物体は 10 グラムの物体の 2 倍重いといえる．

間隔尺度
絶対的な原点が決められていないが，目盛りの間隔が等しい尺度．たとえば温度計では絶対的な原点がない（「0 度」が「温度なし」という意味ではない）が，温度の差や変化には意味がある．

順序尺度
目盛りの間隔が等しくないが，値の大小関係に意味があるような尺度．たとえばマラソンの順位で，1 位の選手は 2 位の選手よりも早くゴールしたことがわかるが，どれほどのタイム差でゴールしたかはわからない．この場合，大小関係を比較することに意味がある．

名義尺度
値の大小関係に意味がなく，値の違いが質的な違いのみを反映した尺度．たとえば受験番号は，受験者と一対一に対応した番号であり，値の大小を受験者同士で比較することに意味はない．

これら四つの尺度水準に照らすと，連続量は「比率尺度」「間隔尺度」に，離散量は「順序尺度」「名義尺度」に，それぞれあてはまります．因子分析で主に扱うのは比率尺度や間隔尺度のデータであり，これらは値の大小比較のみならず，足し算や引き算をすることに意味があります．それに対し，項目反応理論で扱うデータは主に順序尺度であり，これらは値の大小を比較することしかできません．その意味で，データから得られる情報の量が限られているといえます．

正誤データは「0」が誤答，「1」が正答を表します．誤答した受験者よりも正答した受験者の方が能力が高いものの，どれだけ高いかは不明である，ということから，正誤データは 2 値の順序尺度データであるといえます．このように限られた情報しかもっていないデータを用いて分析を行う必要があったために，因子分析に比べて，項目反応理論においては理論的発展が遅れたのです．

第4章

実践編：試験実施のための諸手法

本章では，これまで理論編で触れなかった「データに基づく試験問題の評価方法」を解説します．その上で，実際の試験実施において必要不可欠な「等化」の技法について説明します．等化とは，問題冊子間で項目特性を直接比較可能にするよう，項目パラメタを変換する操作を指します．項目反応理論に基づく試験では，多くの場合，等化の方法論を用いて尺度を規準集団に合わせています．

2章で述べたテストの実践例より，どのようなテスト理論を用いるにせよ，試験を行う前には「試験の企画」「問題の作成と管理」「受験者やスコアを利用する側への告知」といった業務があることがわかります．また，試験実施後には「受験者へのスコアの報告」「スコアを利用する側への結果の概要の報告」「問題作成者に対する問題の評価結果の報告」があるでしょう．本章では，こうした試験の実践で用いられる具体的方法についても解説します．

4.1 データから試験問題を評価する：実際の分析手法

試験実施が終わり，正誤データを手に入れたテスト実施機関は，これらを元に受験者にスコアを返します．それと同時に，より良い問題作りのために，問題の質に対する評価を行うためのいくつかの手がかりを，問題作成者や問題冊子編集者に返します．これらの手がかりについて，説明していきます．

4.1.1 正答率

試験を行った結果を分析する，といったときに，最初に計算してみたくなるのが「正答率」ではないでしょうか[*1]．計算方法も単純に，「全受験者に占める正答者数の割合」を計算すればよい……と考えることでしょう．しかし，厳密にいえば，正答率の定義は2種類あり，「全受験者に占める正答者数」なのか，「全解答者数に占める正答者数」なのかによって，意味が変わってきます．たとえば，全受験者が解答することになっている部分と，受

[*1] 正答率は「通過率」とよばれる場合もあります．

験者が解く問題を選択できる部分が混在している場合，前者については「全受験者」を用いて計算するのに対し，後者の場合は「全解答者」を用います．

ただし，「全受験者」を用いた正答率の定義の場合，「問題に間違えた」ことと「解答しなかった」ことの区別がないため，その問題に無解答だった受験者も「誤答」と同じ扱いとなることに注意しなければなりません．たとえば，ほとんどの受験者が時間切れで解答しきれなかった問題冊子の正誤データでは，出現順で後ろのほうの問題ほど，無解答が多くなる傾向があります．なぜなら，ほとんどの受験者は問題冊子の前のほうから問題を解き始めるためです．このような「時間切れによると推測される無解答」を「誤答」と扱って分析を行うと，後ろのほうの問題が本来の正答率よりも低いと評価される恐れがあります（3.5.13 項を参照）．ここでいう「本来の正答率」とは，仮に前のほうにこの問題が出題され，多くの受験者が時間的制約なく解答した場合の正答率です．つまり，正答率の定義によっては，問題の難しさの評価が妥当でなくなる可能性があります．

4.1.2 合計点との相関（I-T 相関）

次にしてみたくなる分析は，「その問題が正解できている受験者は，ほかの問題に対しても正解できているかどうか」ではないでしょうか．もしその問題に正解できている受験者の素点が高く，同時にその問題に不正解の受験者の素点が低ければ，その問題の正誤が素点の大小と関連しているという点で，より望ましい問題であるということができそうです．逆に，その問題に対する正誤と，素点の大小との相関が低い場合，その問題は受験者の能力と関連しない別の要因で正解・不正解がばらついたと判断でき，したがって良くない問題である，といえます[*2]．

I-T 相関（item-test correlation）は，このような発想に基づき，各問題に対して正誤（正解=1，不正解=0）と素点との相関係数を，問題の「質」を反映した値として計算します．図 4.1 のように，素点と正誤の両方が得られている全受験者のデータを用いて問題ごとに相関係数を計算します[*3]．通常は「素点が高いほど正答（1）が多い」ので，正の大きな値をとる問題がほとんどです．しかしながら，まれに I-T 相関が負になる問題が生じます．このような問題は前述のとおり「良くない問題」と考え，たとえば後述する項目反応理論に基づく分析から除外することがあります．また，このような問題がどうして生じるのかについては，「設問回答率分析図」（4.1.4 項）で詳しく論じます．

I-T 相関の計算にあたっては，Excel などの表計算ソフトウィアで計算できるピアソン

[*2] 「局所独立の仮定」（3.5.7 項を参照）の説明から「局所独立の仮定を満たすために，問題の正誤には互いに相関がないほうがよい」と考えられるかもしれません．しかし，「能力の大小」という 1 次元の因子を仮定し，この因子からの影響を受け，複数の問題に共通した正誤のばらつきがみられる，というモデルを考えれば，問題の正誤と素点との間に相関関係が存在することは必要であるといえます．

[*3] 図 4.1 では，素点を「すべての問題に対する正誤データ」から計算しています．それに対し，たとえば問題番号 1 の I-T 相関を計算する際，問題番号 1 を除いた残りの 9 問で素点を計算し，これを用いて I-T 相関を計算する方法もあります．

4.1 データから試験問題を評価する：実際の分析手法　　147

受験番号	問題番号										素点
	1	2	3	4	5	6	7	8	9	10	
1	0	0	1	0	0	1	0	0	0	.	2
2	1	0	1	1	1	1	1	1	1	0	8
3	1	1	0	1	0	0	1	0	1	0	5
4	0	1	1	1	1	1	1	1	1	1	9
5	0	0	0	1	1	0	0	1	0	0	3
6	0	0	1	1	0	1	1	0	0	1	5
7	1	1	0	1	1	1	1	1	0	0	7
8	0	1	1	1	0	1	0	0	.	.	4
9	1	1	1	1	1	1	1	1	1	1	10
10	0	0	0	1	0	1	0	0	0	0	3
11	1	1	1	1	1	0	1	1	1	0	8
12	1	0	1	1	0	0	0	1	1	1	6
13	0	0	0	0	0	1	0	0	0	1	2
14	0	0	0	1	0	1	0	1	1	.	4
15	1	1	.	1	1	0	1	1	1	0	7
16	0	1	1	1	1	1	1	1	0	0	7

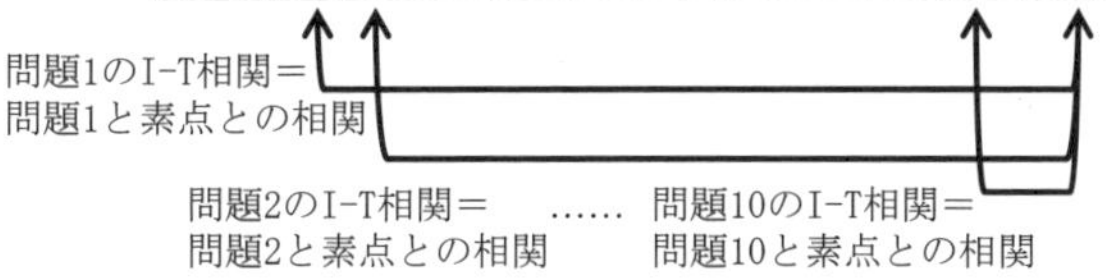

問題1のI-T相関＝
問題1と素点との相関

問題2のI-T相関＝　……　問題10のI-T相関＝
問題2と素点との相関　　　問題10と素点との相関

図 4.1　Item-test correlation の計算

の積率相関係数を用いる場合もあります．この場合の相関係数を「点双列相関係数（point biserial correlation coefficient）」とよぶことがあります．しかし，本来ピアソンの積率相関係数は連続量に対する相関係数として定義されているため，I-T 相関の計算には適切ではないと考える場合もあります．そこで，双列相関係数（biserial correlation coefficient）が用いられます．これは，元のデータのうち一方が二値変数（とりうる値が 0 と 1 というように 2 種類の値に限定されている変数），他方が連続量である場合の相関係数[*4]として定義されており，実際の試験の分析では，これが最も多く用いられています．

4.1.3　信頼性係数

個々の問題の質を測る指標の一つとして用いられるのが信頼性係数です．古典的テスト理論に基づく α 係数や ω 係数を用いて信頼性を検証します．問題の特性を判断するためには，各問題について，「その問題文を除いた問題冊子における信頼性係数」を問題文ごとに算出し，問題冊子全体から計算される信頼性係数と比較することで，信頼性の低い問題文を特定します．信頼性係数の計算方法の詳細は 3.3.3 項を参照してください．

[*4] 厳密には，連続量の変数が正規分布にしたがうと仮定し，さらに二値変数が得られた背後に潜在的な「正規分布にしたがう能力値分布」を想定し，能力値分布上の特定の閾値を超えた場合に「1」，超えなかった場合に「0」が観測されている，と仮定した場合の，連続量の変数と能力値の相関係数です．

4.1.4　設問回答率分析図

設問回答率分析図は，多枝選択式の試験においてしばしば用いられる，問題の特性を検討するための分析手法です．この手法を使うと，問題の特性のうち，選択枝の質を検討することができます．この手法は大学入試センター試験やその前身の共通一次試験の分析に用いられており（植野ほか, 2007; 清水, 1983），その源流は ETS（1.3.1 項で取り上げた TOEFL iBT の実施など，さまざまな試験実施に関わる非営利団体）で古くから用いられている方法を改良したものとされています（Educational Testing Service, 1963; 菊地, 1999）．

設問回答率分析図は，ある 1 問について，受験者レベルごとの選択枝別の解答状況を 1 枚の図で表したものです．受験者レベルとして，上・中の上・中・中の下・下の 5 段階を設定し，まず受験者をこれらの 5 群に等しい人数となるように振り分けます．たとえば素点で，上グループは上位 20%，中の上グループは上位 20% より下で 40% 以上……というように，5 群に分けます．仮に 100 人からなる正誤データの場合，素点の大きな順に並べ，上グループには 1 位から 20 位，中の上グループには 21 から 40 位，……下グループは 81 位から 100 位までの受験者を入れます．これらの各グループを横軸にとり，縦軸をグループ別の選択確率として，ある問題について選択枝別にその選択確率をプロットして，線で結びます．わかりやすいように，正解の選択枝を実線，その他の選択枝を点線にすることが多いです．また，選択枝とは別に，「無回答」などについてもプロットします．

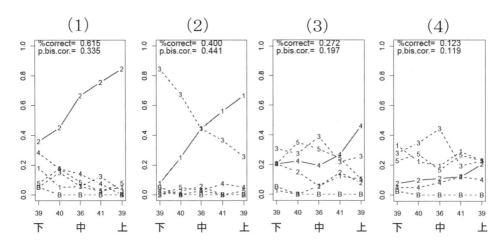

図 4.2　設問回答率分析図の例．図の横軸下にある五つの数字は，それぞれのグループに何人の受験者が属するかを示す．図中の番号は選択枝の番号，「B」は無回答の割合を示し，縦軸は選択枝の選択確率を示す

図 4.2 に，設問回答率分析図の例を示します．(1) で示す図の問題は，「2」が正答選択

枝としていましたが，実際の受験者の反応も成績上位群で正答が多く，それ以外の選択枝は選ばれにくくなっています．一方，(2) の場合は「3」という誤答選択枝が成績下位群で顕著に選ばれています．成績が高まるにしたがって，入れ替わるように正答選択枝「1」が選ばれるようになっていきます．ただし，(1) が成績最上位群で 8 割の正答率であるのに対し，成績最上位群であっても，6 割ほどの正答しか得られていません．また成績最下位群においても (1) の問題は 4 割ほどの正答者がいますので，(1) よりも (2) が難しい問題だったといえるのではないか，ということが読みとれます．

また，(3) の曲線は，(1) や (2) に比べて「成績が上位になればなるほど，正答が選ばれている」という傾向が見られません．強いていえば最上位群で正答選択枝が選ばれやすくなっている程度で，その他の群では正答している受験者が 20% ほどという結果です．この問題は五つの選択枝がありますので，五つの選択枝をランダムに選んだ場合，正答する確率が 20% であることを考えると，成績最上位群以外の受験者に対しては，この問題は能力を判断する材料として機能していないことが読みとれます．

また (4) のように，より極端な例もありえます．(4) ではいずれの成績群においても正答選択枝があまり選ばれていません．このような問題は I-T 相関も低いため，「良い問題」とはいえません．このようになる原因として，成績の違いによってではなく，何か別の要因によって選択枝の選択状況が変わっている可能性が考えられます．それを明らかにするためには，どの誤答選択枝がよく選ばれているかに注目します．(4) の問題では，成績下位から中位にかけては「3」，それ以上の群では「1」及び「5」という選択枝がよく選ばれています．しかし，「1」や「5」の選択枝は成績下位や中位の層にも同じほど選択されています．これらの選択枝は，受験者の能力によらずに選ばれている誤答であるといえ，成績上位層があまり選択していない「3」にくらべて「どの成績層の人が誤るか」が不明確である選択枝であるといえましょう．設問回答率分析図からは，このような問題文のみならず選択枝の「質」に関して，議論することが可能となるのです．

ただし，ここで述べた「成績」とは，あくまで当該試験を受験した受験者集団における相対的な「順位」に基づく成績です．したがって，同じ問題を別の集団に出した結果との比較はできません．また，設問回答率分析図は「設問解答率分析図」「G-P 分析」(good-poor analysis) や「項目分析図」などとよばれることもありますが，本質的には同じものを指しています．

4.1.5　S-P 表による分析

比較的少数の受験者からなる試験の結果を分析するのであれば，特に項目反応理論のような難しい数値計算をしなくても，どの問題項目や受験者が他の受験者から「異質か」を判断することが可能です．これは「ガットマンスケール」(3.2.4 項を参照) を応用した方法で，「S-P 表」とよばれる表を用いて判断する方法です．

学校の授業で定期的に行っている中間・期末試験のような小規模の試験においては，「どの生徒がどの問題につまずいているか」といった観点からの評価が必要な場合もあります．その際に用いられるのが「S-P 表」です．なお，この項に限り，「受験者」を「生徒」と表記します．

生徒	問1	2	3	4	5	6	7	8	9	10	計
A	0	0	1	0	0	1	0	0	0	0	2
B	1	0	1	1	1	1	1	1	1	0	8
C	1	1	0	1	0	0	1	0	1	0	5
D	0	1	1	1	1	1	1	1	1	1	9
E	0	0	0	1	1	0	0	1	0	0	3
F	0	0	1	1	0	1	1	0	0	1	5
G	1	1	0	1	1	1	1	1	0	0	7
H	0	1	1	1	0	1	0	0	1	1	6
I	1	1	1	1	1	1	1	1	1	1	10
J	0	0	1	1	0	1	0	0	0	0	3
K	1	1	1	1	1	1	0	1	1	0	8
L	1	0	1	1	1	0	0	0	1	1	6
M	0	0	0	0	0	1	0	1	0	0	2
N	0	0	0	1	0	1	0	1	1	1	5
O	1	1	0	1	1	0	1	1	1	0	7
P	0	1	1	1	1	1	1	1	0	0	7
計	7	8	10	14	9	12	8	10	9	6	

正解の多い生徒順に並べ替え

生徒	問1	2	3	4	5	6	7	8	9	10	計
I	1	1	1	1	1	1	1	1	1	1	10
D	0	1	1	1	1	1	1	1	1	1	9
B	1	0	1	1	1	1	1	1	1	0	8
K	1	1	1	1	1	1	0	1	1	0	8
G	1	1	0	1	1	1	1	1	0	0	7
O	1	1	0	1	1	0	1	1	1	0	7
P	0	1	1	1	1	1	1	1	0	0	7
H	0	1	1	1	0	1	0	0	1	1	6
L	1	0	1	1	1	0	0	0	1	1	6
C	1	1	0	1	0	0	1	0	1	0	5
F	0	0	1	1	0	1	1	0	0	1	5
N	0	0	0	1	0	1	0	1	1	1	5
E	0	0	0	1	1	0	0	1	0	0	3
J	0	0	1	1	0	1	0	0	0	0	3
A	0	0	1	0	0	1	0	0	0	0	2
M	0	0	0	0	0	1	0	1	0	0	2
計	7	8	10	14	9	12	8	10	9	6	

図 4.3　S-P 表の作成手順（1）

S-P 表を作成する手順を説明するために，図 4.3 左のような正誤データを得た状況を考えます．生徒 16 名に対して 10 問の問題を提示した結果です．まず，図 4.3 左を，素点順に並べ替えます．すると図 4.3 右のようになります．次に，「難しかった問題」が右に来るように，列を並べ替えます．言い換えれば，「1」（正答）が多かった問題が，左に来るように並べ替えるのです．すると図 4.4 左を得ます．

生徒	問4	6	3	8	5	9	2	7	1	10	計
I	1	1	1	1	1	1	1	1	1	1	10
D	1	1	1	1	1	1	1	1	0	1	9
B	1	1	1	1	1	1	0	1	1	0	8
K	1	1	1	1	1	1	1	0	1	0	8
G	1	1	0	1	1	0	1	1	1	0	7
O	1	0	0	1	1	1	1	1	1	0	7
P	1	1	1	1	1	0	1	1	0	0	7
H	1	1	1	0	0	1	1	0	0	1	6
L	1	0	1	0	1	1	0	0	1	1	6
C	1	0	0	0	0	1	1	1	1	0	5
F	1	1	1	0	0	0	0	1	0	1	5
N	1	1	0	1	0	1	0	0	0	1	5
E	1	0	0	1	1	0	0	0	0	0	3
J	1	1	1	0	0	0	0	0	0	0	3
A	0	1	1	0	0	0	0	0	0	0	2
M	0	1	0	1	0	0	0	0	0	0	2
計	14	12	10	10	9	9	8	8	7	6	

正答が多い問題順に並べ替え

曲線を描く

生徒	問4	6	3	8	5	9	2	7	1	10	計
I	1	1	1	1	1	1	1	1	1	1	10
D	1	1	1	1	1	1	1	1	0	1	9
B	1	1	1	1	1	1	0	1	1	0	8
K	1	1	1	1	1	1	1	0	1	0	8
G	1	1	0	1	1	0	1	1	1	0	7
O	1	0	0	1	1	1	1	1	1	0	7
P	1	1	1	1	1	0	1	1	0	0	7
H	1	1	1	0	0	1	1	0	0	1	6
L	1	0	1	0	1	1	0	0	1	1	6
C	1	0	0	0	0	1	1	1	1	0	5
F	1	1	1	0	0	0	0	1	0	1	5
N	1	1	0	1	0	1	0	0	0	1	5
E	1	0	0	1	1	0	0	0	0	0	3
J	1	1	1	0	0	0	0	0	0	0	3
A	0	1	1	0	0	0	0	0	0	0	2
M	0	1	0	1	0	0	0	0	0	0	2
計	14	12	10	10	9	9	8	8	7	6	

S曲線

P曲線

図 4.4　S-P 表の作成手順（2）

図 4.4 左に対して,「S 曲線」を描きます.曲線といっても,実際には升目にそって太線を描く作業を行いますが,まず各生徒に対して素点の値をみて,その値に該当する列の枠の右側に太線を引きます.一番上の生徒は全問正解ですので,左から 10 列目の升目の右枠を太くします.次の生徒は 9 問正解ですので,左から 9 列目の升目の右枠を太くします.以下同様です.最後の生徒まで太く書けたら,これらの縦太線を横につなぎます.すると図 4.4 右の太線のようになります.これが「S 曲線」です.「S」は「Student」の意味で,生徒の特性を判断する上での手がかりになります.

次に,「P 曲線」を描きます.まず各問題について,正答数の値をみて,その値に該当する行の枠の下側に太線を引きます.P 曲線は,S 曲線と重なる場合がありますので,S 曲線と区別できるように破線にしたり,色を変えたりして描きます(図 4.4 右では破線にしてあります).一番左端の問題は正答者が 14 名ですので,14 行目の下側に線を引きます.次の問題は 12 問正解ですので,12 行目の下側に線を引きます.以降,同様に線を引いていき,最後に縦に線をつなげると図 4.4 右の破線のようになります.これが「P 曲線」です.「P」は「Problem」を意味し,問題の特性を判断する上での手がかりとなります.これで S-P 表の完成です.こうしてできた S-P 表を眺めると,以下のようなことがみえてきます.

この表は左上に行けば行くほど「1」すなわち正答が多く,右下に行くほど「0」が多くなります.なぜなら,上に行くほど成績が良い生徒がくるように,左に行くほど易しい問題が並ぶように,並べ替えを行ったためです.しかし,C さんの正誤データをみると,左に行けば行くほど正答が増えるはずなのに,S 曲線の左側,すなわち「1」が多い領域ではほとんど正解がなく,逆に右側に正解が多い傾向がみえます.それ以外の生徒は,左側で正解が多い傾向があるのにもかかわらず,です.同じ授業を受けているにもかかわらずこのような傾向があるということは,何かほかの人とは異なる「学習上のつまずき」を抱えているのかもしれません.

また,問題番号 10 は,P 曲線よりも下に「1」が多く,上に「0」が多い傾向がみられます.正答は六つありますが,そのうち四つが P 曲線以下です.このような傾向がみられているということは,この問題が生徒の成績の良し悪しに関わらず正解・不正解がほぼ半々の割合で出現するということであり,良くない問題である可能性が指摘できます.

S 曲線は,P 曲線と接近する傾向があり,接近していない場合は,生徒の学力が反映されていない試験結果であることを示しています.すなわち,指導が良くなかったか,問題が良くなかったかのいずれかが原因で,指導したいことがらと試験で問うている内容がリンクしていない状況です.また記述式の試験において,気まぐれで部分点を与えているなど,採点基準が一貫していない場合にも,S 曲線と P 曲線が離れることがあります.

このような図示によって,複雑な計算によらずに生徒の指導方針の決定や問題の吟味に対する手がかりが得られ,小規模のデータに対しては有効な方法だといえます.この図を自動的に描いてくれる Excel マクロもありますので,一度試してみてはいかがでしょうか.

ただし，S-P表は受験者の多い試験では用いられることはまずありません．そのような試験では生徒一人ひとりの正誤を詳しく見る場面が少なく，また膨大な正誤データに対してS曲線やP曲線を描いても，解釈が難しく，一般性に欠けることが原因です．そもそも，生徒が数千人にのぼる大規模な試験の正誤データを印刷するのは，非現実的でしょう．

4.1.6　項目反応理論の応用でさらなる検討を

正答率や，I-T相関，設問回答率分析図といった方法は，社会的に影響力の大きな試験においても問題文の検討や試験の制度設計の上でよく用いられます．しかし，これらの指標は，一度限りの試験場面におけるデータを根拠にしたものであり，一般的な「能力」の有無を測定するための標準化テストにまでその評価を拡大することには問題があります．たとえば，小学校5年生クラスと6年生クラスに同じ問題を出し，それらの問題について設問回答率分析図を学年ごとに描いて比較することを考えます．設問回答率分析図の横軸は能力別グループで分けられていますが，これら2クラスの素点をグループ分けに用いて設問回答率分析図を描き，その形状を比較することは，意味をもちません．それらが素点ではなく，2クラス間で比較可能になっている，すなわち等化されている能力値でグループ分けをすることで，相互に比較が可能な設問回答率分析図を描くことができます．

また，項目反応理論を用いることで，

- 問題1問1問に推定される項目特性の推定値（a, b, cの値）（3.5.4項）及びその信頼区間（3.5.5項）
- 問題1問1問に推定される項目特性関数（IRF）（3.5.4項）
- 問題冊子全体に推定されるテスト情報量曲線（TIC）（3.5.6項）

といった数値やグラフを用いて，試験問題文や問題冊子の「質」に関する評価を行うことが可能です．詳細はそれぞれの項を参照してください．

4.2　等化：複数の試験をまたいだ共通尺度化

項目パラメタの推定を行うためには，データのみならず，現実の試験実施場面に即した適切なモデルを仮定する必要があります．モデルの仮定については，項目パラメタの種類という観点から3種類のモデルについて解説しましたが，受験者の能力値の分布に関しても，適切なモデル化を行う必要があります．

能力値の分布について，項目反応理論に基づく試験では通常，正規分布を仮定します．これは，受験者の能力に対し，偏差値方式などの相対比較と同様な評価指標を与える，ということです．しかし，現実には受験者の能力が正規分布に示されるような左右対称のきれいな形になることが想定できない場合もあります．たとえばある試験を，中学3年生と

高校3年生が同時に受験するような場面を考えてください（英検などの語学試験ではこのような場合があります）．中学3年生の受験者と高校3年生の受験者数が同じであったとすると，中学3年生は高校3年生よりも全体的に学力が低いことが明らかですから，「中学3年生」の分布の平均と「高校3年生」の分布の平均付近にピークがあるような，ふた山の分布になることが予想できます．このような場合は，中学3年生と高校3年生の「質的に異なる二つの受験者グループ」をモデル上で表現する必要が生じます．実際には，中学3年生グループで一つの正規分布，高校3年生グループで一つの正規分布を想定し，それぞれの能力値の平均と標準偏差が異なるという仮定をおきます．

4.2.1 同時推定法

項目反応理論においては，複数の受験者のグループに対して，別々の平均・標準偏差をもつ正規分布を仮定するというモデルを扱うことができます．これを「多母集団IRTモデル」とよびます．多母集団IRTモデルを実際の試験で用いるためには，受験者の能力の表示方法について，「規準集団」を設定することが一般的です．前項の例では，中学3年生グループを規準集団と解釈することにより，高校3年生グループが中学3年生グループと比べて相対的にどの程度能力値が高いかを比較します（規準集団の設定の仕方については，グループをまたいだ全受験者について一つの正規分布を仮定するモデルもありますが，詳細については4.2.3項「水平等化」で述べます）．具体的には，中学3年生グループにおける能力値分布の平均を0，標準偏差を1として，高校3年グループの能力値分布の平均と標準偏差を推定します．

多母集団IRTモデルを用いた分析を行うと，「問題の特性」すなわち項目パラメタとともに「グループごとの能力分布の平均及び標準偏差」を一度の推定の操作で推定することができます．この操作で求められた項目パラメタは，複数のグループをまたいで共通の尺度に乗った項目パラメタです．言い換えれば，どのグループでも共通の項目パラメタが求まります．このように，多母集団IRTモデルを仮定して項目パラメタを求めることで，複数のグループで等化された共通尺度を推定する等化の手続きを「同時推定法」とよびます．

4.2.2 垂直等化・異なる受験者レベルを比較可能にする

ところで，受験者が「中3」や「高1」「高2」に分かれている，というように，受験者の「母集団」（ここでは中学3年生全体，高校1年生全体，高校2年生全体）ごとに能力が異なるとあらかじめわかっている場合には，問題文の設定に注意が必要です．すなわち，中3レベル，高1レベル，高2レベルの受験者向けの問題を混在させ，一つの問題冊子に盛り込まなければならない，ということです．さらに，それぞれの学年に対応した困難度の問題に加え，その前後の学年に対応した困難度の問題も入れることで，学年の中での能力のばらつきをより明確に見出すことができます．

もっと具体的にいうと，中3の生徒に対応する能力値付近の困難度の問題を中心とした中2から高1あたりの範囲の問題と，高1の生徒に対応する能力値付近の困難度の問題を中心とした高1から高3レベルの問題，それに高2レベルを中心とした高1から高3以上の範囲について出題します．これにより，いずれの群の受験者にとっても学力レベルが中2から高3以上の範囲のどの程度であるかを判断する材料となりえます．

しかし，これまで述べてきたような「受験者のグループを一つに固定し，すべての生徒に同一の問題冊子を提示する」テストの実施方法では，「中2から高3レベル以上」の広範囲にわたる問題を一人の受験者に提示することになり，それだけ問題数が多くなります．受験者からすれば試験に対する精神的負荷がそれだけ大きくなるといえます．考えてみれば，中3は高3レベルの問題に対してほとんど不正解であることが予想されますので，いっそのこと「中3向け問題冊子」と「高1向け問題冊子」それに「高2向け問題冊子」の3つを用意し，中3向けには中2から高1あたりまで，高1向けには中3から高2まで，高2向けには高1から高3以上レベルの問題だけをそれぞれ入れることにします．こうすれば，中3の生徒が高3の問題を解く負担を節約できますし，高3の生徒が中学レベルの問題を目にしなくて済みます．ただし，一人の受験者から二つ以上の問題冊子の正誤データ得られていなければ（または一つの問題が複数の受験者群に対して出題されていなければ），同じ受験者に対する異なる問題冊子の問題の正誤を（同じ問題に対する異なる群の正誤を）比較できず，共通尺度を得ることはできません．

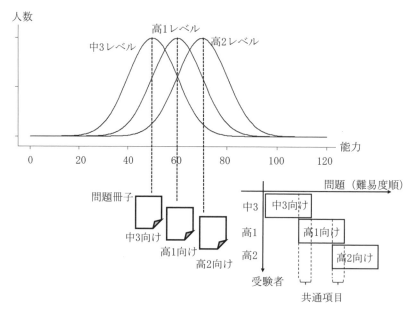

図 4.5　垂直等化の例．母集団において三つの異なる能力値分布を仮定し，三つのグループ間で共通の尺度を構成する方法

4.2 等化：複数の試験をまたいだ共通尺度化　155

　このようにして節約した試験を実施するのですが，正誤データを作る際には，中3から高3までのデータを縦に並べることにします．具体的には，中3向け冊子に含まれていない高2・高3レベルの問題は，中3グループの受験者に対して「未提示」ということで「欠測値」とします（データ上では「.」で表します）．同様に，高3向け冊子における中2・中3レベルの問題は，高3グループに対して「未提示」とします（図4.6）．このようにして「未提示」とした正誤データに対して，多母集団 IRT モデルを仮定し，分析すれば，全体からのデータが得られなくても，中2から高3向けすべての問題に対して項目パラメタを求めることができます．中3グループ，高3グループ双方においても，明らかに正解（不正解）が多いであろうレベル範囲外の問題を解く労力を削減することができ，それぞれの学年レベルにあった問題のみに集中して取り組むことができるようになることで，試験の妥当性も高まることが期待されます．

問題グループ																							
	○			○			○																←中3向け問題冊子
						○			○			○											←高1向け問題冊子
															○		○			○			←高2向け問題冊子
	中2〜中3				中3		中3〜高1				高1		高1〜高2				高2		高2〜高3				←問題の困難度
	1	2	3	4	5	6	7	8	9	10	11	12	13	14	15	16	17	18	19	20	21	22	←通し番号
中3	1	0	1	1	1	1	1	0	1	0	.	.	.	.	.	.	.	.	.	.	.	.	
中3	1	1	1	1	0	1	1	1	0	1	.	.	.	.	.	.	.	.	.	.	.	.	
中3	1	1	1	1	1	1	0	1	1	1	.	.	.	.	.	.	.	.	.	.	.	.	
⋮					⋮																		
中3	1	1	1	1	1	0	0	0	1	0	.	.	.	.	.	.	.	.	.	.	.	.	
高1	.	.	.	.	.	.	1	1	1	0	1	1	0	1	1	1	.	.	.	.	.	.	
高1	.	.	.	.	.	.	1	0	1	1	1	0	1	0	0	0	.	.	.	.	.	.	
高1	.	.	.	.	.	.	1	1	1	1	1	1	0	0	0	0	.	.	.	.	.	.	
⋮																							
高1	.	.	.	.	.	.	1	1	0	0	1	0	0	0	0	0	.	.	.	.	.	.	
高2	.	.	.	.	.	.	.	.	.	.	.	.	0	0	0	0	0	0	0	0	0	0	
高2	.	.	.	.	.	.	.	.	.	.	.	.	1	1	0	1	1	0	1	1	0	0	
高2	.	.	.	.	.	.	.	.	.	.	.	.	1	1	1	0	1	1	1	1	1	0	
⋮																⋮		⋮					
高2	.	.	.	.	.	.	.	.	.	.	.	.	0	1	1	1	1	1	1	0	0	0	

　図 4.6　垂直等化の場合のデータ．行が各受験者とその受験者グループの違いを表す．
受験者全員が全部の問題を必ずしも解いていないことに注意

　このように，多母集団 IRT モデルを仮定することにより，複数の学年レベル間で統一された尺度を構成するような試験を行うことができます．本例は3グループを仮定しましたが，グループの数（学年の数）はもっと多くても可能です（ただし，あまり細分化すると学年の間で能力値の逆転が起こってしまう可能性があります）．このような学年グループをまたいだ尺度化のことを「垂直等化（vertical equating）」とよびます．すなわち，複数の学力集団ごとに別々の尺度を構成し，それらを統合して同一の能力値尺度に乗せる，というイメージです．

　垂直等化の目的は，実際にさまざまな学年の生徒に対して問題を出した結果を根拠にし

て，どの問題がどの程度のレベルの難易度をもっているかを明らかにすることにあります．その結果見出された問題レベル別の難易度情報は，その問題が「中1レベル」「高3レベル」などの形で表示され，問題冊子の編集の際に活用されます．

4.2.3 水平等化・等質な能力の集団を統一する

垂直等化が受験者グループ間に異なる能力レベルを仮定するのに対し，「水平等化」と称して，受験者グループの間に同質の能力レベルを仮定する場合があります．

ある多枝選択式の資格試験について，受験会場が東日本，西日本，北日本の三つの会場に分かれている場合を考えます．この試験で，受験者はそれぞれの最寄りの会場で受験するものとします．また，問題については，3会場で別々の問題冊子を用いますが，部分的に同一の問題を用います．このような試験を行った結果は，図4.7で示すようなデータとして表現できます．これは，図4.5の垂直等化と同じように，欠測値を含むデータとなっています．つまり，西日本・北日本会場向け問題冊子に対する問題は東日本会場受験者に対して未提示であるため「.」となっており，東日本・北日本会場向け問題冊子は西日本会場受験者に対して未提示なため「.」であり，東日本・西日本会場向け問題冊子は北日本会場受験者に対して未提示なため「.」となっています．しかし，三つの会場のうち，東日本・北日本会場に共通の問題と，東日本・西日本に共通に出題した問題，それに西日本・北日本に共通の問題がありますので，そのような問題は対応する会場の受験者について「0」か「1」の正誤データがそろっています．このように，問題冊子全体の中で，どのグループに対して出題したかがまちまちな場合，同じグループに対して出題した同一問題を「ブロック」と表現します．この例でいえば，「東日本問題ブロック」「東日本と西日本の共通問題ブロック」「西日本問題ブロック」「西日本と北日本の共通問題ブロック」「北日本問題ブロック」「北日本と東日本の共通問題ブロック」の6ブロックで3つの問題冊子が構成されている，と表現します．

図4.7で示したデータに対する項目パラメタの推定は，「受験者全体をまたいでの平均0，標準偏差1の能力値の正規分布」を仮定します．これにより，「3会場をまたいだ全受験者が全問題に解答した正誤データから項目パラメタ・能力値を推定」したかのように扱うことができます（同時推定法）．実際には解答していない部分もあるのですが，そのことを考慮に入れたモデルを仮定することにより，項目パラメタや能力値を推定することができるのです．このように，受験者レベルに等質性を仮定し，複数の問題冊子の間で共通の尺度を求める方法を「水平等化（horizontal equating）」とよびます．ただし，水平等化を行うためには，受験者が等質である（能力レベルが等しい）[*5]，問題の項目パラメタが冊子をまたいで等質である（東日本向け問題冊子と西日本向け問題冊子の難易度の差がない，など），冊子間に共通の問題（共通項目，アンカー項目）または共通の受験者が存在するこ

[*5] この点は，垂直等化における前提と異なります．

4.2 等化：複数の試験をまたいだ共通尺度化

問題 グループ	北と東				東		東と西				西		西と北				北	
	1	2	3	4	5	6	7	8	9	10	11	12	13	14	15	16	17	18
東日本	1	0	1	1	1	1	1	0	1	0	.	.	.	.	.	.	.	.
東日本	1	1	1	1	0	1	1	1	0	1	.	.	.	.	.	.	.	.
東日本	1	1	1	1	1	0	1	1	1	0	.	.	.	.	.	.	.	.
⋮																		
東日本	1	1	1	1	1	0	0	0	1	0	.	.	.	.	.	.	.	.
西日本	.	.	.	.	.	.	1	1	1	1	1	0	1	1	1	.	.	.
西日本	.	.	.	.	.	.	1	0	1	1	1	0	1	0	0	0	.	.
西日本	.	.	.	.	.	.	1	1	1	1	1	0	0	0	0	0	.	.
⋮																		
西日本	.	.	.	.	.	.	1	1	0	0	1	0	0	0	0	0	.	.
北日本	0	1	1	1	.	.	.	.	.	.	.	.	0	1	0	1	0	0
北日本	1	1	0	1	.	.	.	.	.	.	.	.	1	1	0	1	1	0
北日本	1	1	1	0	.	.	.	.	.	.	.	.	1	1	1	0	1	1
⋮																		
北日本	0	1	1	1	.	.	.	.	.	.	.	.	0	1	0	1	1	1

← ブロック
← 通し番号

図 4.7　水平等化の例．三つの異なる集団を用いて，三つのグループ間で共通の尺度を構成する場合．行は各受験者とその受験者グループの違いを表す．

と，の3点が満たされていることが必要です．

4.2.4　共通項目デザインと重複テスト分冊法

　水平等化を行うメリットは，受験者をいくつかのグループに分割することで，受験者一人あたりに提示する問題数を減らすことができる，という点が挙げられます．特に CBT などを行う際，項目パラメタ推定済みの問題を大量に用意する必要があります．仮に 600 問用意するとして，同じ受験者に 600 問すべてを解答させるのは，受験者に過度の負担をかけることになります．そこで，能力の母集団が等質であると仮定される受験者グループを 10 グループ用意し，大量の受験者をランダムに 10 のグループに割り付けます．問題冊子については，図 4.8 のように問題を出題します[*6]．こうすることで，一度の試験で 600 問以上の項目パラメタを推定し，共通尺度の上で能力を表示することが可能です．このような問題冊子を複数用意して多くの問題に対して同時にパラメタを推定する試験実施方法を「重複テスト分冊法」とよびます．また，このような，複数の分冊にまたがって出題する問題を介して等化を行うデザインを「共通項目デザイン」とよびます．

　共通項目デザインはまた，垂直等化を行う場合でも有効です．たとえば図 4.8 でグループ 1 が「小学 1 年生」，グループ 2 が「小学 2 年生」……グループ 9 が「中学 3 年生」，グループ 10 が「高校 1 年生」というように，グループの間に能力の差があり，問題の配列も

[*6] アンカー項目の数は，等化の方法や受験者数といった要因とならんで，等化が理論どおりに行われるかを左右します．アンカー項目を増やすことで，より理論どおりの等化が行われる可能性が高まります（詳細は Arai & Mayekawa (2011) を参照してください）．その反面，アンカー項目を増やしすぎると，問題冊子に含まれる問題数が多くなり，受験者に過度の心理的負担をかけることになります．

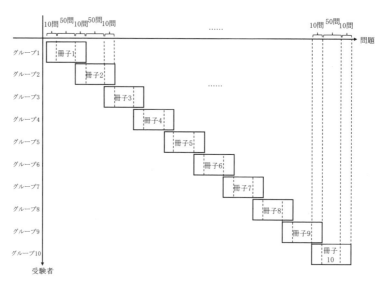

図 4.8 610 項目に対し，項目パラメタを推定するための共通項目デザイン

図 4.8 の左側はやさしい問題（小学生向け），右側は難しい問題（中学・高校生向け）とすることで，垂直等化を行うテストデザインとすることができます．この場合，10 グループの間で異なる能力値分布の平均・標準偏差を仮定し，多母集団 IRT モデルを用いた分析を行い，グループ間で共通の項目パラメタを推定するとともに，10 グループでの能力値分布の平均と標準偏差を推定します．

重複テスト分冊法の実務上の欠点として，共通問題を設けて受験者の能力の共通尺度を得ますので，問題冊子の編集が面倒である，ということが挙げられます．これまで私たちが目にしてきた問題冊子は，「問 1」「問 2」のように 1 問目から通しの番号がついていますが，重複テスト分冊法を用いる場合は，複数の分冊に共通して表れる共通項目が存在します．よって，「ある問題冊子での問 1 が，別の問題冊子の問 5 にあたる」ということがあります．そこで，各問題冊子の 1 問目からの問題番号ではなく，冊子をまたいで問題に固有の ID をつけます．たとえば，問題一問一問に「通し番号」を振り，複数の問題冊子について統一的に管理する必要があるのです．この「通し番号」は，問題冊子には印刷されませんが，項目バンクで問題を管理する際に必要なのです．

このような項目バンクにおける問題の管理体制には，「問題固有の ID による問題管理機能」が不可欠であるといえます．具体的には，図 4.9 で示すような「各々の冊子上での問題番号」と「問題固有の ID」（たとえば「通し番号」）の対応表を試験実施のたびに作成し，過去にどの集団にどの問題を提示したかがわかる形で項目バンクに登録しておく必要があります．また，問題冊子の上の配列と正誤データ上での配列の対応を誤ると，正しい等化ができなくなってしまいます．よって，問題冊子の編集にも注意が必要です．

東日本の問題冊子上での問題順序	1問目	2	3	4	5	6	7	8	9	10
通し番号	1	2	3	4	5	6	7	8	9	10

西日本の問題冊子上での問題順序	1問目	2	3	4	5	6	7	8	9	10
通し番号	7	8	9	10	11	12	13	14	15	16

北日本の問題冊子上での問題順序	1問目	2	3	4	5	6	7	8	9	10
通し番号	1	2	3	4	13	14	15	16	17	18

図 4.9 冊子上の問題番号と，通し番号の対応表の例．図 4.7 の 3 種の問題冊子に対応している．

4.2.5 共通受験者を用いたテストデザイン

重複テスト分冊法においては，前項までに述べた，複数の群に対して部分的に共通の問題を出題するテストデザインを適用することで，複数の問題冊子の項目パラメタを比較可能な形で推定することができます．このテストデザインを，共通の問題（アンカー項目）を用いていることから「共通項目デザイン」とよぶことは，先に述べました．

それに対して，同じ重複テスト分冊法でも，図 4.10 のように，同じ受験者に複数の問題冊子を同時に提示するテストデザインも考えることができます．このデザインを「共通受験者デザイン」とよびます．共通項目デザインは共通問題を含む複数の問題冊子をあらかじめ用意しておかなければならないのに対し，共通受験者デザインでは共通項目を含まない形の複数の問題冊子をそのまま「複数冊子の問題を解くグループ」に提示することで試験が実施可能なため，問題冊子の編集が容易になる，という実務上の利点があります．

また試験によっては会場の都合で，実施時間を会場ごとに変えている場合があります．たとえば東京会場は午後 1 時からだが，大阪会場は午前 9 時から始める，といった具合です．ここで，図 4.10 で示す「冊子 1」を大阪会場，「冊子 2」を東京会場で用いるとします．仮に，東京会場の受験者 A（グループ 3）がカンニングを企み，大阪会場の受験者 B（グループ 1）と共謀し，大阪での試験終了後，受験者 B に携帯電話を用いて自身が提示された問題の内容を伝えさせたとします．受験者 A は，自分の試験の前に問題の内容を知ることができたと思っているでしょう．しかし，冊子 1 と冊子 2 は完全に異なる内容のため，その行為は意味を成さなくなります．このようなカンニングに対処するため，複数種類の問題冊子を用意し，共通受験者によるテストデザインを用いることが行われます[7]．

---

[7] 共通項目デザインの場合，受験者 A は受験者 B から不正に正解を知ることができてしまいます．しかし，冊子 1 と冊子 2 で選択枝の番号とその内容を入れ替えておけば（冊子 1 の選択枝 1 は冊子 2 の選択枝 2 の内容とし，冊子 1 の選択枝 2 は冊子 2 の選択枝 1 とする，など），正答選択枝の番号が入れ替わっているので，選択枝の番号のみを手がかりにしたカンニング行為は意味を成さないことになります．

ただし，冊子1と冊子2を同時に受験するモニター受験者（図4.10で「グループ2」と表記）を本試験受験者以外に確保する必要があり，その点が実践上の課題となる場合があります．また，複数冊子の問題を同時に解答する受験者は提示される問題数が多くなり，心理的負担が大きいという欠点があります．ただし，項目パラメタの推定値の標準誤差が大きくなることを覚悟すれば，共通受験者は必ずしも2つの分冊のすべての問題を解く必要はありません．一部分でもよいので，2分冊の問題の両方に解答していれば，等化の手続き自体は行うことができます．

問題 グループ	冊子1										冊子2										
	1	2	3	4	5	6	7	8	9	10	11	12	13	14	15	16	17	18	19	20	←通し番号
グループ1	1	0	1	1	1	1	1	0	1	0	.	.	.	.	.	.	.	.	.	.	
グループ1	1	1	1	1	0	1	1	1	0	1	.	.	.	.	.	.	.	.	.	.	
グループ1	1	1	1	1	1	1	0	1	1	1	.	.	.	.	.	.	.	.	.	.	
:	:																				
グループ1	1	1	1	1	1	0	0	0	1	0	.	.	.	.	.	.	.	.	.	.	
グループ2	1	1	1	0	1	1	0	1	1	1	0	1	1	1	1	1	0	1	1	0	
グループ2	1	0	1	1	1	0	1	0	0	0	1	0	0	1	0	0	0	0	0	0	
グループ2	1	1	1	1	1	1	0	0	0	0	0	0	0	0	1	1	0	0	0	0	
:							:								:						
グループ2	1	1	0	0	1	0	0	0	0	0	0	0	0	0	1	0	0	0	0	0	
グループ3	.	.	.	.	.	.	.	.	.	.	0	0	0	1	0	0	0	0	0	0	
グループ3	.	.	.	.	.	.	.	.	.	.	1	1	0	1	1	0	1	1	0	0	
グループ3	.	.	.	.	.	.	.	.	.	.	1	1	1	0	1	1	1	1	1	1	
:															:						
グループ3	.	.	.	.	.	.	.	.	.	.	0	1	1	1	1	1	1	0	0	0	

図 4.10　共通受験者デザインの例

4.2.6　項目パラメタを用いた等化（個別推定法）

これまで述べた等化法は，いずれも同時推定法により共通の尺度に乗った項目パラメタを推定します．もう一つの等化方法として，以下に述べる「個別推定法」とよばれる等化方法が知られています．

図4.11のような試験デザインをとったとき，各分冊それぞれの正誤データのみを用いて項目パラメタを分冊ごとに推定し，それらの値を手がかりに共通尺度を構成する，といった方法も用いられます．これは，能力値の尺度が受験者の能力分布や問題の難易度によらない，という性質を利用しています．図4.11の分冊Bの受験者の能力値を，分冊Aの受験者における能力値の尺度で表現したい場合，分冊Bの能力値を定数倍し，さらに別の定数を足すことで分冊Aの能力値の尺度に変換することができます．言い換えれば，分冊Bの能力値の単位と原点を操作し，分冊Aの尺度上に乗せる，ということです．分冊Aを「規準集団」と考えれば，分冊Bの能力値を規準集団の能力値の尺度で表現することができます．

この「何倍して何を足す」という「定数」を求めるためには，能力値の分布が分冊A，B

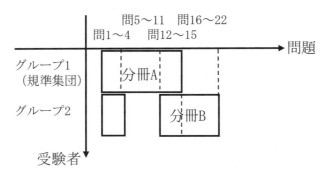

図 4.11　2 分冊の水平等化

ともに標準正規分布で，分冊 A，B が平行テストであり，能力値が「正確に」受験者の真の能力を反映している（受験者の能力以外の要素で能力値がばらつかない）状況において，両方を同時に受験した任意の者について

$$\frac{\theta_{iB} - \mu_B}{\sigma_B} = \frac{\theta_{iA} - \mu_A}{\sigma_A} \tag{4.1}$$

という式が成立する，という性質を利用します．ここで θ_{iA}，θ_{iB} はそれぞれの分冊を受験したある一人の能力値，μ_A，μ_B はそれぞれの分冊における能力値の母集団での平均，σ_A，σ_B はそれぞれの分冊における能力値の母集団での標準偏差です．今，θ_{iB} を θ_{iA} の尺度で表現したいわけですから，この式を θ_{iA} について解くと，

$$\theta_{iA} = \frac{\sigma_A}{\sigma_B}\theta_{iB} + \mu_A - \frac{\sigma_A}{\sigma_B}\mu_B \tag{4.2}$$

となります．この式 4.2 において

$$K = \frac{\sigma_A}{\sigma_B} \tag{4.3}$$
$$L = \mu_A - K\mu_B \tag{4.4}$$

とおくことにすれば，

$$\theta_{iA} = K\theta_{iB} + L \tag{4.5}$$

となり，「K 倍して L を足す」ことにより，単位と原点をそろえることができます．この定数 K と L を「等化係数」とよびます．θ_{iA}，θ_{iB} は母集団における真の値を表しており，直接観測することができないため，実際に K と L を求めるためには標本（正誤データ）から求めた平均，標準偏差を μ や σ に当てはめます．

　項目反応理論を用いた試験の場合，能力値ではなく，項目パラメタの値を変換して同じ尺度に乗せることが行われます．すなわち，分冊 B の 2PLM による分析の結果得られた項目パラメタを，規準集団を定義するために実施した分冊 A の項目パラメタの尺度上に乗せる，ということです．ただし，図 4.11 の場合，分冊 A と分冊 B の間で共通して出題さ

れる「共通項目」のみを手がかりに，等化係数を求めることとします．これらの共通項目においては，分冊 A で出題された場合と分冊 B で出題された場合の，2 種類の項目パラメタが推定されています．2PLM の場合は，等化係数として

$$K = \frac{\sigma_{bA}}{\sigma_{bB}} \tag{4.6}$$

$$L = \mu_{bA} - K\mu_{bB} \tag{4.7}$$

を用います．ここで μ_{bA}, μ_{bB} は問題冊子 A，問題冊子 B それぞれにおける共通項目の困難度の平均値を，σ_{bA}, σ_{bB} は同様にそれぞれの標準偏差を示します．K と L を用いて，

$$a^*_{jB} = a_{jB}/K \tag{4.8}$$

$$b^*_{jB} = Kb_{jB} + L \tag{4.9}$$

という式で，分冊 B だけで求められた識別力 a_{jB} と困難度 b_{jB} を，分冊 A の能力値の尺度上で表現された識別力 a^*_{jB} と困難度 b^*_{jB} に変換することができます．

このように，共通項目を含む複数の問題冊子についてまず個別に項目パラメタを推定しておき，共通項目における項目パラメタを手がかりに，複数の冊子間で共通の意味をもつような項目パラメタに変換する手続きを「個別推定法」とよびます．

個別推定法にしたがって，分冊 B の項目パラメタを分冊 A の尺度で表したのが図 4.12 です．左の表は分冊 A をあるグループ（グループ 1）に対して提示し，得られた正誤反応を分析した結果得られた項目パラメタです．ここで，分冊 A を提示したグループ 1 を規準集団と考えます．つまり，この表の困難度は，規準となる集団における困難度ということで，「固定」されるべきものであり，他の尺度はこの分冊 A で得られた尺度と比較可能なように変換する必要がある状況です．いま，規準集団とは異なる別の集団「グループ 2」に対して，規準集団に出した問題と共通の問題を 8 問含む分冊 B を用いて試験を課しました．真ん中の表は，分冊 B に対して求められた項目パラメタですが，この値はグループ 2 の能力レベルに依存しています．つまり，能力レベルが規準集団（グループ 1）並みであった場合の値ではありません．分冊 A と分冊 B の項目パラメタの意味づけを統一するためには，分冊 B の項目パラメタを変換し，分冊 A と同じ能力値の尺度で表示した場合の項目パラメタを求める必要があります．

まず，共通項目の項目パラメタを用いて，K 及び L を求めます．次に，(4.8) 式及び (4.9) 式を用いて，分冊 B の項目パラメタを変換します．変換した結果を図 4.12 の右に示します．図 4.12 左によると，共通項目でみたときに，分冊 A の規準集団における困難度は平均的にみて中程度（困難度の平均は 0.9 程度）なのに対し，同じ問題を分冊 B，すなわちグループ 2 に対して出題すると一様に困難度が高めに推定されています（同じく平均は 1.8 程度）．同じ問題を二つのグループに出題したとき，困難度の平均値の差が約 0.9 だけみられたということは，規準集団を基準としたときに，分冊 B の受験者集団（グループ 2）が約 0.9 だけ能力の平均が低いということを意味しています．その能力の低さが，グ

ループ 2 において同じ問題の困難度を押し上げたと解釈できるでしょう．すると，分冊 B で出題した問題のうち，分冊 B だけで出題されている通し番号 16〜22 の問題（ユニーク項目）については，規準集団の尺度に乗せたとき，グループ 2 の能力で求められた困難度よりも，低い困難度になるに違いありません．図 4.12 の真ん中の表と右の表をユニーク項目について比較すると，確かに変換後の困難度が低くなっていることがわかります．また，共通項目の困難度については，変換後の困難度が分冊 A（規準集団）の困難度に近くなっていることがわかります．

グループ1（規準集団）から得られた項目パラメタ（A）				グループ2から得られた項目パラメタ（B）				共通項目のパラメタを手がかりに，グループ2の値をグループ1の値に等化した項目パラメタ（C）		
通し番号	識別力	困難度		通し番号	識別力	困難度		通し番号	識別力	困難度
1(共通)	0.735	0.191		1(共通)	0.727	1.152		1(共通)	0.690	0.193
2(共通)	0.772	0.234		2(共通)	0.825	1.324		2(共通)	0.783	0.374
3(共通)	0.587	0.193		3(共通)	0.624	0.933		3(共通)	0.592	-0.038
4(共通)	0.477	2.154		4(共通)	0.597	3.028		4(共通)	0.566	2.171
5	0.632	1.157		12(共通)	0.556	1.675		12(共通)	0.527	0.744
6	1.352	1.002		13(共通)	1.015	1.882		13(共通)	0.963	0.962
7	0.968	-2.554		14(共通)	0.374	2.025		14(共通)	0.355	1.113
8	0.554	-1.625		15(共通)	0.335	2.603		15(共通)	0.318	1.723
9	0.637	-0.378		16	0.656	0.876		16	0.622	-0.098
10	1.021	-0.857		17	0.773	0.325		17	0.733	-0.679
11	0.969	1.547		18	0.397	-0.100		18	0.377	-1.127
12(共通)	0.852	0.846		19	0.454	0.977		19	0.431	0.008
13(共通)	0.714	0.557		20	0.704	0.725		20	0.668	-0.257
14(共通)	0.676	1.335		21	0.689	1.625		21	0.654	0.692
15(共通)	0.885	1.732		22	0.927	0.432		22	0.879	-0.566

$K= 1.054$
$L=-1.012$

図 4.12　2 分冊で得られた項目パラメタの等化

等化係数 K と L は，ここで示した方法（Mean-Sigma 法：Marco, 1977）以外にも，Haebara 法（Haebara, 1980），Stocking-Lord 法（Stocking & Lord, 1983）などが提案されています．また，Mayekawa の方法（Mayekawa, 1991; Arai & Mayekawa, 2011）は，一つの規準集団に対して，複数の問題冊子の共通項目のパラメタを同時に等化することができる，便利な方法です．Mayekawa の方法は，6 章で述べる `lazy.irtx` パッケージを用いて計算することができます．

ここまで述べた内容から気がつくかもしれませんが，等化手続きは「温度計の目盛りの原点と間隔をあわせる」手続きによく似ています．温度計の場合は温度変化という物理的な現象に関して目盛りをあわせる手続きであったのに対して，等化の手続きは，問題の困難度や識別力をあわせる手続きであり，両者は本質的に同じ操作を行います．ただし，等化の手続きは，いつも行えるというわけではありません．それには次項で述べるように，前提条件があるのです．

4.2.7　等化方法の決定と等化の前提

　重複テスト分冊法に限らず，共通の受験者または共通の問題を含む複数の問題冊子から正誤データを収集した場合，等化によって共通の尺度を得ることができる，ということがいえそうです．しかし，等化方法にはさまざまな方法があり，それぞれについて得られる推定値の性質が異なることがわかっています．何を測定しているか，何を意図して等化するか，といった試験ごとの特質によって，最適な等化方法は異なります．一般的に最も良いとされる等化方法がただ一つ存在する，ということはありません．

　フィールドテストや本試験の実施によって，等化方法を検討し，より解釈のしやすい項目パラメタの推定値を得たり，推定結果が安定する等化方法を追究する試みがなされています．しかし，どんな等化方法を用いたとしても，結果が不適切になる場合があります．Kolen & Brennan（2004）や柴山・佐藤（2008），加藤ら（2014）で述べられている「等化の前提」を，実務者にもわかりやすくいうと，以下のように要約できます．

（1）複数ある分冊は，どれも同一の構成概念を測定していること．
（2）冊子 A でのスコアを冊子 B の尺度に変換した値は，冊子 B でのスコアを冊子 A の尺度に変換した値と等しい（等化の対称性）．冊子が三つ以上ある場合は，それらのペアのすべての組み合わせで等化の対称性があること．
（3）複数ある分冊は，どれも信頼性が等しいこと．
（4）能力値による素点の条件付き分布が互いに等しいこと．言い換えれば，能力値の推定値が同じペアを両尺度から抽出したときに，測定誤差が互いに等しいこと．
（5）分冊 A と B を異なる集団の受験者が同時に受験した場合，集団ごとに等化を行った結果（等化係数）が，全体をひとまとめにして等化した結果に一致する．すなわち，等化結果は集団によらず不変であること．

　たとえば（1）や（3）といった点は，直感的に理解できる「等化の前提」でしょう．しかし，（1）を厳密に追求しようとすると，妥当性を検討する手続きにより，問題作成や実施にとても煩雑になります．また測定の妥当性を検証することも難しいため，現実的にはこの前提が満たされていないことを承知で等化せざるを得ない，ということがよくあります．また（4）についても，平行テストに近い冊子でなければ等化ができないという条件にみえますが，実際の場面では平行テストではない複数の尺度を統一的に表示したい場合がほとんどです．一方（2）や（5）は，これまで述べた等化手法そのものを研究・開発する研究者にとって，無くてはならない前提です．

　テスト実施機関の実務者は，問題作成の全般に関わるだけの権限をもっているわけではありませんが，等化の技術的な方法論に関する研究を行う権限をもっていることが少なくありません．つまり，フィールドテストで得られた正誤データを使って，どのような等化

方法が (2) や (5) を満たすか，という研究を行うことができます．また (2) や (5) に関しては，ある等化手法をとると，これらの条件が満たされないことがわかっている場合があります．テスト実施機関における実務家は，それらの条件を明らかにした先行研究を参照することで，「(2) や (5) の条件を満たさない等化方法を避ける」ことが可能となります．その意味で，テスト実務家にとってもこれらの前提は重要であるといえます．

4.3 リンキング

等化は，あくまで「同一の構成概念を測定している複数の試験」の間で，共通尺度を求める方法です．したがって，「似ているが，異なる構成概念を測定している複数の試験」の尺度は，等化すること自体が不適切であるといえます．しかし，現実には，たとえば「ドイツ語の試験」と「フランス語の試験」を両方「外国語試験」と考え，「外国語試験」のスコアを用いて合否を判定する，といった場面があります．確かに，日本人からすればドイツ語もフランス語も「外国語」であり，両者が意味するのは「母語ではない言語」の運用能力です．このように，等化の条件が一部満たされていないけれども，それを承知でおおまかな尺度の対応付けを図る操作を「リンキング」とよびます．

4.3.1 等パーセンタイル法

リンキングのために用いられる方法の一つとして，「等パーセンタイル法」とよばれる方法があります．たとえば，フランス語とドイツ語を両方受験した 2000 人を対象に，それぞれのスコアの大きい順に並べ，横軸にそれぞれのスコア，縦軸にパーセンタイルをとったグラフを描きます．パーセンタイルとは，スコアを小さい値から大きい値の順に並べたときに，そのデータが小さいほうから数えて何パーセントに位置するかを表した値です．たとえば，10 人のスコアが「10, 15, 30, 30, 30, 30, 40, 60, 70, 80」であったとしたら，スコア「30」は小さいほうから数えて 30% のところに位置していますので，対応するパーセンタイルは「30」となります．また，スコア「60」は小さいほうから数えて 80% に位置していますので，パーセンタイルは「80」となります．縦軸にパーセンタイルをとったグラフは，素点が大きくなるにしたがってパーセンタイルも大きな値となりますので，右上がりの線になります．このようにして，パーセンタイルとスコアの対応を，フランス語，ドイツ語それぞれについてプロットしたのが図 4.13 です．以下，フランス語のスコアを「フランス語点」，ドイツ語のスコアを「ドイツ語点」とよぶことにします．

このグラフから，以下のようなことがわかります．まず，ドイツ語よりもフランス語のほうが易しい試験であった，ということがいえます．なぜなら，同じ「70 点」というスコアであっても，ドイツ語点ではパーセンタイルが 95 あたりに位置するのに対し，フランス語点では 65 前後と，低いからです．ドイツ語点で 70 点をとった受験者は，パーセンタイ

ルの値が 95 に位置しています．このことは，このスコア以下の点をとった受験者が全体の 95% であることを意味しています．同じ 70 点でも，フランス語点の 70 点はパーセンタイルが 65 であり，全体からみるとこのスコア以下の受験者が全体の 65% だけ存在するということですので，ドイツ語に比べればたいしたことがない点数であるとみなせます．つまり，同じスコアでも，高い点数をとるのが難しいドイツ語の試験のほうが，フランス語の試験よりも難しかった，というわけです．実際，スコアの平均を計算すると，ドイツ語は 50.01 点，フランス語は 62.29 点で，12 点ほどの開きがあります．

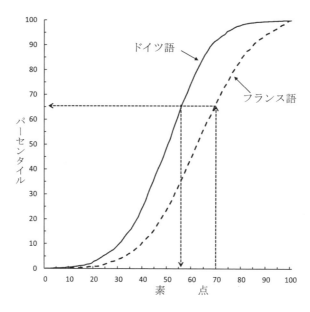

図 4.13　等パーセンタイル法によるリンキングの例

　また，このことを利用すると，パーセンタイルという「共通尺度」を用いて，ドイツ語点とフランス語点を相互に変換するような「スコアの対応表」を作成することができます．すなわち，フランス語点で 70 点だった受験者が，仮にドイツ語の尺度で何点をとる実力があったかを知りたい場合，図 4.13 の矢印で示したように，フランス語点をいったんパーセンタイルに変換し，その後，そのパーセンタイルに該当するドイツ語点を求めることで，フランス語点のスコアをドイツ語点のスコアの尺度上で表現した結果として 56 点という結果を得ます．同様の変換手続きで，フランス語点のスコアを 0 点から 100 点まで変えていき，それらを変換後のドイツ語点のスコアと並べた表を「換算表」とすればよいわけです．

　等パーセンタイル法を用いた分析事例としては，大学入試センターでかつて行っていた法科大学院適性試験のデータを分析した荒井ら（2010）が参考になります．この試験では，本試験のほかに，やむをえない事情で本試験を受験できなかった者に対する追試験を実施していました．研究では，モニター受験者にこれら 2 種類の問題冊子を解答させて得られた

データを用いて，追試験のスコアを本試験のスコアに変換するための換算表を作成し，問題項目の難易度を比較しています．

4.3.2 リンキングを行う場面

ここで述べた「スコア」は，項目反応理論に基づくものである必要はなく，正誤データの受験者に関する和（正答数）を用いてもかまいません．実は，古典的テスト理論に基づく平行テストにおいて，等化を行う一つの方法が，この等パーセンタイル法です．尺度が問題の難しさや受験者集団の能力に依存するとわかっている場合でも，それらを何らかの方法で統制することができれば，項目反応理論に基づく方法でなくても，等化を行い，妥当な解釈を得ることができます．ただし，「何らかの方法による統制」が古典的テスト理論の範疇では難しいために，多くの場合，項目反応理論に基づくテストで等化が行われているのです．等パーセンタイル法は，古典的テスト理論における等化や，等化の前提が満たされない場合（4.2.7 項を参照）のリンキングにおいて用いられているものです．

このような尺度の換算表は，入試の場合であっても用いられる場合があるかもしれません．入試の「第二外国語」という科目でドイツ語とフランス語があり，受験者がいずれかを選択して解答するような際，両者の難易度を調整した素点を用いて合否を決めたいという場合です．先の例では，フランス語の問題が易しかったので，その影響を排して統一された「第二外国語」点数尺度として「ドイツ語の尺度上で表現したフランス語」のスコアを用いる，というわけです．しかし，実際の入試の場合は，フランス語を受験科目に用いて高スコアを得た受験者が，仮に「ドイツ語の尺度に変換されますのでスコアが下がりますが，ご理解とご協力をお願いします」などとテスト実施機関から告知されても，にわかには納得できないでしょう．そのため，大学入試センター試験では「分位点差縮小法」という方法を用いて，変換の結果，点数が減少しないような変換方法で「得点調整」を行います．これも一種のリンキングの例であるといえるでしょう．

■コラム4 ハイ・ステークスな試験と標準化テスト

　結果が人生に重大な影響を及ぼすような試験のことを「ハイ・ステークスな試験」と表現することは，先に述べました．その一方で，世の中にはハイ・ステークスでない試験も数多くあります．たとえば，小学校で繰り返し課されるクラスルームテストは，結果が悪くても，それだけで学校を卒業できなくなることはありません．もっとも，どの科目のクラスルームテストでも成績が悪いと，成績不振ということで深刻な問題が生じるかもしれませんが，たった一度の試験で人生が大きく変わるような性質の試験ではありません．

　ハイ・ステークスな試験では，受験者からみれば，試験の不正に対する誘惑が大きくなります．試験で不正をはたらき，不当に高スコアを得れば「勝った」ということになってしまうからです．問題作成者やテスト実施機関の側も同じで，特定の受験者が問題作成者と秘密裏に接触し，受験者が莫大な謝礼を支払うことを条件に問題案を漏らすなどという不正行為が行われかねません．たとえば1980年にある大学で行われた入試で，試験実施の前に入試問題が第三者に漏洩するという事件がありました．この事件では，漏洩にかかわった大学関係者ら4人が逮捕されました．捜査の結果，少なくとも8人の受験生に入試問題と模範解答のコピーが渡り，受験者の父母から大学関係者らに謝礼が支払われていたことがわかりました（毎日新聞1980年3月9日朝刊，同13日朝刊より）．そのような事態を恐れながら，試験を続けていかなければならないのです．いくらコストをかけても，毎年行われる試験を長い期間にわたって「完璧」にし続けることは，きわめて難しいといえるでしょう．

　筆者は，一度の試験で人生のすべてが左右されるという状況が日本において長く続くことには否定的です．そうではなく，必要なときに診断ツールとして試験を受験するという環境を整えることによって，受験者がより精確に自己の能力を客観的尺度をもって知ることが重要だと考えます．このことは，社会にとってコストとなる場合がありますが，より一般性の高い尺度をもって能力を測るためには，ハイ・ステークスな試験を標準化テストで行うことが必要になるでしょう（4.2.5項や5.2.2項も参照）．

第 5 章

発展編：これからの試験開発に向けて

　本章では，試験実施を考える部署や受験者にとって知っておいてほしい，試験にまつわる発展的内容について述べます．特にコンピュータと試験とのかかわりや，尺度の意味づけに関するトピックなど，試験制度が今後どのように発展していくかを考える上で重要な意味をもっているといえるでしょう．

5.1　試験はどんな時に改まるか

　現在行われている試験は，そのほとんどが，実施科目や問題の構成，スコアの表示法など，いろいろな点で改訂されながら，続いています．大学入試センター試験でも，教科や科目は，学習指導要領の改訂の度にその構成を変えています．また，試験によっては，ある年度から CBT を導入している場合もあります．その際，CBT に切り替わる前の試験で得られたスコアについて，CBT におけるスコアに換算するための表が提供されています．
　では，試験の制度や科目，問題形式が変わるとき，なにがきっかけになりうるのでしょうか．また，このような換算表は，どのような根拠に基づいているのでしょうか．

科目内容が古くなったとき

　大学入試センター試験の例のように，科目の内容が時代にそぐわなくなった場合，実際に問いたい内容に即した科目構成に改訂します．実際に新しい科目による試験が行われるより前に，科目構成が変わることを，受験者やスコアを使用する者に対して，テスト実施団体が事前に告知する必要があります．
　場合によっては，科目の内容が新しいものと古いものを，1 回の試験で同時に行う場合があります．これらの試験で測定される構成概念は，科目内容の改訂の目的から考えると，著しく異なる場合がほとんどであるといえるでしょう．よって，等化の前提を満たしていないと考え，リンキングによりスコアの換算表を作成します．

旧カリキュラムによる規準集団

標準化テストにおいては，能力の尺度の規準となる集団を定義し，その尺度上で能力を比較します．しかし，能力の尺度の規準が，古いカリキュラムによる教育を受けた者となってしまった場合，比較している能力の内容が異なり，妥当なスコアとならない可能性があります．

同一の授業内容，カリキュラムにおける規準集団であれば，年代がかなり古くなっても，「測られている内容は時代的影響を受けない」と仮定することによって，その尺度上で能力を比較することは可能でしょう．しかし，カリキュラムを更新し，測定すべき能力の内容が変わってしまった場合は，それに即した規準集団を定義し直す必要があります．この場合にも，過去の規準集団との間のスコア比較は，リンキングの手法を用いて行うことになります．

実施方法を改善したとき

測定すべき内容が同じであっても，紙と鉛筆で行っていた試験を，CBT に置き換えるなど，大きく実施方法を変えた場合は，やはり試験を「改訂」します．しかし，この場合は測定している内容が同一かどうかを，同じトライアル受験者に紙と鉛筆による試験と CBT を同時期に受けさせ，結果を比較するフィールドテストや受験者に対するアンケートを実施することで，検討することができます．検討は主に因子分析を用いますが，その結果，構成概念が同一である確証がもてれば，紙と鉛筆による試験と CBT を等化し，結果を同一の尺度上で表示することにします．

試験によっては，紙と鉛筆による試験と CBT をはじめから別個の試験であると定め，実施する科目構成を両者で変える場合もあります．この場合は，科目内容の改定と同じように，リンキングの手法により換算表を作成します．これが，「旧来試験と CBT との換算表」にあたります．

5.2 試験でミスをすると何が起こるか

毎年，1月から3月の大学入試のシーズンになると，新聞紙上をにぎわすニュースに「出題ミス」「採点ミス」「実施ミス」など，「試験のミス」の話題があります．

「出題ミス」とは，正答が正しく導けないなど，問題として成立していない問題文を出してしまったことを指します．「採点ミス」とは，主に多枝選択式試験で，正答を誤答と判断するなどのミスを指します．また「実施ミス」は，必要な問題冊子が受験者に配られなかった，制限時間より前に解答をやめさせてしまったなど，試験を実施する際に生じたミスを指します．また実施ミスには，受験者に告知すべき事項を報告し忘れた，本人ではな

い別人にスコアを返してしまったといった事項も含まれます.

5.2.1 試験のミスで生じる不利益

そんな中で，ある大学（引用部分ですが，大学名を伏せ，ここではB大学とします）がやってしまったミスには，筆者も驚いてしまいました.

> **B大　入試ミス 944 人追加合格　／　昨年データ消し忘れ**
>
> B大学は 15 日，大学入試センター試験を利用した前期入試でデータ処理のミスがあったため，全 6 学部で延べ 944 人を追加合格にする，と発表した．大学入試の追加合格としては異例の多さ．当初の合格者数は延べ 2914 人で，3 割以上も増えることになる．本来は不合格だった受験生が相当数，誤って合格とされたが，合格を取り消すことはしないという．
>
> （朝日新聞　2008 年 2 月 16 日）

記事によると，複数の受験者が「自己採点では合格しているはずなのに，不合格になっている」という問い合わせをしたことを受け，大学が合否判定手続きを検証したそうです．その結果，昨年度に行われた入試のデータが残ったままだったため，ミスが起こってしまった，ということでした．このような単純ミスのために，B大学は例年より 3 割も多い合格者を出すことになってしまいました．

大学入試センター試験を利用した入試の場合，大学の入試事務を行う部署が大学入試センターに「受験者の成績（大学入試センター試験のスコア）を開示」するように請求し，大学入試センターは大学に当該受験者のスコアデータを送ります．大学は，このデータを参照し，必要に応じて独自に行った入試のスコアを加味して「合否」を決めるのです．B大学の場合，何らかの原因で，合否を分ける点数で全受験者を正しく分類できなかったために，ミスが起こってしまったと推察されます．その意味で「実施ミス」に分類できるのではないでしょうか．

これほど極端ではないにせよ，大学入試で「ミス」があると，その大学は社会的に多くの批判にさらされます．また，大学は定員が決まっていますが，定員を超過した分についても入学者の不利益にならないように処置を講じなければなりません[1]．たとえ，合格基準にはるかに足りない学力しかない受験者であろうが，「合格」としてしまった以上，それを覆すのは難しいところです．また，ミスのせいで希望していた大学に入れず，別の大学を受験していた受験生に対して，金銭的な補償をする場合もあります．しかし，これらの救済措置が試験の公平性を阻害する場合もあり，必ずしも完璧な救済措置をとることがで

---

[1] B大学の場合，ある学科で定員の 2 倍弱の学生を受け入れていました．大学の教員数や，演習授業のための講義室の割り振りは，学部や学科の定員に基づき決定されていますので，定員の 2 倍の学生が 1 学年だけに集中するということは，大学側にとって大きな負担となります．

きないのが現実です．

　本項では，大学入試におけるミスの事例を紹介しましたが，国家試験での合否判定など，ミスが受験者の不利益に直結することが確実な試験でミスが発覚した場合，試験の実施体制を大きく改めるといった，大きな変革が行われることが少なくありません．また，ミスというわけではありませんが，試験実施前に試験問題が漏洩した場合は，刑事罰を含むペナルティが当事者に課せられることもあります（コラム4の事例も参照してください）．この場合であっても，試験問題の漏洩を招いた原因が，管理体制の不備にあったということで，試験実施体制の大幅な見直しが行われることが普通です．

5.2.2　項目反応理論による標準化テストでは

　このように，試験でミスがあると，多くの受験者に迷惑がかかるだけではなく，テスト実施機関の信用にも関わります．

　しかし，項目反応理論に基づく標準化テストは，多くの場合，フィールドテストで問題の特性を推定します．フィールドテストにおいて識別力が乏しいとされたり，能力の高い受験者に不正解が多かったりといった問題は，専門家によってもう一度その文言をチェックされます．この段階で問題にミスが見つかったとしても，本番で出題したわけではないので「出題ミス」ではありません．

　また，仮に出題ミスが本番試験で発覚したとしても，問題文をすべて受験者から回収して非公表としている関係上，「出題ミスなど，不適切な問題を除外して採点のやりなおしをする」という措置をとることができます．項目反応理論に基づく試験の場合，満点や0点には意味がないため，数問を採点対象から除外しても，尺度化は可能です．この場合，不適切な問題があった場合の除外措置をテスト実施機関が事前に受験者に周知しておけば，「後出しじゃんけん的対応で問題を勝手に採点対象外にするな」という受験者のクレームに対しても，十分な説明が可能ではないでしょうか．ただし，能力値の信頼区間は大きくなるため，得られるスコアは少なからず「あやふや」な値になってしまうことを覚悟しなければなりません．

　しかし，標準化されたテストにおいてもなお，採点ミスや実施ミスについては，試験実施後には対処できません．また出題ミスに関しても，スコアを受験者に返した後に発覚した場合は，スコアの再通知などの「大仕事」をしなければなりません．そのため，テスト実施団体は多くの策を講じて，採点ミスを撲滅するための努力を絶やしません．また，複数の冊子を用いることがある標準化テストにおいては，試験監督に配布するマニュアルを工夫するなど，すべての受験者に確実に正しい問題冊子を配布し，時間を厳守するなど，実施面からも多くの努力が重ねられています．

　標準化テストにおいては，フィールドテストの実施や，複数の問題冊子を本試験で使用することなど，その実施方法は複雑にならざるを得ません．また試験監督者の負担や，試

験実施体制に多くの人を動員しなければならない実情を考えると，複雑な試験を確実に実施するためには，CBT や Web ベースによる試験（e テスティング，5.6 節を参照）とすることが必要なのではないでしょうか．

5.3 小論文試験の自動採点

これまで，大学入試や企業の実施する入社試験，国家試験などは，そのほとんどが，受験者が紙に書かれた問題を読み，マークシートや答案用紙に鉛筆で記入したものを「答案」とする，という形式が主流でした．しかし，これからの試験は，受験者がコンピュータに提示された問題を読み，コンピュータに対して解答を入力するという方法に置き換わりつつあります．ここでは「コンピュータ」と書きましたが，実際にはスマートフォンやタブレット PC などの情報端末，パソコンなどにも，そのような情報収集が可能な仕組みを組み込むことができます．また，スマートフォンやタブレット，パソコンに受験者の解答を音声の形で吹き込み，その音声データがオンラインでテスト実施機関に送られることも技術的には困難ではありません．それだけ現代は ICT（information and communication technology）が進歩しているのです．

しかしながら，ICT の進歩により情報を機械的に運ぶことが容易になったとしても，記述式答案に対して一定の評価軸に当てはめて評価を下すのは，人の手による方法しかないという時代が長く続きました．しかし，ある「トピック」に関する文章を数百字程度で記述する形式の「小論文試験」であれば，より単純な評価観点に基づき，段階評価を行う仕組みがすでに実用化されています[*2]．たとえば ETS は e-rater とよばれる，英語の文章をテキストファイルにしてコンピュータに入れると，6 段階で評価を返すような仕組みを開発し，実際の試験で用いています．

本節では，特定のトピックに対して文章を書かせ，それに対して 1 次元のスコアで評価する小論文試験について述べ，代表的な小論文の自動採点の仕組みを二つ，解説します．

5.3.1 人間の採点をコンピュータに学習させる

自動採点の仕組みの一つは，あらかじめフィールドテストを行って小論文の答案を集め，それらに対して評価者が採点を行い，評価の「お手本」を作成した上で，本試験ではそのお手本に近くなるような評価結果を自動的に返すような仕組みをコンピュータ上に構築する，というものです．石岡（2008）に基づき，その仕組みを以下に述べます．

(1) あらかじめ「特徴量」（文章の特徴を反映するであろう変数．文章の長さや語彙の複雑さ，適切な語彙が登場した回数など）を考えておく．

[*2] もちろん，文学作品や複雑な論理展開を含む論文など，コンピュータが「読んで理解する」のが不可能な文章に対しては，現在でも人の手によって評価するしかないでしょう．

(2) フィールドテストを行い，トライアル受験者に小論文答案を書かせる．
(3) 小論文答案を人間の評価者が採点する．
(4) 各小論文答案について，(1) で決めた特徴量をコンピュータを用いて算出する
(5) 特徴量を説明変数，人間の採点結果を目的変数として，重回帰分析を行う．得られた偏回帰係数が大きな特徴量が「人間の採点結果を説明するために意味がある特徴量である」と解釈する（機械学習の手法が用いられる場合もあり）．
(6) 本試験を行い，本試験受験者に小論文答案を書かせる．
(7) 本試験受験者の答案について，コンピュータを用いて特徴量を算出する．
(8) 本試験受験者の答案について，特徴量を重回帰分析の回帰式に代入し，人間の採点結果の予測値を算出する．予測値をもって小論文のスコアとする．

(1) で用いられる「特徴量」が，小論文評価のベースとなります．特徴量は単語の数，パラグラフの数，文法エラーの個数など，機械的にカウントできるような要素や，語彙の類似度を数値化したものなどの量的変数です．(2) から (5) までがフィールドテストの実施及び分析のプロセスです．(3) で評価者が採点した結果は「人間による評価結果」であり，いわばお手本といえましょう．本試験では人間の評価者がいませんので，本試験の小論文答案から得られた特徴量を手がかりに，このお手本をコンピュータによって再現することで，自動採点を行います．そのために必要な採点規準は，「どの特徴量が人間の評価結果のばらつきを説明できるのか」を示す「特徴量ごとの重みづけ」の推定値です．採点規準となる特徴量ごとの重みづけを算出する過程は，あらかじめフィールドテストで収集したデータを用いてコンピュータに「学習」させる手続きに例えられます．

(5) で行われる「重回帰分析」とは，いくつかの「説明変数」の分散によって「目的変数」の分散が説明できる場合，それがどの程度説明できるかを分析する，多変量解析[*3]の一種です．重回帰分析を行うと，先に述べた「特徴量ごとの重みづけ」を，説明変数ごとの偏回帰係数[*4]として求めることができます．偏回帰係数とは，その説明変数（特徴量）の分散が目的変数（人間の評価）の分散をどの程度説明しているかを反映した値で，その絶対値が大きければ影響力が大きいことを示しており，正の値であれば「説明変数が大きくなれば目的変数も大きくなる」関係，負であれば「説明変数が小さくなれば目的変数が大きくなる」関係を示します．重回帰分析のモデル式を表すと

$$y_i = \beta_1 x_{i1} + \beta_2 x_{i2} \cdots \beta_j x_{ij} \cdots \beta_J x_{iJ} + e_i \tag{5.1}$$

となります．ただし，特徴量が J 個ある場合を考え，y_i は受験者 i が採点した小論文に対する評価結果，β_j は j 番目の特徴量における偏回帰係数（重みづけ），x_{ij} は i の小論文に

[*3] 複数の変数を用いて，原因から結果に及ぼす影響力の強さや，個体の分類，変数の統合といったような，何らかの結論を導き出す統計手法の総称を指します．因子分析も多変量解析の一種です．
[*4] 説明変数をそれぞれ標準化，すなわち平均 0，分散 1 とした場合の偏回帰係数を用います．このような偏回帰係数を「標準偏回帰係数」とよびます．

おける j 番目の特徴量，e_i は誤差を表し，誤差は正規分布をするものと仮定します．

　重回帰分析を行うことで，人間の評価が未だ下されていない本試験の小論文に対し，その特徴量の値から人間の評価結果を推定することが可能となります．このための式がすなわち，(8) で用いられる「重回帰分析の回帰式」です．具体的な自動採点手続きとしては，(7) で算出した本試験受験者の小論文から求めた特徴量を，(5) で求めた (5.1) 式の重みづけ β_j をかけながら足し合わせることで，小論文のスコアが算出されます．同時にこのスコアは，人間の採点結果の予測値としてとらえることもできます．パス図による重回帰分析の表現と，それに対応するスコア（人間の採点結果の予測式）推定のための式の例を図 5.1 に示します．

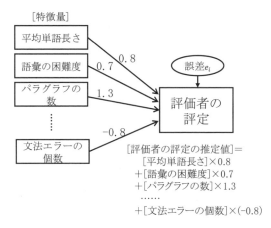

図 5.1　重回帰分析を利用した小論文の自動採点におけるパス図と，スコア推定のための式（架空例）．矢印上の数字は各特徴量の標準偏回帰係数

　この自動採点の仕組みを実現するためには，二つの工夫があります．一つは「特徴量を算出する」際に，その特徴量が「文字を数える」など，コンピュータで自動的に行うことができるようなものにする，ということです．二つ目は，本試験の採点を行う式を「重みづけの値をかけながら足す」というような，容易に計算できる方法とし，あらかじめ重みづけの値を人間の評定者による小論文採点データから推定しておくことです．これらの工夫により，大量の小論文に対しても，自動的に採点ができるようになるのです．

　また，重回帰分析を用いた重みづけの値の算出の代わりに，人工知能分野で研究が進められている「機械学習（machine learning）」の方法を用いる場合が，近年の主流の方法です．重回帰分析による重みづけの値の推定は，「小論文の評価のばらつきに影響力をもっている特徴量は何か」を推定することに相当します．機械学習では，特徴量の重要度について，人間の評価を「教師」として，多くの小論文におけるデータを用い，より教師に近いスコアを返すように重みづけの値を「学習」していくような仕組みを，コンピュータ上で構築しておきます．学習の結果，人間の評価結果に近くなるような特徴量の重みづけが推

定されるのです．この仕組みに，人間による小論文の評価結果と，小論文ごとの特徴量を与えることで学習が行われ，人間による評価結果がない小論文に対しても，特徴量を与えるだけで評価結果の推定値を算出することができます．

その一方で，これらの方法では，どのような特徴量を用いて評価を行うかによって，本試験の評価結果が左右されます．また，固有名詞の誤りといった，機械的に検出することの難しい点が評価に加味されないといった課題も残っています．

5.3.2 似たような答案を分類する

前項で記した方法は，人間による評価結果を「教師」として，「学習」させるアプローチをとっています．それに対して，教師がない場合に，いかにして膨大な小論文を効率的に採点するかについて，解決するための仕組みも考えられています．

たとえばフィールドテストで得られた特徴量のデータを使って，特徴量どうしの「値の近さ・遠さ」を比較し，似たような数値の傾向を示す小論文をグループ化するのです．この場合の特徴量としては，文章中に出現した語彙の個数や，係り受けの回数といった，より文章表現の根源に関わる数値が用いられます．これにより見出された分類の結果は「クラスター」の違いであるとよばれます．分類のための数理的な方法としては「非階層的クラスター分析」が行われることが多いです（これについては齋藤・宿久（2006：171–198）を参照してください）．また，特徴量の算出のためには，小論文答案に対して，使われている単語の個数を数えたり，品詞を同定したりといった情報処理過程も必要です．これは一般に「テキストマイニング」とよばれています．テキストマイニングについては，松村・三浦（2014）を参照してください．

このように答案を類型化することで，たとえ10000枚の答案があったとしても，それらを50程度の類型に集約することができます．それぞれの類型ごとに数十枚の答案を抽出し，問われたことに的確に答えられているかどうかを評価・採点します．そして，数十枚の答案の平均的な評価を，そのクラスターに分類されたほかのすべての答案の採点結果とします．これにより，10000枚の答案を人間が採点せずとも，採点手続きが完了します．

この方法であれば，フィールドテストを行わずに，いきなり本試験のデータを類型化し，採点を容易にすることも可能でしょう．しかし，どのようなクラスターに分類されるかが本試験実施までわからないままにいきなり分析を行うのではなく，フィールドテストにより小論文の問題が妥当かどうかを検討することは必要でしょう．

5.4 試験の実践における「1因子」という制約

試験問題は単一の構成概念，すなわち「1因子」を測定するためのツールの集合体です．そして，一つの試験で提示される問題冊子に，その1因子を測定するための問題を複数盛

り込み，それらを使って 1 因子の測定の道具とする，ということを述べてきました．そうすることで，1 因子を仮定したモデルに基づく試験の分析が可能となり，試験の「質」を高めることが可能となるのです．しかし，現実の試験では，かならずしもそのとおりにはなっていないこともまた確かです．

　たとえば，「教養」のような，もともと広い範囲を「薄く広く」修得していることで「大小」が測定されるような分野の試験を作る場合，そもそも 1 因子の試験にはなりえません．「教養」の下位領域として「自然科学系」「人文科学系」「社会科学系」のような分類があり，それらの分類の中にさまざまな学問領域があり，それらからいくつかを選んで出題する，という構造があるからです．このような「薄く広く」の試験の場合，1 因子の影響力は薄まり，下位領域やさらにその下の学問領域ごとに固有の複数の因子を想定したほうがより当てはまりが良くなることが予想されます．

　したがって，1 因子の仮定は，「深く狭い」試験の場合に，特に有効だといえます．しかし，そのような試験は「専門的な技能」のようなものを測定する場合に限られる，ともいえます．試験を計画し結果を分析する立場からすると，「深く狭い」ことを前提としたモデルを用いて「薄く広く」試験を行いたい，という相反する命題を同時に成立させなければならないといえます．

　しかし，統一的な尺度を作成することで，「薄く広い」試験であっても，1 因子を仮定したモデルを用いて，妥当な分析結果を得ることが可能です．実は，このような「1 因子の集積で総合的な評価を行う」という考えは，大学入試で科目ごとにスコアを集計し，合計するということと同じだといえます．科目（国語，数学，理科など）ごとに試験の単位を区切り，それぞれの単位で採点し，最後にスコアを合計する方法は，科目それぞれが特定の 1 因子だけを測定する道具に過ぎないという欠点を補う実施方法といえましょう．図 5.2 で示したのは，看護師を目指す学生に対して，看護学諸分野で必要とされる知識をもち，看護師としてふさわしい態度を示すかを測定する看護系大学適性試験[*5]の構成概念のパス図です．高校まででおなじみの「5 教科」には含まれない構成概念が並んでいますが，これらの知識をその分野ごとに測定し，全体的な「適性」を測定しようとする，という考え方は，5 教科の総合的な成績によって評価されるという，高校までの成績評価方法と基本的には変わりません．

　看護の適性試験のように，複数の測定概念を統合して「全体的な適性」のような曖昧な概念を測定する，という場合，解決されなければならない課題があります．それは，構成概念間でそれぞれが意味する内容に明確な範囲の区切りがない場合に，どのようにして区切りを設けるか，という点です．入試の例では，テスト実施機関である大学がそれぞれの科目に出題範囲を明確に定め，受験者もその範囲内で勉強しているからこそ，科目ごとの分析や集計結果の合算ができますが，出題範囲の決定に妥当性がないとなると，その試験

[*5] この試験はトライアル段階で，2016 年 12 月現在，実際の本試験は行われていません．

の仕組みそのものに疑念をもたれる恐れがあります．同様に，図 5.2 に示した看護の適性試験のように，下位尺度に階層性がある場合は，どの階層を分析の単位とするかを決めなければなりません．この点は，スコアを返す際により細かい分野単位ごと（○○学と書かれている 18 の単位）に一つのスコアを返すのか，それとも大まかな上位の分野単位（○○科目と書かれている 3 つの単位）について返すのかといった点と関連しますので，分析モデルだけの問題ではなく，試験のグランドデザインを決める際に問題になってきます．前者では受験者に 18 個の数字がスコアとして返却されるのに対し，後者では 3 個の数字で返却されます．

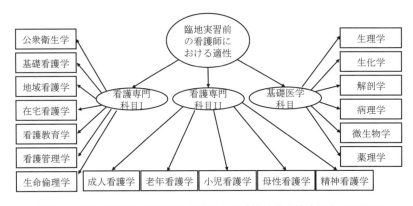

図 5.2　柳井（2012）における看護系大学適性試験の構成概念の関係図

また，項目反応理論による分析においては，能力の尺度についての 1 因子性，1 次元性の仮定が満たされているかどうかを正誤データから確認することが必須だといえますが，困ったことに，項目反応理論の分析結果だけをみていても，1 因子かどうかを判断することはできません．よって，フィールドテストを行った後，項目反応理論による分析を行う前に，下位尺度の 1 因子性の検討を行うことが肝要です．その結果，1 次元ではないと判断される場合は，1 次元とみなせるような問題の単位ごとに分析を行うなどの対策が必要となります．図 5.2 は看護系大学適性試験における構成概念の関係図で，これらの構成概念を問う問題を看護学生に出題するフィールドテストを行っています．フィールドテストから得られた正誤データに対して分析を行った研究については，光永ら（2014）を参照してください．この研究では，1 因子性の検討のために主成分分析[*6]を行い，「科目単位」「分野単位」の双方でスコアを算出しています．その上で，看護学生の適性を判断するための材料として，より細かい 18 分野のスコアを用いることがより実践的であることが指摘されています．

一方で，能力に 1 因子を仮定せず，多くの能力の軸をもっていることを仮定した「多次

[*6] 因子分析に類似する分析の手法で，多数の問題項目を少数の共通する変動成分（主成分）にまとめることを目的とした分析です．

元 IRT モデル」も提案されています．多次元 IRT モデルでは，複数の能力の軸を仮定することが可能ですので，このような下位尺度を仮定した場合に適しているといえます．しかし，パラメタの推定手法や解釈が難しいことや，等化の方法論的検討がまだまだ十分でないことが，多次元 IRT モデルを用いて試験を実際に運用する上での課題です．

5.5 多面的な評価の重要性：テストバッテリと試験の効率性

これまで述べてきたように，試験では「一つの分析対象は一つの因子であること」という前提を入れることにより，より解釈が容易になり，試験結果を今後に生かすことができる，ということを指摘しました．それでは，そのような1因子しか問うことのできない試験だけで，受験者に対して「多面的な」評価を下すことができるのでしょうか．

たとえば入社試験は，入社前に行われるわずかな面接や考査に基づいて，入社後に受験者がどの程度「会社にとって好ましいように」振舞うかを予測する必要があります．その結果，多くの受験者が不採用通知を受け取ることになるでしょう．しかし，ひょっとしたら不採用通知を受け取った人の中に，その会社を大きく発展させる可能性をもった人がいるかもしれません．また，入社した者がその会社の中で望ましくない振る舞いをし，会社に損害を与えるかもしれません．

大学入試においても，入社試験と同様に，「その大学に入学するにふさわしいか」を各受験生について評価し，評価上位の者から入学させています．しかし，企業への入社とは異なり，最近の大学では「アドミッション・ポリシー」という形で，大学（学部・学科単位の場合もある）が「本大学に入学するにふさわしい学生像」を公表しています．また，大学入試では一般入試，推薦入試，AO（アドミッション・オフィス）入試のように，複数の入試手段を用意することで，多様な学生を幅広く受け入れています．この点が，入社試験とは異なります．もっとも，入社試験以外の方法での採用（経験者，中途採用など）が企業においても多くなされているとは思いますが，利潤を追求するという会社組織の目的上，多くの会社が求める人材像は，大学の求める学生像よりも狭い範囲に限定されているといえます．

このように，評価の多面性は，その試験がどのような目的で実施されるかという点と密接に関連しています．決して，密室で誰かの思いつきで「なんとなく」決定されているのではなく，過去の業績（成績）と試験結果の関連や，企業（団体，大学）の理念といった柱があって，それにふさわしい選抜方法をとっている，ということです．

ところで，入社試験においては面接，実技など，複数の形式の試験を受験者に課すことが一般的です．企業はまずエントリーシートの内容や SPI などの検査結果を総合的に考慮し，多数の受験者を少数の採用候補者に絞り込んだ上で，採用候補者と企業の人事担当者や役員が面接やディスカッションを行ったり，採用候補者がプレゼンテーションを行ったりというような「実技試験」を課し，最終的に就職内定に至る，というパターンが多くみ

られます．このパターンは，新卒一括採用のみならず，中途採用やキャリア重視採用などでもみられますが，これらは同一人物について複数の評価観点から多面的に人物評価を行い，すべてにおいて優れている人物を採用するために行われています．このようにして複数の試験を組み合わせて評価する方法を「テストバッテリを組む」とよびます．個々の試験においては1因子だけ，つまり受験者のある側面からの評価のみを測定しているけれども，評価観点をずらした試験を複数あわせることにより，多面的な評価を目指す，ということです．

　一般に，多くの分野について幅広く問う試験を目指せば目指すほど，一つひとつの分野における深度が限られ，「浅い」試験問題冊子にならざるを得なくなる，という「帯域忠実度ジレンマ（bandwidth fidelity dilemma）」が知られています．このようなジレンマの原因として，試験にかけられる時間が限られているという点が挙げられます．幅広く浅く問うか，一つの事柄を深く問うかのいずれかしかできない以上，何を問うかをじっくり考えた上で，テストバッテリの組み方によって試験内容をコントロールすることが試験実施者の立場にとって肝要だといえます．

5.5.1　標準化された面接，小論文試験の導入

　前項で述べた「テストバッテリ」をどのように組むかを決める際には，個々の下位尺度（SPIや面接，ディスカッションなど）を測定する際のコストと，測定方法との関連も重要な考慮対象となります．考えてみれば，面接試験を行うためには，わざわざ多数の評価者を用意し，評価者に評価観点の統一をお願いした上で，複数の受験者と面接する必要があります．評価者は1日を面接試験のために費やすことになり，会場費，昼食代その他のコストがかかります．受験者が増えれば，それだけ評価者を増やしたり，多くの時間をかけたり，といったコストの増大が顕著になります．それに対して，紙と鉛筆を用いた試験やスマートフォンを用いたCBTは，時間的，金銭的コストの増大がみられない方法であり，数千人であっても一度に試験を行うことができます．

　企業の入社試験を例にとると，さまざまな側面から受験者を評価する意味でも，多くの段階があるような試験を実施していけばよいでしょう．重要なのは，その順番です．「CBTなど，受験者一人あたりにかかるコストが低い試験」については受験者が多い一次試験に，そして，受験者が少なくなっていくにつれて，コストがかかる試験を少数の受験者に課していくように設計されなくてはなりません．

　また，採用した人材が常に一定の水準に達しているかどうかを保証するために，「標準化テスト」の考え方に基づき，「複数の面接機会で統一された規準の元で評価結果が比較可能な面接試験」を用いることが必須でしょう．そうすることで，内容の乏しい「無駄な面接」を避けることができ，また採用候補者の能力が常に一定の基準に達しているように保たれるのです．

「標準化された面接」としては，たとえば「構造化面接法」といった，臨床心理学の分野で発展してきた手法がとられています．「構造化面接法」は，面接担当者が誰であっても，いつも同じ手続きで面接を行うことを前提とし，質問項目や質問順序，反応の評価方法をあらかじめ決めておくような面接方法です．このやり方は，面接場面をまたいで評価が統一的にできるので，「標準化された面接」に近いといえますが，反面，面接によって受験者から得られる情報が画一的になりがちであるというデメリットもあります．

また，「標準化された面接」と同様に，複数の小論文を統一的に解釈可能なスコアで評価する「標準化された小論文試験」というアイディアについても，研究が進んでいます．たとえば，あらかじめ評価規準を細かく定義しておき，複数の採点者で統一的に評価する試みが行われています．その際，採点者間の評価規準の統一性を保つために，記述式の問題について小論文採点システム（5.3 節を参照）を援用し，評価規準をコンピュータ上で参照しながら評定できる仕組みも，提案されています．

5.5.2 採用試験にみるテストバッテリの例

多面的な人物評価と効率的な試験の実施を両立する上で，テストバッテリを組むことは不可欠であるといえます．ここで一つの実践例として，国家公務員採用試験を取り上げます．

国家公務員採用試験にはどのような仕事に従事するかによっていくつか種類がありますが，ここでは「定型的な事務をその職務とする係員の官職その他の係員の官職」（国家公務員法第 45 条の 2）に就くための試験とされている「一般職試験」の中で，高校卒業者向けの事務職員対象の試験を紹介します．

2016（平成 28）年現在，国家公務員採用一般職試験（高卒程度）事務区分は，「基礎能力試験」（2011（平成 23）年度以前は「教養試験」）「適性試験」「作文試験」及び「人物試験」によって合格するかどうかが決まります（合格すると，各府省共通の採用候補者リストに名前が掲載されます．各府省はこのリストから各自の採用候補者を選定し，採用します）．このうち一次試験では基礎能力試験，適性試験，作文試験を行います．これらの試験スコアは標準点（偏差値）に置き換えられ，ある重み付けをされて合計されます．この合計点が高い方から一定数（年度ごとの採用予定者数によって異なる）の受験者が「一次試験合格者」として，二次試験の「人物試験」に進むことができます．「人物試験」では，面接官（現場で働いている国家公務員）による面接を受け，受験者が国家公務員としてふさわしいか検討されます．その結果は一次試験と同様に標準点に置き換えられ，一次試験の合計点とある重み付けをされて合算されます．この標準点の合計の高いほうから一定数が，「最終合格」とみなされるのです[7]．

この試験の方法では，一次試験に合格するためには，下位尺度（基礎能力試験，適性試

---

[7] 基礎能力試験が 4，適性試験が 2，作文試験が 1，人物試験が 2 になるような重み付けがなされています．

験，作文試験）で高い点を取らなければなりません．したがって，二次試験に合格した者は，一次試験で一定の水準以上の成績を収めた者のみのはずです．この試験では，「一次試験で合格できない者が二次試験で全体の水準からみて高い総合的能力を有する」という可能性を排除していますが，それでもかまわないのです．なぜなら，一般的に一次試験のスコアが高い人は二次試験のスコアも高く，一次試験のスコアが低い人は二次試験のスコアも低いという「正の相関関係」がみられるからです．このような相関関係は理論的に証明されるものではなく，国（人事院）が誰を採用するかを長い間に検討して見出された，いわば「経験的，帰納的推論に基づく結論」です．試験の現場ではこのような経験に基づく帰納的推論を多く活用しています．ただし，そのような帰納的推論の過程をテスト実施機関は公表しませんし，問い合わせに応じることもありません．このような推論の過程を一部の者だけに公表することで，試験の公平性が確保できなくなるためです[*8]．

試験を実施する機関は，試験の結果測定される下位尺度の間に相関があるか，もしあるとしたらどの組み合わせの相関が高いかに，大きな関心があるのです．先の例では，一次試験と二次試験のスコアの間に相関がある程度なければ，二次試験において一次試験のスコアが低い受験者が現れる確率が高まりますので，両者のスコアに相関が高いことが望ましいというわけです．図 5.3 を見ていただければおわかりのように，相関が低いテストバッテリの場合は「一次試験で合格水準以上の受験者の中でも，実は二次で合格水準にはほど遠い」受験者が多い場合があり，二次試験の担当者が「どうしてこんなにできが悪い受験者が多いのか」と感じることになるでしょう．それに対し，相関がある程度高ければ，それだけ労力をかけずに二次試験の選抜を行うことができます．

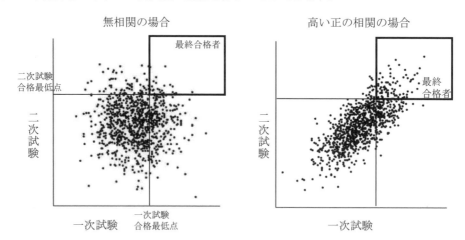

図 5.3 一次試験と二次試験の 2 段階を課した試験の散布図．二つの段階の間に相関が高ければ，能力の高い受験者を的確に選抜できる

[*8] 試験における情報公開に関しては 5.11 節を参照してください．

また，一次試験における3種類の試験では，基礎能力試験，適性試験，作文試験の順に重みが大きくなっています．このことは，公務員として重視される内容が基礎能力（教養），適性（事務処理能力の大小），作文能力の順であることを表しています．これらの4能力はいずれも一般的に事務職員として高ければ高いほど望ましいとされる特性を表していますが，どの能力を重視するかという点は，公表されているかはともかくとして，多くは採用予定の国／企業がそれぞれ独自の観点から重み付けを行っています．

5.5.3 選抜効果

テストバッテリを組む場合，このように，組み合わせる試験の評価観点及び試験形式が互いに異なっていることが重要です．また，各段階で選抜の目的を明確にしておき，それぞれの選抜が選考全体の「大目標」（企業であれば「望ましい人材を確保する」など）に寄与しているかどうかをモニターすることができれば，それに越したことはありません．ただし，定量的な評価に関しては「選抜効果」の影響が大きく，困難であることが予想されます．「選抜効果」とは，一次試験に合格した者だけが二次試験を受験できるとした多段階

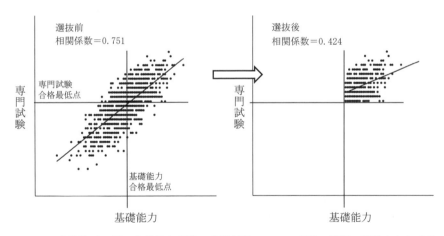

図5.4 選抜効果の例．基礎能力試験と専門試験の二つの試験の結果，選抜された受験者だけで相関係数を計算すると，全体の相関係数より小さな値となる

の選抜を行う試験において，二次試験受験者のデータのみを分析対象とした下位尺度間の相関係数などの統計数値が，一次試験を含めた全受験者から得られるはずだった「本来の統計数値」からかけ離れた統計数値となってしまう現象をさします．たとえば，図5.4左は「基礎能力試験」と「専門試験」の二つの下位尺度で合否を決める試験のデータについて，一次試験全体で得られた受験者でプロットした結果ですが，図5.4右に示した一次試験合格者（基礎能力が一定の合格点以上で，かつ，専門試験も一定の合格点以上）だけの下位尺度間のプロットをみると，右上がりの傾向が図5.4左に比べて薄く，相関係数も小

さくなっています．これは，選抜という要因によって，特定の素点の大きな受験者だけがデータ分析の対象となったために，実態を反映しない結果となっているのです．仮に二次試験実施担当責任者が，あらかじめ二次試験の受験者のみのデータしか渡されていなかったとすれば，「下位尺度間の相関が低いのは何かおかしい」と感じるかもしれませんが，それは一次試験で不合格になった受験者のデータを考慮に入れていないためであるといえます．選抜効果は，たとえば大学入試センター試験を「一次試験」，各大学個別で課している試験を「二次試験」とするような入試方法の大学において，入試データを分析する上でも，試験の信頼性や妥当性に関する議論を行う上で，考慮しなければならない問題です．特に，二次試験を実施する各大学担当者は一次試験（センター試験）の全受験者のデータが提供されているわけではありませんので，選抜効果を考慮に入れた分析が必須であるといえます．

5.5.4 試験の共通化で効率のよい試験を

　試験の効率化の話題に関連して，「試験の共通化」の話題についても述べておきましょう．もし採用試験や入学試験などといった同じ目的の試験を行うテスト実施機関（企業や団体）が複数あった場合，複数の機関の間で統一された項目バンクを用意すればより効率的に試験が実施できるでしょう．そこで，業種別，規模別などで共通して「ありがち」な概念を測定する試験を用意した「統一的テスト実施機関」が，複数の企業に同一の問題を提供する，ということが行われています[*9]．

　通常，統一的テスト実施機関は数千問から数万問の問題をストックしておき，同一年度に実施された試験で同一の問題を使わないように出題します．したがって，実施日の異なる試験であっても，同一人物が同一年度に同一問題を目にすることはありません．ストックされた問題はいずれもフィールドテストを行い，事前に問題の質が一定水準以上であるとわかっているものです．

　特に行政組織などにおいては，財政的な観点から，独自に試験を行うことが難しい場合が多くあります．特に近年は，行政のスリム化の観点から，役所や公的機関は余計なコストをかけないようにすべきであるという風潮があります．公務員の採用試験は受験者から受験料を徴収していませんので，試験にかかるコストは特に無視できないでしょう．行政組織はこのような仕組みを導入することで，最小のコストで少しでも妥当性や信頼性の高い試験を提供するように努力しているのです．

[*9] たとえば，地方公務員の採用試験では，統一的テスト実施機関として財団法人日本人事試験研究センターがあり，ここが業種別に作成した問題を，各地の地方公共団体が入手・出題しています．

5.6 効率的な評価のために：eテスティング

　一般に試験は，それ自体が一つのライフイベントであり，あたかも人生の目標であるかのような印象を与えがちです．つまり，人の一生に大きなインパクトを与える「儀式」のような側面をもっています．中でも，特に重要とされる「儀式」は，入試でしょう．

　しかし，入試というイベントは，教育という背景があって初めて意味を成すものです．すなわち，一定のカリキュラムに基づく教育が行われていて，その達成度を測るため，あるいは達成度を基準に選抜するために，受験者に対して「入試」を課す，ということです．したがって，教育と試験は不可分の関係にあるといえます．

　教育の方法も，インターネットを介した ICT の進展にともない，さまざまな方法が提案されてきました．オンラインで学習教材を提供する，というだけではなく，SNS などを用いた主体的学び（アクティブ・ラーニング）といった発展形をみるにつけ，今後は教育現場における ICT の浸透がさらに進むのではないかと予想されます．ただし，教育効果（学習効果）の定義が曖昧さを含んでいますので，この点を明確にすること，すなわち教育評価の方法がより客観的で妥当であることが，新しい教育方法の評価に欠かせないことが指摘できます．

　そのために，ICT を用いた試験，すなわち CBT を導入することは，自然な発想だといえます．ICT を用いた教育の進展にともなう教育評価の方法として，紙の問題冊子を配布して紙の解答用紙に手書きで記入させ，目視で採点する方法を採用することは，ICT の粋を集めて構築したネットワーク環境があることを考えれば，非効率的であるといえるでしょう．

5.6.1　CBT と e テスティング

　CBT は，多枝選択式はもちろん，記述式の試験においても，手書きの解答より客観的であるといえますし，項目反応理論などによる分析から結果を受験者に提示するところまでをコンピュータで一貫して行うためには必須の技術だといえます．漢字の書き取りや数式を含む証明問題など，コンピュータによる採点が難しい事例も多数ありますが，英語の「発話能力」を測定する試験では，受験者の解答を電子的に音声データの形で管理し，自動採点する技術が実用化されていて，電話を用いた自動採点試験も存在します[10]．受験者がテストセンターに電話をかけ，受話器から流れてくる問題に口頭で解答するだけで，英語のスピーキング能力のスコアが標準化された形で返ってくるのです．

　また，CBT は原則として，紙による問題冊子がありません．そのため出題形式を CBT とすることで，問題冊子を持ち帰ることが許されない試験において，受験者が問題冊子を

---

[10] 代表例として，Pearson 社による VERSANT などが挙げられます．

誤って持ち帰るといったトラブルを防ぐことができます．同様に，フィールドテストでモニター受験者が問題冊子を持ち帰るといった事態を防ぐことができ，問題の管理がしやすい方式であるといえます．

　CBT による実際の資格試験などでは，参考資料を用いての解答や受験者同士での相談といった不正行為を防ぐために，パソコン端末を備えたブースに受験者を案内し，試験監督者が直接監視しながら試験を受けさせます．また，パソコンに備えた受験者向け監視カメラの映像を録画し，試験の最中のみならず事後であっても，不正行為が発覚した場合には結果を無効とする，といった仕組みを取り入れている場合があります．特に公平性が重視される試験の場合は，CBT のための専用試験会場を用意し，試験監督者が受験者を案内し，試験進行をコントロールする場合がほとんどです．CBT にすれば問題冊子の配布や回収に必要な人的リソースが不要になるかと思われるかもしれませんが，実際には不正行為を監視するなどのための試験監督者が，どうしても必要なのが現状です[*11]．

　インターネットなどの Web を介した学びを「e ラーニング」とよびますが，それに対応して，Web を介した試験を「e テスティング」とよびます（植野, 2007）．e テスティングは e ラーニングの特徴である「いつでも受講が可能である」「既存の学校での対面型講義では得られない，e ラーニング特有の学習理論に基づいた学習ができる」といった点をそのまま受け継いでいます．すなわち e テスティングには「いつでも受験可能」であり「e テスティングの特徴をふまえた他の形式にはない試験が提供できる」という特徴があります．

　e テスティングを用いた試験技法については植野・永岡（2009）に詳説されています．また，石岡（2014）は，大学入試で e テスティングを用いた実例を紹介しています．それらの中核をなすのが「項目反応理論」と「項目バンク」の概念です．これからの試験の実施方法について検討していくには，最新の e テスティングに関する知識が不可欠であり，そのためには項目反応理論の理解が不可欠だといえるでしょう．

5.6.2　e テスティングの典型例：CAT

　CBT と，項目反応理論とを組み合わせた試験形式として，「コンピュータ適応型テスト（computer adaptive test：CAT）」があります．近年，多くの試験で導入され，試験実施時間の短縮やより精密な受験者の能力の推定に役立っています（図 5.5）．CAT は CBT の一種で，受験者はコンピュータに向かって解答を入力します．受験者は提示される問題に順次解答するように求められますが，最初の数問に正解が多かった場合，その後には困難度の高い問題が提示されます．その問題に不正解だった場合，困難度が少し低めの問題が出されます．正解だった場合は，困難度を少し上げた問題が出されます．ちょうど，視力検

[*11] 個人認証の方法については，いわゆる「替え玉受験」を防ぐために，身分証明書の確認以外にもさまざまな工夫がなされています．たとえば，タブレット端末を用いた CBT で，入力用のペンの持ち方が受験者ごとに異なることに着目し，持ち方の特徴を用いたコンピュータによる個人認証の試み（橋本ら, 2009）が研究されています．

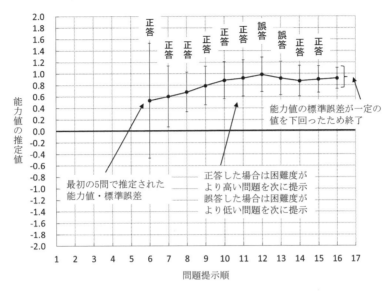

図 5.5 コンピュータ適応型テストで推定される受験者の能力値の推移

査で差し棒で示された「C」のマーク（ランドルト環，図 3.4）の切れ目を「右」「左」……と小さいほうに向かって解答していくのに似ています．つまり，正解するにつれて提示されていく環が小さくなっていき（困難度が上がっていき），無回答（「わかりません」）や誤答が発生して，回答があやふやになり，受験者が見分けることの難しいマークに達したと判断された時点で，その直前の正答が得られた視力が測定結果となるのです．逆に，最初に出した数問に不正解が多かった場合は，より困難度の低い問題を提示していきます．すると正答していくようになるはずですので，正答が多くなるあたりの困難度が受験者の「真の能力」に適したレベルである，という測定ができるのです．

CATでは，受験者の能力値の標準誤差がある一定の水準まで小さくなったら[*12]，問題提示を打ち切り，それまでの試験問題の正誤をもとに能力値を推定して「結果」として表示します．つまり，ある時点で受験者に提示される問題文は，受験者がそれ以前に解答した問題の正誤によって決まるのです．そして，次に提示する問題は，過去の正誤の履歴から自動的に決定されます．このように，問題受験者の能力を判断するためにふさわしい問題を自動的に項目バンクから抽出し，提示するというCATは，「eテスティングの特徴をふまえた」試験形式の代表例であり，紙と鉛筆の試験ではなしえなかった試験方法であるといえます．また，項目反応理論を用いて困難度（と識別力）を推定しておき，項目バンクに入れておく，という作業が不可欠です．

日本で運営されている主なCATには，英語コミュニケーション能力判定テストCASEC

[*12] 信頼区間がある程度の水準まで狭くなったら，と言い換えることもできます．

があります．また，アメリカの看護師資格の認定試験である NCLEX-RN も，CAT を導入しています．

5.7　試験の合否決定方法と試験の「質」

これまで述べてきた標準化テストに基づいた試験では，主に信頼性や妥当性の検討など，尺度の「質」を向上させる取り組みが行われてきました．その一方，多くの試験では受験者にスコアを返すのではなく「合格か不合格か」だけを通知することが行われています．

受験者からみれば，いかに試験の「質」が向上したからといっても，合否を判断する方法の「質」もよくならなければ，試験全体でみた結果のもっともらしさがなくなり，試験に対する信用を揺るがす，ということになりかねません．よって，尺度の「質」を向上させる取り組みとは別に，合否を決定する方法の「質」も向上させる必要があるといえます．では，質のよい合否の決定は，どのようになされるのでしょうか．

5.7.1　テスト・スタンダードにみる合否決定方法

合否の決定方法に関しては，個別のテスト実施機関の工夫以外にも検討の余地があります．合否決定方法に「標準的な方法」があるのかどうかを調べ，もしあった場合には，それに準拠した形で合否を決定すれば，より一般性をもった合格判定ができるものと期待される，ということです．

このような標準的方法については，「テスト・スタンダード」（日本テスト学会, 2007）が知られています．テスト・スタンダードでは，合否判定方法以外にも，試験実施の現場で標準的に配慮されるべき事項が多く定められています．正式名称を「テストの開発，実施，利用，管理にかかわる規準」としていることからも，人間の能力や特性を測定する試験全般の「スタンダード」を定めていることがわかります．

テスト・スタンダードでは，1 節（3.3 節）を割いて，試験の結果を合否判断に用いる場合の判定基準の設計における留意点が述べられています．その中でも，

- 合否の境界値の決定方法
- 複数の下位尺度を用いた合否の判定方法と問題点
- 下位尺度の尺度得点の総合
- 判定の不完全性

について詳細に述べています．

まず「合否の境界値の決定方法」についてですが，大学入試のように，合格者の定員が決まっている場合は，試験の識別力が合否の境界付近で高くなるような問題セットを作成することが望ましく，資格試験のように合格者の定員が不定の場合は，項目分析などの方

法で毎回の試験の等質性を保つことが望ましいことが述べられています（日本テスト学会, 2007：98）．これらの条件を満たすためには，フィールドテストを行い，テスト理論に基づいた分析を行うことが必須であるといえます．

次に「複数の下位尺度を用いた合否の判定方法と問題点」です．たとえば，英語の試験において「読む」「書く」「話す」「聴く」の四つの下位尺度（技能）の試験を行った場合，英語の技能が合格点に達しているかどうかを4技能のスコアを機械的に足し合わせることで判断することは望ましくありません．実際，「聴く」技能が未熟で著しく低いスコアだった受験者が，他の3技能のスコアで挽回して合格点に達してしまえば，全体のスコアとして「合格」という判断が下されてしまいます．このような4技能のスコアを足し合わせた結果と合格基準点を比較する方法を「総合得点方式」とよびます．この他には，たとえば「いずれかの技能で著しく低いスコアだった受験者は，自動的に不合格とする」という方法があります．そのためには，各技能について「最低基準点」を決め，最低基準点に達しない技能が一つでもあった場合は即，不合格と判定すればよいでしょう．国家公務員採用試験においても，各試験種目で「（最低）基準点」が決められていて，一定の基準点をクリアできない種目が一つでもある受験者は不合格になります．このような方式の試験を「最低基準点方式」とよびます．また，試験によっては「ある特定の技能が合格基準点を満たしていれば，ほかの技能が劣っていても合格とする」ような「最高基準点方式」がとられることもあります．

また，「下位尺度の尺度得点の総合」について，先ほどの語学試験の例で全体のスコアを計算するときに，4技能のスコアを単純に合計した値を求めましたが，たとえば「読解能力に長けた受験者に合格者が多く出て欲しい」と考えるのであれば，「読む」の下位尺度のスコアを2倍して，他の下位尺度のスコアと合算することにすればよいでしょう．このように，下位尺度の重要度に応じて重みをつけて足し合わせるスコアの計算方法を「重み付き加算方式」とよびます．

5.7.2 さらなる判定方法の改善のために

「判定の不完全性」という点に関して，テスト・スタンダードでは以下のような可能性について述べられています．

> 本来，合格の要件を満たしているはずの者がたまたま実力を発揮できなくて不合格になったり，逆に合格の要件を満たさない者が運よく合格したりする可能性は常に存在する．テストの信頼性や妥当性が高ければ，判定の不完全性は小さくなる（日本テスト学会, 2007：100）

この文でもわかるように，判定の不完全性を減らすためには，信頼性・妥当性を高める努力が必須なのです．

試験によっては，身体検査（身長〇センチメートル以上であること，といった場合）などにより，明確な形で「合格の要件」が決められている場合もありますが，ほとんどの試験では合格の要件を物理的な数値ではなく，「試験のスコア」が合格基準に達していることとしています．いずれにしても，結果を合否で表示する試験の場合，合格の要件を満たしているにもかかわらず合格できない受験者が発生する可能性と，要件を満たしてないのに合格してしまう受験者が発生する可能性の，2種類の可能性を考えなければなりません．

　この二つの可能性は合格基準と関連があります．合格基準を下げると，要件を満たしている不合格者は減るのに対し，要件を満たしていない合格者が増える恐れがあります．合格基準を上げると，要件を満たしていない合格者は減りますが，要件を満たしている不合格者が増える恐れがあります（図5.6）．試験の制度設計において，合否基準を設計する場合，この点を考慮に入れる必要があるでしょう．たとえば，ある業種の試験について「絶対に基準を満たしていなければ，命に関わる」ような基礎的事項については，受験者全員に問題を提示し「正解しないと合格としない」という基準とすることが，たとえ合格者が減少したとしても，適当だといえます．

　このように，合否が分かれる試験の設計については，信頼性や妥当性を高めることの重要性はもちろんのこと，下位尺度を含む構成概念の特性や試験制度全体との関係を含めた綿密な検討が不可欠です．一度決めた判定基準を変更する際に，過去の判定基準決定に関する経緯をテスト実施機関が保管し，参照可能にしておくことや，可能な範囲で判定基準を公開することもまた，重要なことであるといえます．

5.7.3　受験者の「試験対策」と適性診断

　受験者側からすると，このような合否判定方法の公開は，試験に対する「対策」をする上でも，重要な手がかりを与えてくれるでしょう．警察官になるための試験が，「将来，より望ましい警察官のあるべき姿に近くなるような受験者を選抜する」ために行われているように，どのような試験の仕組みにも「試験の目的」があり，その目的を達成するために試験が最適化されているといえます．受験者がとるべき「試験対策」とは，そのような「試験で選抜したい傾向」とされている特性を高めることにほかなりません．

　世の中にさまざまな職業があり，それに対応した採用試験があります．そのすべての試験対策をこなせるような多彩な人は，ほとんどいないでしょう．その意味で，試験対策のために勉強することは「試験実施団体が試験でよい成績を収めてほしいと思っている人がもっている傾向」を，自分がもっているかを見極める上で，重要なプロセスとなるでしょう．警察官を志して「警察官採用試験」の試験対策を始めてみたところ，ほとんどついていくことができなくなって，結局別の道を志すようになった，というような事例は枚挙に暇がありません．受験者の適性の有無を適切に判断するための道具として，試験が有効に機能するためには，試験実施団体が測定したい構成概念を明確に定義し，適切な合否基準

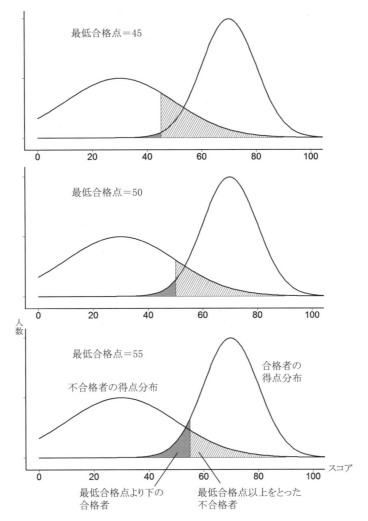

図 5.6　合格基準を変えた場合の，合格者と不合格者の人数の変化

を定めることがきわめて重要なのです．

　試験実施団体によっては，「過去問題集」として，過去に行った試験問題の現物を公開しているものがあります．もし試験実施団体が項目バンクの中身を一切明かしたくないと思ったとしても，受験者の「どんな問題が出るか」「どんな形式なのか」といった興味関心を抑えることはできないでしょうし，なにより「自分がその試験に向いているか」を判断する材料を受験者に与えないことは，試験制度としても欠陥があるといえるかもしれません．項目反応理論に基づく等化を行う試験であっても，実際に出題した問題の一部を公

開*13することは必要でしょう．その上で，等化した後の項目パラメタをその値の大小に応じて5段階程度で表示することで，受験者に「問題の絶対的な難しさ」を表示することが，より望ましいのではないでしょうか．

5.8 入試制度改革の困難さ

大学を取り巻く社会環境が大きく変化している昨今，今後あるべき大学の具体像について多くの議論があります．それとリンクする形で，大学の入学試験制度についても大きな変革が求められています．しかし，そのような変革は大きな困難をともなうでしょう．では，その変革を妨げる原因は，どこにあるのでしょうか．一つの原因として「日本的テスト文化」をコラム1で書きましたが，それ以外にも以下の5点が挙げられるでしょう．

5.8.1 入試制度改革をめぐるいくつかの論点

■(1) 規準集団準拠型テストか，達成度確認テストか　入学試験においては，二つの観点から受験者の選抜を行う必要があります．一つは志願者のうち能力の高い方から合格させるという観点，もう一つは受験者の能力が学校（大学，高校など）の勉学についていくだけの水準にあるかを確認するという観点です．前者は選抜的要素であり，能力の平均からの隔たりをもとに相対的な順位づけによって選抜する，という入試方法（規準集団準拠型テスト）に対応します．後者は達成度について絶対的な基準に達しているかを受験者個別に評価し，受験者間の比較をしない入試方法（達成度確認テスト）に相当します．

大学入試においては，この2通りの評価のいずれかをとるかという点について，大学，行政（文部科学省），高校，予備校（受験産業）の間で合意形成ができていないのが現状です．ここでの議論は，大学をまたいで共通に課す試験と大学個別に課す試験のそれぞれの役割といった，試験制度の根幹にかかわる点が多くを占めますが，受験の機会を「産業」として社会構造に組み込んできたという歴史的経緯も重要な観点として考慮しなければならず，教育社会学や学校教育論などをはじめとする多方面からの検討が必要でしょう．そもそも，「大学入試でどのように受験者を評価するか」についての議論を避けて通ることができないことは，いうまでもありません．

■(2) 問題を作成しフィールドテストを実施する体制の不備　仮に標準化テストを項目反応理論に基づき行うのであれば，項目バンクの運用を前提にすべきだということは，2.1節で述べたA大学の共通英語試験の例をみれば明らかでしょう．また，入学試験を年に複数回実施する計画であれば，それに応じた数の問題を，各教科について用意しなければなりません．2015（平成27）年度の大学入試センター試験を例にとると，国語1科目，地歴

---

*13 もちろん，ここで公開した問題はアンカー項目として使用せず，再出題しません．

公民 10 科目，数学 7 科目，理科 8 科目，外国語 5 科目について，本試験と追試験・再試験（同一の問題）の 2 種類の冊子を作成し，出題しています．仮にこれらを年 2 回ずつ行うとなると，試験問題作成の体制も最低でも 2 倍は必要でしょう．さらに，本試験前に困難度や識別力などを推定するためのフィールドテストを行う必要があるため，フィールドテストの受験者を確保する必要があります．しかし，フィールドテストを誰がどのような手順で行うかを決めるのは簡単ではありません．なぜなら，多くの大学にとって，試験は多くの人手を必要とする「面倒な業務」だからです．このような面倒ごとを率先して引き受ける大学はないでしょうし，大学以外であってもこれだけ多くの科目についてのフィールドテストを十分な機密保持のできる環境で実施することは，大変な困難がともないます．

また，標準化テストにせず，問題を毎回使いきりで公表し続ける現行制度を踏襲するのであっても，現行の問題作成体制で十分というわけではありません．現行のセンター試験とは全く違った形式の試験を行うわけですから，フィールドテストを何度も行い，試験としての完成度を高めなければなりません．そのための労力は，莫大なものにならざるを得ません．

■（3）入学試験がハイ・ステークスな試験であること　ハイ・ステークスな試験においては，問題の信頼性や妥当性，試験制度のあり方に関する慎重な検討が特に求められます．どんな人でも公平ではない試験制度によって人生を左右されたくありませんから，解答時間を秒単位で管理するなどの方法で，公平性が追求されなければなりません．しかしよく考えてみると，入試を複数回実施してその中の任意のスコアを使って合否を判断してもらえるのであれば，些細な原因で 1 度くらいスコアが振るわなくても，それほど気にしなくてもよいはずです．

ただ入試を複数回実施する場合は，受験者から「ある回の受験者だけ，問題が易しかったのは公平ではないのではないか」という主張や，「そもそもわけがわからない方法で調整したスコアで一生が決まるのは納得できない」という不満も出てくるでしょう．要は，年複数回実施を実現できたとしても，受験者からみて入学試験が一生を左右するという構造が変わらない限り，公平性に関する追求はやむことがない，ということです．

■（4）教育政策に関するグランドデザインの欠如　これまで日本では教育政策の是非を評価しその解釈をめぐって議論を戦わせる場に乏しく，また適切な根拠に基づき議論をすることが難しい状況にありました．「入学試験で受験者に何を問うかは，すなわち，どのような教育を提供するかの方針を示すことと同義である」ことを教育関係者が自覚すれば，多様な価値観のもとで統一的観点から決定されるべき事項として，「入試制度」ではなく「教育政策」をまず考えなければならないことがわかるはずです．

また，5.9 節で述べる「科学的な試験制度の検討」という観点が，現在の日本の教育政策の決定にほとんど取り入れられてこなかった，という点も大きな問題点だと思います．受験者の能力の経年変化を測定するという明確な意図に基づいた学力調査，すなわち科学的

な手法による生徒の評価は戦後70年間を通じて皆無だった（安野，2010）ということからして，データに基づく議論が行われず，地に足の着かない安易な発案に基づく「改革」だけが横行し，その効果測定が行われてこなかったことについては，政治家を含む，これまで教育政策を論じてきた関係者全員が反省しなければならないでしょう．

　ただし，入試制度を変えるには，過年度卒（浪人生）に対する配慮といったように，これまで行われていた入試制度との連続性を保つための現実的な対応が必要になります．その一方で，教育政策に関する改革はそのような枠にとらわれることなく行われることが理想とされる場合もあります．こういった現実と理想のギャップをいかに埋めるかという点も，教育制度に関する議論を難しくしています．

■（5）入学試験の制度設計時における試験の専門家の不在　現在行われている「大学入試センター試験」は，独立行政法人大学入試センターが行っています．大学入試センターには「研究開発部」があり，試験に関するさまざまな調査や研究を行っています．そこに属する研究者は，全員，何らかの形で「測定・評価」に関する研究を行っており，試験実施のためのノウハウのみならず，「望ましい試験のあり方」に関する豊富な知見をもっています．しかし，新しい大学入試のあり方を検討するための議論は，大学入試センター内で行われているのではなく，文部科学省の「高大接続システム改革会議」で行われてきました．大学入試センター研究開発部がもっている試験に関するノウハウは，高大接続システム改革会議における議論にほとんど生かされていないというのが筆者の正直な感想です．それは，高大接続システム改革に携わる専門家の中に，テスト理論に精通している者が少数であることをみれば明らかです．テスト理論から得られる知見は，入試にも多くのメリットをもたらす（具体例は繁桝（2014：180–196）を参照）ことがわかっていますが，それらの知見を前提知識として共有する姿勢の欠如によって，このような事態に至っているのではないでしょうか．

　上記の課題をふまえて，筆者が重要だと考えるのは，入試において，データに基づく評価を受験者のために行う，という点です．そのためには，年複数回実施が（困難なことを承知で書きますが）必要でしょう．上の（3）で述べた「1回くらい調子が悪くても，他の回で挽回すればいいのだから」と受験者が感じる点に，教育的意義があります．複数回受験できる，ということは「何度か受験することで，その受験者のベストがみえてくる」と言い換えることができます．複数回実施することの意義は，受験者に「自己ベストに挑戦してほしい」というメッセージを与えることだと，筆者は考えます．そして，「その受験者のベストがどれくらいか」が公平に測定できて初めて，教育的により望ましい試験制度である，といえるのではないでしょうか．

5.9 科学的な試験という規範

　試験は，公平でなければなりません．公平な試験とは，受験資格が満たされれば，誰でも受験できる試験のことです．そして，試験の仕組みが特定の人にとって有利になっているということがない試験のことです．

　公平な試験をつくるためには，制度を工夫しなければなりません．ただし，試験制度を検討し，公平なルールを目指したとしても，試験問題が特定の受験者だけに有利な内容だったということは，あってはなりません．しかし，「特定の受験者だけに有利」という概念は，曖昧であり，試験実施関係者は何をもって「公平か否か」を議論する必要に迫られます．そこで必要になってくる概念が「科学的な態度」です．

5.9.1　根拠なく試験制度を構築すると

　問題文の質や，試験の質を向上させることは，公平性の確保にもつながり，「よりよい」試験に近づく最も率直なアプローチであるといえます．その障壁になっているのが，さしたる根拠に基づかない直感に基づく「あるべき試験の理想」を追い求める姿勢です．

　よく，「まぐれ当たりの可能性があるから，多枝選択式は良くない」「記述式こそが，本当にがんばった受験者を見抜ける力をもっている」といったようなことを語る研究者がいますが，いずれも「自分の経験」といったような，客観性に欠け，確証バイアス（5.9.3項を参照）にとらわれた根拠に基づく推論です．まぐれ当たりのために合否がひっくり返る可能性を心配しているのであれば，その可能性をなくすために，過去の試験の正誤データに基づく議論を通じ，適切な試験制度やモデルの検討を行えばよいわけであって，即，「多枝選択式は良くない」という結論になるわけではありません．

　逆に，記述式では，評価の客観性を保つためにテスト実施機関がさまざまな努力をしなければならず，採点のためのコストがかかる上，問題の質を定量的に評価することが難しいといえます．よって，客観的な試験として成立させるのが多枝選択式に比べて困難です．自動採点（5.3節を参照）を行えば多少は労力が軽減されるでしょうが，「コンピュータで採点した結果は，本当にがんばった受験者を見抜けないのではないか」などといわれれば，すべて人の手で評価する必要が生じ，評価者を大量に確保しなければなりません．

　いずれの態度であっても，科学的な態度から遠いことはいうまでもありません．科学的でない試験はしばしば悲劇を生みます．「記述式が，本当にがんばった受験者の選抜に最もよい」というような「理念」に賛同する人たちが，その信念に基づいて試験制度を設計すると，「がんばった人」という具体性に欠けた概念に基づいたまま試験が行われてしまいます．そのため，どのような規準でスコアをつけるのかを，採点者やテスト実施機関の外部に説明することができません．よって，たまたま「評価者の気に入った答案を書いた」受

験者が「がんばった」から高スコアを獲得してしまう，という事態が生じるでしょう．これでは，公平な試験とはいえません．そのような恣意的な評価が繰り返されると，やがて受験者や評価結果を用いる側（大学入試ならば，大学の関係者）に「この試験の採点は受験者の達成度を反映していないのではないか」という疑念が生まれ，ついには，試験の結果が「信用を失う」ことにつながります．労力をかけたのに信用を失うことは，悲劇としかいいようがありません．

困ったことに，受験者からしてみれば，このような明らかに「筋の通らない」採点が行われていたとしても，「すべては闇の中」なので，採点方法について追及しようがないのです．すなわち，テスト実施機関は社会的に「閉ざされている」ので，仮に不公平な評価が行われていたとしても，それがまかり通ってしまう構造をはらんでいるのです．これは受験者にとっての大きな悲劇です．

5.9.2 根拠に基づく評価は大切

試験が「妥当」であり「信頼性がある」というためには，その根拠が「量的データに基づく」という主張がなされることが，最低条件でしょう．「科学的に正当な根拠に基づいているから，このやりかたでよい」という，方法の妥当性に関する議論の手法は，医療現場では「根拠（エビデンス）に基づく医療（evidence-based medicine）」のような形で，すでに実践されています．根拠に基づく医療によって，医者が「この治療法は有効である」と信じる治療法に「妥当性」「一般性」「普遍性」が生まれ，より妥当な治療・ケアを行うことができるのです．その背景として，妥当な「根拠」を得るための研究手法（事例研究や臨床試験など）や，根拠として妥当な度合い（エビデンスレベル）についても，医者や研究者の間で一定の合意が得られています．

このような医療の現場にならい，これからの日本において「根拠に基づいた評価」が定着し，より合理的で客観性をもった指標に基づく評価が行われるようになれば，独善的なテスト実施機関によるずさんな試験のために受験者が不当な評価結果に泣くことも少なくなります．また，受験者がより「実感できる」スコアを得ることで，試験に対する社会的信頼も高まることが期待されます．

5.9.3 確証バイアス

しかしながら，試験を開発するのは人間です．人間が科学的な態度をとり続け，厳格な態度で試験を開発し続けることは不可能に近いといえます．よって，科学的な根拠に基づく試験を行っているようにみえて，実際はそうではない，ということが起こり得ます．

人間は一般的に，「自分の思いついた仮説を支持する事実ばかり追い求める」傾向があります．このような傾向を認知心理学の用語で「確証バイアス」とよびます．そして，問題作成者が「これは良い問題だ」とする問題の中には，客観的データと整合性がないもの薄

いものがかなり混じっています．始末の悪いことに，問題作成者が確証バイアスにとらわれて「先輩の先生に『これはいい問題だ』とほめられたことがあるから，この問題を出題すべきだ」などという主張をすることも少なくありません．この問題作成者の眼中には，自分の作った問題に的確な批判的指摘をする先生の意見はないのでしょう．このような独りよがりな問題作成者は，やはり好ましくないといわざるを得ません．

また，項目反応理論のモデル選択や，試験実施方法の検討においても，確証バイアスが影響し，科学の手続きをふまない方法で決定する場合もあるでしょう．そのような事態を避ける意味でも，多くの専門家による多角的な検討が望まれます．その際に重要なのは，人間が誰しも確証バイアスにとらわれている可能性があることを織り込んで，試験の制度や実施方法を構築することです．たとえば，問題を作成し妥当性を検証を行う際，批判的思考（critical thinking）に基づく妥当性の検証を行うように問題作成者や編集者をトレーニングすればよいのです．批判的思考は，さまざまな論点から妥当性を批判的に検証することを通じ，より論理的，合理的な方法で，ひいては科学的といえる方法で妥当性の評価を下そうとする態度をさします．批判的思考に基づく妥当性の評価をおこなうためには，人間がもっている確証バイアスなどの「認知バイアス」が科学的な意思決定の妨げになる事例を学び，より多角的，批判的に妥当性を検証するという考え方を実践することが不可欠です．批判的思考に関する文献としては，ゼックミスタら（1996, 1997）などがあります．

5.9.4　試験は経験の科学

試験にまつわる研究は「経験の科学」とよばれるほど，経験則に基づく要素が多く存在します．

一般に，「科学的」とされる事項に関しては，先に一般法則を明らかにし，その法則を個別の事象に当てはめて説明する「演繹的」な方法と，先に個別事象について述べ，それらの類似点・非類似点に関する議論から一般的事象を導く「帰納的」な方法があります．これまで述べたように，試験を作成し，試験制度を維持管理し，試験の結果から次の試験制度を検討するという枠組みの随所に，帰納的推論がみられます．たとえば，個別の試験問題を作成する際，どの問題が「質のよい」問題かを検討するためには，受験者にフィールドテストを行った結果を題材に議論します．また試験制度の維持管理についても，従来の試験制度の問題点を，他の試験制度を参考にして改善案を練り，改変していきます．これらはいずれも，試験に関するデータ，経験をベースにしているという点で，帰納的推論に依拠しています．

しかし，帰納的推論を重ねる方法には落とし穴があります．帰納的推論の過程で万一，誤った結論を導いてしまった場合，その誤った結論がそのまま，次の推論のたたき台になってしまうという点です．そして，そこから導かれた結論もまた，誤ったものになってしまう可能性が高くなります．誤った方向に導かれた議論が，「科学的」な推論に基づき，

誤った結論を導いてしまう．このような誤りを防ぐためには，経験則だけではなく，演繹的手法に基づく「理論的」な枠組みが必要になってきます．このような理論的枠組みは「パラダイム」ともよばれ，テスト理論のみならず，科学の方法論一般において頻出する概念です．

　試験の分野においては，このようなパラダイムが二つあります．一つは「古典的テスト理論」であり，もう一つは「項目反応理論」です．これらの枠組みはいずれも 1900 年代以降に提唱されたものですが，これは心理学の発展と歩調を合わせています．心理学は哲学や倫理学，生物学など，数百年，数千年も続く学問領域に比べれば，まだまだ「ひよこ」程度の歴史しかありませんが，その意味では，試験に関連する学問はさらに歴史が浅い，ということになります．

　ガットマンスケールの項（3.2.4 項）で説明したように，「問題文」という心理的な「刺激」を，「受験者」すなわち「実験参加者」に与えた場合に得られる「反応」を記録する，という考え方を発展させたものが項目反応理論です．ここで出てきた「刺激」「実験参加者」「反応」という概念は，実験心理学で多く扱われるものです．また，「能力」を「評価」するといった場合の「能力」「評価」といった概念も，それ自体が曖昧さを多分に含んでおり，心理学が得意とする範疇です．このように試験の実施方法や結果の解釈，採点の仕方といったトピックでは，心理学で見出された知見が多く用いられています．

　歴史が浅いとはいえ，心理学という，科学を標榜する学問分野をベースにして，試験は開発されています．これから開発される試験についても，同様にテスト理論に基づいた試験となるようにすれば，より科学的で普遍性をもつ「安定した」試験となることが期待されます．

5.9.5　推定方法の技術的進歩とこれからの試験

　5.6.2 項で取り上げた CAT は，コンピュータを用いることが前提となっている試験形態です．当然，コンピュータ技術の進展がなければ，このような試験は成り立ちません．また，「映像を見て問いに答える」という問題形式も，ICT の発展の上に成り立っています．これらの技術を応用することで，今後，全く新しい発想の試験が行われるようになるでしょう．そしてそれは，私たちの予想をはるかに超える形態になることは確実です．たとえば最近，画像処理技術の進歩により，2 枚の顔写真が同一人物かどうかを高い精度で判定することが可能になりつつあります．近い将来，携帯端末を用いて受験者の顔写真を撮影し，本人確認に用いる，といったことも容易になるでしょう．

　しかし，ICT 技術の進歩とは対照的に，問題特性の推定方法論の研究はなかなか進んでいないのが現状です．項目反応理論の原形となる理論が提案されて 60 年以上経ち，項目反応理論がどのような場面で有効か，といった議論は，試験の個別事例を重ねることで徐々に蓄積されつつあります．しかし，マーケティングや疫学といった，因果モデルを扱う隣

接領域に比べて，教育測定の分野では発展のサイクルが長いというのが現状です．

それでも，徐々にではありますが，新しい科学的知見が開発され，応用可能性について研究が進んでいる分野があります．項目反応理論のパラメタ推定の研究では，当初「正解・不正解」という二つの段階しか考慮に入れていなかったものが，段階反応モデルの導入で「正解・部分正解（部分点）・不正解」という3段階をモデル化できるようになりました．また本書で紹介する範囲を超えるような複雑なモデル化を行うことも可能となっています．このような複雑なモデルに対するパラメタの推定を可能にするためには，MCMC（Markov chain Monte Carlo）法という統計学的な技法が不可欠です．そしてそれは，ベイズ統計学という分野と密接に関連しています．

ベイズ統計学を応用した項目反応理論においては，受験者に対して，一つの能力値（及びその信頼区間）を返すだけではなく，「能力値の分布」を手がかりとして示すことができます．イメージとしては，ある受験者の真の能力値が5段階評価で3であった場合，「能力値は5段階評価で3である」というだけではなく，「能力値は5段階評価で1である確率が5%，2である確率が27%，3である確率が45%，4である確率は20%，5である確率は3%である」というようなスコアの表示ができます．能力値は連続量を仮定しますので，段階数にとらわれない形で能力値の「分布」の形状を表示することで，より多くの情報を受験者にもたらすことができます．

このような，さらに進んだテスト理論を適用した試験が幅広く用いられるためには，私たちの「テスト観」を変える必要もあるでしょう．私たちは，大雑把なモデル化しかできないけれどもスコアの解釈が簡単な従来型の試験を行って，従来の「試験の常識」を守るのか，それとも，より多くの情報を得ることができるモデルを用いた新しい形式の試験を導入するために「試験結果として受験者に返されるのは一つのスコアの値だけである」という旧来の常識を変えるのか，という選択を迫られているのです．

5.10 能力の経年変化をとらえる研究

「試験の質保証のためには，試験のデータを分析する実践的研究が不可欠である」ということは，本書でも何度か述べました．本節では，日本における学生・生徒の英語能力の変化を経年比較した研究を二つ，紹介します．さらに，英語に限らず，学力の「伸び」をとらえるための研究的要素を含んだ試験を実施するための課題について述べます．

5.10.1 大学入試センター試験の英語スコアの経年比較

大学入試センター試験の「英語」（筆記式）の問題冊子は，大きく六つのセクションに分かれています．そのうち，二つ目のセクション（「第2問」）では文法を問う問題が出題されていますが，これらの問題を同じ受験者に解答させ，得られた正誤データを項目反応

論に基づく方法で分析し，受験者の英語学力の経年変化をみる，という研究が行われています（吉村ら，2005）．本項ではこの論文に基づき，項目反応理論に基づく等化がどのように研究に用いられているかを述べます．

この研究では，1990〜2004年のセンター試験の問題のうち，先の「第2問」から各年度6〜7問，合計100問を抽出し，これを50問ずつの2群に分けた問題冊子を作成しています．それぞれの問題冊子を大学生552名の調査参加者に期間をおいて提示し，うち424名のデータについて分析の対象としています．50問の問題冊子には共通の問題がありませんが，同じ受験者が解答していますので，項目反応理論による項目パラメタを2群それぞれについて推定し，共通受験者デザインによる等化を行うことで，100問で共通に意味を解釈できる項目パラメタを算出することができます．

二つのセットの α 係数は0.962，0.965であり，それぞれのセットにおける素点合計点の相関係数は0.947でした．これらは，50問の問題冊子の信頼性が十分であることを示しています．このような高い信頼性係数となったのは，もともと大学入試センター試験の問題が信頼性の高い問題であったことに起因しているためと考えられます．その上で，項目反応理論（3PLM）による項目パラメタ推定を行っています．また等化方法については，3種類の方法を比較検討しています．

3種類の等化方法で計算された等化済み項目パラメタは，1990年から2004年の問題について推定されています．そこで，1990年の問題群の等化済み項目パラメタと，1990年の問題群に対する受験者の正誤データを使って，1990年の問題に対する他の年と比較可能な能力値を推定することができます．同じように，1991年から2004年に関しても，他の年と比較可能な能力値を推定します．ここではそれぞれの年の問題群について，等化済み項目パラメタの値と受験者の正誤データを用いて3.5.10項で述べた「項目パラメタが既知の場合の能力値推定」を行うことで，他の年と比較可能な能力値を算出しています．その結果，1996年までは能力値の平均が0から -0.5 付近であったのにもかかわらず，1997年以降は平均が約 -2 と，低下している傾向がみられました．

この論文では，1997年以降に能力値が低下した原因を，「1997年は当時の新しい学習指導要領（1989年改訂，1994年4月施行）の下で学習した高校生がセンター試験を受験した最初の年である」と指摘しています．またこの論文では，「従来『話すこと・聞くこと』と一括りにされていた言語活動が『話すこと』『聞くこと』に分割されたり，『コミュニケーション』という言葉が初めて目標に登場したりするなど，コミュニケーションを重視する方向での改訂であった」と述べられています．その上で，等化を行った結果，「1997年以降のセンター試験受験者集団の学力が，少なくともある側面（センター試験で把握可能な学力側面）については1997年以前に比べ低下していることを示すものである」と述べています．

もちろん，高々420名前後の受験者から得られたデータを用いて，しかも「センター試験で把握可能な学力側面」という限られた側面から，「大学生一般の英語能力が低下してい

る」という結論がすぐに導けるわけではありません（論文中でもこれらの点は指摘されています）．しかし，同じ研究手法をより広範囲のランダムサンプルに適用できれば，さらに一般的な英語能力の経年変化を捉えることが可能でしょう．また，この論文では文法問題が題材として取り上げられましたが，これは「局所独立の仮定」（3.5.7 項を参照）が満たされていることを考慮したという側面もあるでしょう．したがって，同様に局所独立の仮定が満たされるような他の領域（語彙，読解，リスニングなど）の問題を用いることで，英語能力のどの領域の能力が低下しているかを捉えることも可能となるでしょう．

5.10.2 公立高校生徒における英語能力の変化

先の論文はセンター試験が題材でしたが，この項では，高校生に対して県下一斉に行われる英語学力診断試験のデータを用いて，英語学力がどのように経年変化しているかの調査に，項目反応理論を用いた等化の方法を適用する，という研究を取り上げます（斉田, 2014）．

この研究の主たる目的は，高校における英語学力の低下が本当に起こっているのかをデータに基づいて検証することであり，そこから得られた結果を学習指導要領実施状況との関連で考察することです．そのために，生徒のスコアが実施年度間で比較可能な試験を行い，さらに試験の内容を公開することを前提とした「事後的等化法」を適用することを提案しています．実際には，ある年度に行われた英語の試験と，別の年度に行われた英語の試験を両方同一人物に提示し，共通受験者による等化を行っています．

「県下一斉に行っている英語学力試験」という仕組みは，この研究の期間中であった 2002 年当時には，47 都道府県中 20 県で用いられていた（斉田, 2014：40）もので，高校 1 年生，2 年生及び 3 年生に対して，英語学力の把握のために行われています．この研究は，ある A 県の英語学力試験について，1995 年から 2008 年のデータを用いて，これらを等化し，共通の尺度に乗せることで，1995 年から 2008 年の高校生の学力を比較可能にする試みです．

実際の研究デザインとしては，まず，1995 年から 2008 年の正誤データについて古典的テスト理論に基づく信頼性係数を推定しています．そして，最も信頼性が高かった 1999 年の問題冊子を解いた受験者集団を規準集団とし，「1999 年と 1995 年」「1999 年と 1996 年」……「1999 年と 2008 年」という 13 種類の問題冊子を新たに作成しています．これらの 13 種類の問題冊子を高校生のモニター受験者に提示し，解答させています．文章で書くと簡単そうですが，13 種類の問題冊子を 4 つに分け，2002 年 9 月，2004 年 6 月，2005 年 9 月，2008 年 7 月の 4 回に実施時期を分散させ，各冊子ごとに 400 名を目標にデータを収集する取り組みには，気の遠くなるような労力がかけられています．

これらのデータに対して 3PLM による項目パラメタの推定を行い，Mean-Sigma 法（4.2.6 項を参照）による等化を経て，13 冊子に共通の尺度上の項目パラメタ及び受験者の

能力値が得られています．この共通尺度を年度ごとに比較すると，次のような結果が導けました．

- 識別力パラメタは年度を追うごとに上昇基調にある．すなわち，問題の「質」が年を追うにつれ，よくなってきている．
- 困難度パラメタは年度によって変動が大きい．作問にあたっては前年の「主観的な難易度」を参考に難易度を調整しているつもりであったが，うまくいっていない傾向がみられる．
- 下方漸近パラメタは 1997 年度以外，低い値である．1997 年度は能力下位集団においてまぐれ当たりによる正答確率の上昇がみられたため，作問に課題があったと推測される．

さらに，ここで求められた項目パラメタを手がかりに，1995 年から 2008 年におけるのべ約 20 万人の受験者の能力値を推定したところ，高校入学時の英語能力について，次のようなことが明らかになりました（斉田, 2014：107）．

- 年々低下している．
- 成績上位層よりも，中位・下位層で低下の幅がやや大きい．
- 2003 年度を境に，中位・下位層での低下幅が大きくなった．2003 年度は，中学校の英語学習時間が週あたり 4 から 3 に減少した平成 10 年度改訂学習指導要領下で英語教育を受けた中学生が最初に高校に入学した年度である．
- 前項で述べた低下のうち，下位層の低下幅は年を追うごとに拡大している．

この研究でなされている工夫は，毎年実施されてきた「A 県高校生に対する英語学力試験」の枠組みを変えることなく，事後的にモニター試験を行うことで，高校生の学力の経年変化をとらえる，という点にあります．適切な試験デザインとして共通受験者デザインを用いて，適切な受験者として高校生のモニター受験者を募集し，適切な問題として過去の英語学力試験のうち経年変化を捉えるために適切な問題を抽出した上で，適切な分析法として項目反応理論に基づく等化を行っているのです．もちろん，この試みは主著者のみでなしえたわけではなく，7000 名ほどの高校生モニター受験者，試験監督として多くの高校の先生，問題の提供元として英語学力試験を運営してきた団体，そして多くの「試験の専門家」の協力と助言が必要でしたし，少なからぬ金額のお金も必要でしたが，それに見合うだけの調査結果を得ることができたといえるでしょう．そして今後の A 県，いや全国の高校英語のカリキュラム策定の基礎資料として，ひいては今後の教育政策を考える上での参考資料として，多くの示唆を与えてくれるに違いありません．

5.10.3 学力調査の意義と課題

　ここに挙げた二つの研究事例はいずれも，生徒の学力の大きさとともに，生徒をとりまく環境やその実態を明らかにするための「調査」として行われています．A県高校生に対する英語学力試験の場合，問題を非公開とした上で標準化テストの方法により，学力の経年変化をとらえようとしています．2016年度から，埼玉県では「全県学力調査」を項目反応理論に基づく方法で行うことにしていますが，これも問題を非公開にした上で，学力を標準化して測定する試みです（埼玉県教育委員会, 2016）．

　このような調査は，「どのような教授法で授業をすれば，学力がより伸びるか」といった，教育の方法論的検討とセットで行われます．すなわち，効果的な学習の方法を用いて成果が顕著であれば，その方法を推し進めることで，私たちは社会的に大きなメリットを得ることができます．その効果の大きさを定量的に測定する方法として，学力調査を行うことには大きな意味があります．

　したがって，このような調査に対し，過去に出題された問題を用いて「試験対策」を行うことは意味がありません．過去の問題の内容を検討して，それに対する正答率を上げるための努力をするのであれば，それと同じ時間を費やして，普段の勉強を継続的に行うほうが，一般的・普遍的「学力」向上のためにはより必要ではないでしょうか．そうして積み重ねた学力がどの程度なのかを，これらの学力調査では測定しようとしているのです．

　また，学力調査の「結果」として，どのような点が弱点なのかをよりきめ細かく表示することができれば，それは実際に生徒と向き合っている教員にとって重要な情報でしょう．現状では，学力の全体像をマスとしてとらえた結果としての「平均的な学力像」を返すことは可能でしょうが，生徒が潜在的にいくつかの階層に分かれている傾向があるなどといった，よりきめ細かい分析までは，なかなか難しいと思います．しかし，このような分析を行うことができるようになれば，生徒をいくつかに類型化し，それぞれの類型にあった教授法を試すといった，より生徒の実情に沿った教育のアプローチを取ることができるようになるでしょう．

5.11　公平な試験と情報公開

　受験者はしばしば，試験会場が物々しい雰囲気を発していることに気づきます．試験会場は正規の受験者と試験実施関係者しか入れません（採点者であっても，試験実施関係者として正当な理由がない限り入ることはできません）し，試験前日には，試験会場となる部屋はもちろん，ゴミ箱やトイレなどにいたるまでがくまなく調べられます．警備員の巡視や騒音に対する監視など，受験者が試験問題を解くのに集中するためなら，どんな努力でも怠りません．

もっとも，近年では試験監督にかかる経費を削減するために，派遣会社に試験監督者の派遣を依頼する場合が多くあり，試験に不慣れな者が試験監督者に借り出された場合にトラブルを起こす事例もみられます．たとえば，中沢（2015）に，試験監督未経験の派遣労働者が呈した失敗の様子が示されています．もちろん，悪いのは派遣労働者ではなく，コスト削減を試験監督予算のカットで行おうとしたテスト実施機関であり，試験監督業務において経験が重要だと認識していながら，経験者を派遣しなかった人材派遣会社です．とにかく，このようなことがあってはならないのが試験の現場です．

5.11.1 公平な試験のために公表できないこと

試験の現場ではこれほどまでに徹底して環境整備を行いますが，これには受験者によって試験を受ける環境が異なるということが試験の公平性に関わる，という事情もあります．試験の公平性が重要な理由は，一義的には受験者やスコアを参照する者（入学試験であれば大学，高校など）に対して試験結果の正当性を主張するという理由もあるでしょう．万一，受験者からの「試験結果がおかしいのではないか」というクレームがあった場合でも，テスト実施機関が「私どもの試験は決められた手続きに従って全ての受験者にルールを守らせた上で行っているので，結果は正当だと考えています」と堂々と返答するためには，あらかじめ決めたルールにきちんと従って試験を公平に実施し，かつ公平な試験を目指して日夜研鑽を積んで試験の改良に努める，というのが当然の前提です．

もう一つ，試験の公平性を重視しなければならない理由として挙げられるのは，試験の信頼性や妥当性を議論する材料として試験データを用いる際，不正がまぎれればテスト理論に基づくモデルから逸脱したデータとなり，結果の解釈に影響を及ぼす，という点です．これまで述べてきたように，試験のデータ分析はテスト理論の仮定に基づいています．古典的テスト理論では「各受験者で誤差が独立（無相関）である」という仮定がおかれ，それらの下に信頼性や項目特性が推定されています．仮に，ある多枝選択式試験において受験者間で不正行為（カンニング）が行われ，試験会場内である特定の位置にいる十数人の受験者が互いの答案を覗き見することで互いにそっくりの答案を書いたとします．すると，それらの受験者間で「似通った素点」が得られることになり，「各受験者で誤差が独立」という古典的テスト理論の前提が満たされなくなることになります．

これらからわかるように，試験の公平性の確保は，試験実施上，きわめて重要であり，また必要不可欠だといえます．そのためには，たとえば試験問題に関する質問について，受験中に個別の受験者に回答することはありませんし，たとえ試験終了後に公表された問題であっても，その問題の内容や項目特性などに対する質問に個別に回答することはしません．テスト実施機関は「そのテスト実施に責任をもつ」機関であり，そのような責任のある機関が「公的に」試験問題の内容に対して特定の個人に回答することが万一あれば，その者に対してのみ情報を提供したことになり，公平性を欠く対応といえるでしょう．し

たがって，試験実施や問題にミスがあった場合などにおいては，試験に関する重要な情報は，テスト実施機関から必ず「受験者全員」に対して告知する形をとります．

5.11.2 項目反応理論による試験での情報公開

項目反応理論に基づく等化が行われている試験では，項目パラメタや能力値の推定方法，等化方法などの技術的事項に関して，テスト実施機関はその詳細情報を明らかにすべきではないかと考える人もいるでしょう．おそらくそのような情報を欲している人は，「等化の方法がなんとなくおかしいのでは」「試験によって得られた尺度が実際に能力を測定できていないのではないか」といった疑念を抱いているのかもしれません．

試験結果の正当性をテスト実施機関が主張するためには，テスト実施機関自らが試験データの分析結果を試験の実運用に影響しない範囲で公表し，研究成果として残す[*14]必要があると筆者は考えます．そうしなければ，受験者に対して「等化の方法がおかしい」などの疑問に答えたことにならず，疑念がますます増幅され，試験結果の正当性が疑われる恐れがあります．したがって，テスト実施期間は自らの試験の結果の概要を，専門的技術的な部分を含めて，誠実に外部に公表することが望ましいでしょう．

5.11.3 試験結果の学術研究への活用と情報公開

テスト実施機関では，試験の公平性が保たれているか，必要に応じて内部監査を行っています．そこで明らかになった問題点は，外部の有識者による審議などを通じて，実際の試験問題・試験制度の改訂などに役立てています．また，試験実施前には，試験制度の設計にあわせて，公平な試験となるような特別の配慮が行われます．ただし，心理統計学や教育測定学の専門家がこのような有識者として招かれる場面は，日本ではあまり多くないのが実情です．せいぜい，一つの会議に一人いる程度ですが，OECD 国際学力達成度調査（PISA）のように複数の心理統計学の専門家が参画している試験（調査）もあります．

より受験者のためになる試験制度を設計するためには，内部でどのような分析が行われ，どのような会議を経てその結果がどのような分野に活用されているかといった情報を，他のテスト実施機関に対しても公開することが有益です．このようなテスト実施機関間の連携という意味では，全国大学入学者選抜研究連絡協議会（入研協）が大学入試センターによって主催されていることが一つの例になるでしょう．入研協は大学の入試担当部署に属する者のみが出席できる「大会」を年 1 回開いており，大学入試データを用いた分析結果の研究を発表しています．各大学としては，入試に関する情報をむやみに外部に「さらす」ことはしたくありません．しかし，他大学の入試の現場を知りたいという欲求は，切実な

[*14] 受験者個人が特定されるような，プライバシーを侵害する内容の研究や，特定の社会的属性（職業，出身地など）について優劣を論ずるような解釈がわずかなりとも成り立つような，倫理的に問題がある研究は，当然行われるべきではありません．

のです．入研協の大会は，参加者を限定することにより，「試験の公平性を確保しながら，他のテスト実施機関（大学）の試験制度事例を知り，研鑽を深める」ということを行っています．

では，このような「試験結果の学術利用」を志す「試験の専門家」は，どのように養成されているのでしょうか．木村（2010）では，大学の教員養成課程において「心理統計学」「教育測定学」という分野にあまり力が入れられておらず，臨床分野，すなわちスクールカウンセラーや生徒指導の実践研究により大きな資源が振り分けられていることが示されています．この現状のままであれば，心理統計学にとって先行きは暗いといわざるを得ません．心理統計学に限らず「基礎的な心理学分野」は，地味ですが，とても大切な理論的枠組みに関する重要な知見を多く与えてくれる分野です．まず，心理統計学や基礎心理学分野の教育がより盛んになることが必要であると，筆者は考えます．

この分野の隆盛は，ひとえに研究成果の応用事例を多く発信していくことにかかっていると筆者は考えます．日本には「日本テスト学会」「日本言語テスト学会」といった，試験に関わる事項一般を扱う学術的な団体があります．また心理統計学者が多く所属している日本心理学会，日本教育心理学会，日本行動計量学会などで，試験に関する研究事例について学会発表や論文の刊行が行われています．しかしこれらの研究発表の中身は心理統計学や教育測定学を専門にした人向けであり，教育や人事，その他テスト実施機関に属する試験に関わる人にとって難解であることは否めません．今後，試験に関わる領域の研究者が社会的プレゼンスを高めることが，これまでの社会に対して一面的であった「日本的テスト文化」に風穴を開け，新たな観点からより実施しやすい試験を実現するための必須条件でしょう．そのために，日本に「試験の専門家」がもっと多く存在し，議論を戦わせる文化を醸成することが必須であるといえるでしょう．

しかし，これらの「研究」はあくまで，試験の情報を研究に使用することを承諾した受験者によるデータを分析した結果であることが前提です．試験データを研究目的で使用するためには実施前に受験者全員からそのことに対しての承諾を得なければなりません．したがって，このような研究に資するデータを収集することは，もとより非常な困難がともなう作業です．また，主に試験制度の改善に資する目的で研究を行うことは，受験者が「自分の受験した試験は改善の余地がある，つまり欠陥のある試験だったというわけか」と感じることにつながりかねません．実際には「完璧な試験を行うことが不可能」であり，「より完璧に近づけるため」に研究を行うのですが，前述のようなわだかまりが受験者に募ることが避けられそうにありません．「試験制度に不備があった」とネガティブに考えるのではなく，よりよい試験制度を目指すために研究が必要であるという姿勢が，試験の当事者に必要ではないでしょうか．

■コラム 5　道徳科目の導入にみる試験の制度化の難しさ

　入試制度と教育政策の関連を述べましたので，ここで一つ例を挙げましょう．それは「道徳」科目の導入の動きについてです．

　試験を設計する立場からみると，道徳の試験を作成するためには，大きな課題が指摘できます．まず，試験についてそもそもどのような採点基準を用いれば公平な試験となりうるのでしょうか．また，その試験は既存の「倫理」という科目と相関が高くあるべきなのでしょうか，それとも科目としての独自性を重視し，相関が低くあるべきなのでしょうか．これは「構成概念妥当性」を議論する上で，重要な観点です．

　また，たとえば数学の試験問題は数学の先生が作っているために「もっともらしい」問題が出題されますが，道徳の問題や採点基準を「誰が」決めるのか，その「もっともらしさ」をどのように受験者に伝えるか，といった点も課題の一つです．なぜなら，道徳は数学とは違い，学習指導要領といった「カリキュラム」が定まっていないからです．逆にいうと，カリキュラムが定まっており，それにのっとった授業によって生徒の能力が高まるのであれば，道徳に限らず「もっともらしい問題」を作成すること自体は可能です．

　問題の焦点は，いかに道徳科目のカリキュラムを定めるか，です．道徳科目のカリキュラム策定においては，学習効果の定義とともに，評価観点（ルーブリック）の明確化が求められます．そうでなければ，科目として定期試験を課すこともできませんし，ましてや公平さを追求する入試の場面で，あやふやな評価観点から確かな基準による選抜を行うことなどできません．

　このような妥当性に関する課題や問題内容とカリキュラムとの関連性は，単なる「問題形式」（記述式か多枝選択式か）や「問題文の文言」といったトピックにとどまらず，教育界全体の議論を必要とするものです．試験を設計する立場の者は，それゆえ，教育界全体における議論の行方をフォローしていかなければならないでしょう．

　以下は私見ですが，昨今議論されている道徳科目を，入試科目として取り上げることはきわめて困難だと考えます．また，道徳科目で何が「測られるか」を決め，それを序列化すること自体，価値観の多様性を毀損する行為であり，ナンセンスの極みでしょう．これらのことがらは，別に専門的な概念をもち出さなくても，難しい議論をしなくても，「怪しい」と勘付く人がいるかもしれませんが，文部科学省をはじめとする行政組織や政治家は，強引に推し進めようとしています．試験の専門家は，「道徳（心）を測りたい」とするテスト実施機関の要求があれば，専門的な見地から助言するでしょう．そもそもそのような試験が成り立つはずがない，ということを述べること自体，憚られる雰囲気があり，何らかの形で「正確に測定したふりをする試験」を作ることで，妥協するという誘惑に駆られるのも，神ならぬ身である人間である専門家

にとってありがちなことだと思います．

　しかしながら，試験は「序列化」「区別」を「科学的な裏づけをしつつ行う」ツールであるというのもまた事実であり，だからこそ「受験者を不当に差別するのための道具」になる恐れもあることもまた，試験の専門家として強く自覚しなければならないと思います．何より（試験の専門家を含めた）試験を企画する者は，試験の制度設計に関して責任を負っているという自覚の下，自分の良心に忠実な形で試験を設計することが必須だといえましょう．試験で問われる構成概念には「本音」と「建前」があってはならないのです．

第 6 章

R を用いた IRT 分析：lazy.irtx

6.1 R を用いた統計分析

　近年,「ビッグデータの活用」といったキーワードで，大きなデータセットを加工し，分析結果を可視化する技術が発達してきました．項目反応理論（IRT）による分析もまた，このような大規模データの分析と同じような統計手法を用いることで，試験のデータを分析します．また，テスト情報曲線や能力値の散布図といった分析結果を図示することで，試験の質を検討し，将来にわたって試験の質の改善を図ります．

　ビッグデータの分析を行う上で，スタンダードとなりつつあるプログラミング言語の一つに「R」があります．アルファベット一文字で「R」ですので，一瞬「何だこれは」と思われるかもしれませんが，とても優秀なプログラミング言語です．その真価は，世界中の多くの統計学者，プログラマ，専門家によって，日々機能が追加され，更新されていくところにあります．追加された機能は，R の「パッケージ」という形で，インターネット上からダウンロードすることができます．また，R の本体も，同じように日々更新され，インターネット上で公開されています．R のすべての機能は，原則，その内容がオープンになっています．そのため，多数の人々が機能の追加・更新に参加可能なのです．そこが，「購入する必要のある」統計ソフトとの違いの一つです．

6.1.1　R を用いた試験データ分析の利点と欠点

　R を用いたデータ分析は，いまや研究室のみならず，一般企業や官公庁でも広く行われています．それは，以下に挙げる利点があるためです．

コストがかからない　R は無償です．統計分析ソフトウェアによっては数十万円のお金がかかる場合がありますが，R の場合，その心配は無用です．

データの入力方法が豊富　データ形式としてテキストファイルやカンマ区切り形式，Excel 形式など，多くのファイル形式があります．R はこれらをはじめとする多くのデータ形式に対応しています．

多くのノウハウが蓄積されている　インターネット上では，Rを用いた分析やデータ加工の手法を紹介している多くのサイトがあります．また，Rについての書籍も充実しています．ひょっとしたら，職場の同僚に，Rの使用経験がある人がいるかもしれません．マイナーな統計解析ソフトではそうはいかないでしょう．

思いついたらすぐ分析できる　Rのインストールはとても簡単ですので，データがそろったらすぐに試してみることができます．

その一方で，欠点もあります．それはRが「完全に無保証な」統計解析ソフトであることです．

試験実施機関が試験の「公式結果」を受験者に返却するにあたっては，公式結果を計算するための統計解析ソフトが完全に正しい計算結果を返すことが求められます．万一，ソフトウェアに不具合があった場合は，そのソフトウェアの開発元が対処しなければなりません．しかし，Rは「完全に無保証」です．よって，Rの不具合（バグ）によって分析結果が正しくなかった場合は，試験実施機関自身が不具合の起こった原因を究明しなければなりません．試験実施機関にとってこのような危険性は，なるべく回避したいものです．このため，公式結果を受験者に返す必要がある場合には，試験実施機関は保証つきの統計解析ソフトを導入し，正しくない結果を学生に返す危険性を可能な限り減らすのです．

6.2　lazy.irtx パッケージ

IRT関連の分析を行うためのRパッケージは，いくつかの種類があります．その中で最近提案され，最も統一的に機能が整備されているパッケージの一つに，`lazy.irtx`があります．`lazy.irtx`の主な機能は以下のとおりです．

- 1PLM，2PLM，3PLM，段階反応モデル，部分採点モデルによるパラメタ（項目パラメタ，能力値）の推定
- 個別推定法による等化
- 多母集団IRTモデル
- 一つの問題冊子に異なるモデルが混在した場合の分析
- テスト情報量曲線，テスト特性曲線，問題項目ごとのIRFの描画

これだけの機能があれば，これから分析をやってみたいと思っている人はもちろん，試験の分析に精通している者であっても，たいていのIRT分析の場面では困らないはずです．

`lazy.irtx`は，前川眞一氏（東京工業大学）によって開発され，筆者が維持・管理を行っている，Rの機能をまとめた「パッケージ」です．IRT分析を行うパッケージの開発はいくつか行われていますが，Rのもっている機能だけを用いたもので，EMアルゴリズムによる周辺最尤法（3.5.12項を参照）を行っているものは，現時点では`lazy.irtx`だけです．したがって，このパッケージを用いれば，本書で解説したIRT分析の手法をR（本

体及びパッケージ）を導入することで行うことができます．それ以外のソフトウェアを導入する必要はありません．

6.3 lazy.irtx パッケージによる分析の手順

6.3.1 R の導入

まず，R 本体をインストールします．これについては類書が多くありますので，本書では詳細を省略します．基本的には，以下の Web サイト

https://cran.r-project.org/

から，「Download R for Windows」のリンクをクリックし，ダウンロードした R のインストールファイルをデスクトップなどの任意のフォルダに保存した上で，これをダブルクリックして必要な事項に答えていけばインストールできます．

ここでは，R がインストールされたパソコンが用意されているという前提で，`lazy.irtx` を用いた IRT 分析を行う手順を示します．

6.3.2 パッケージの入手

パッケージは，以下の場所から入手できます．

http://www.nakanishiya.co.jp/book/b278806.html

必要なパッケージは「`lazy.irtx`」です．パッケージの実体は，zip 形式で圧縮されたファイルで「`lazy.irtx_1.0.1.zip`」というファイル名です．このファイルを上記 WEB サイトからダウンロードし，任意のフォルダに保存してください．

ここではユーザの「ドキュメント」フォルダに保存したと仮定します．

ここまで準備ができれば，以下のコマンドを R のコンソール上で実行してください（`<Username>` にはユーザ名が入ります．R を起動した直後に，コンソール上で `getwd()` というコマンドを入力すると，「ドキュメント」フォルダの名前が表示されます．以下，これにあわせて当該箇所を変えてください）．

```
install.packages("C:/Users/<Username>/Documents/lazy.irtx_1.0.1.zip")
library("lazy.irtx")
```

以上の操作でエラーが出なければ，パッケージ `lazy.irtx` が使用可能となります．

6.3.3 データの入力方法

`lazy.irtx` の分析のためには，表 6.1 のような構造をもったデータフレーム（R で用いられるデータセットの形式）が必要です．データフレームの先頭行は変数名を示します．

表 6.1　正誤データ（1 グループの場合）

ID	Q1	Q2	Q3	Q4	Q5	Q6	Q7	Q8	Q9	Q10
1	0	0	1	0	0	1	0	0	0	NA
2	1	0	1	1	1	1	1	1	1	0
3	1	1	0	1	0	0	1	0	1	0
4	0	1	1	1	1	1	1	1	1	1
5	0	0	0	1	1	0	0	1	0	0
6	0	0	1	1	0	1	1	0	1	1
7	1	1	0	1	1	1	1	1	0	0
8	0	1	1	1	0	1	0	0	NA	NA
9	1	1	1	1	1	1	1	1	1	1
		:						:		
100	0	1	1	1	1	1	1	1	0	0

注意すべき点として，R では無回答などの理由によって生じた欠測値を「NA 値」とよばれる特殊な表現を用いて表します．そのため，ファイル上で「．」といった文字で表していた欠測値を，R のデータフレーム上で NA 値と認識させることが必要です．

以下に「ドキュメント」フォルダにカンマ区切り形式（CSV 形式）で保存された正誤データファイル ex1.csv をデータフレームとして読み込み場合のコード例を示します．

```
origdata <- read.csv("C:/Users/<Username>/Documents/ex1.csv",
                     header=TRUE,
                     na.strings=c(".")
                     )
```

`na.strings=`以下に，欠測値とする文字列を指定すると（この例では「．」），R では自動的に NA 値として認識されます．R では，文字列はダブルクォーテーション（"）でくくって指定します．

6.3.4　問題項目情報の入力から推定まで

次に，問題ごとに仮定する項目反応モデルなど，問題項目に関する情報を指定したベクトル[*1] `itemtype` を作ります．この例では，2PLM を仮定します．

[*1] 数値や文字を一行に並べたオブジェクトを指します．データフレームやベクトル，後述する結果のリストなど，R が操作の対象とするものを「オブジェクト」とよびます．

```
itemtype <- c("B2","B2","B2","B2","B2","B2","B2","B2","B2","B2")
または
itemtype <- rep("B2",10)
```

itemtype は，問題数だけ，表 6.2 に示す文字列を並べたベクトルです．この例では，Q1 から Q10 に対して 2PLM を仮定しますので，B2 という文字列を 10 個，書き並べます．または，同じ文字列からなるベクトルを生成するための関数 rep を用います．問題数が多い場合は，rep を使ったほうが簡単で，間違えずに済みます．

もし，問 1 から問 5 までを 3PLM としたい場合は，以下のようにします．

```
itemtype <- c(rep("B3",5),rep("B2",5))
または
itemtype <- c("B3","B3","B3","B3","B3","B2","B2","B2","B2","B2")
```

また，モデルに多値型モデル（段階反応モデル）を指定した場合，各問題の評価段階数を示すベクトル ncategory が必要です．仮に，10 問の問題がすべて 3 段階評価であった場合，以下のように ncategory を作ります．

```
ncategory <- rep(3,10)
```

表 6.2　lazy.irtx で用いる項目タイプの指定のための文字列

文字列	モデル
B1	1 パラメタ・ロジスティックモデル
B2	2 パラメタ・ロジスティックモデル
B3	3 パラメタ・ロジスティックモデル
G	段階反応モデル（graded response model）

準備ができれば，以下の関数 uIRT で項目パラメタが推定できます．

```
res <- uIRT(origdata, idvar="ID", type=itemtype, maxiter=100)
モデルに多値型を含む場合は
res <- uIRT(origdata, idvar="ID", type=itemtype,ncat=ncategory,
            maxiter=100)
```

この操作により，表 6.3 で示すような推定結果が計算されます．計算結果は結果リスト res に入ります．項目パラメタの推定結果を知りたい場合は，

```
res$param
```

とすれば，結果リストから当該箇所が表示されます．またファイルに出力したい場合は，

```
write.csv(res$param,"C:/Users/<Username>/Documents/par.csv",
         quote=FALSE, row.names=FALSE)
```

とすれば，ファイルに出力できます．いずれの場合も，res の後ろの$以下を表 6.3 の「結果の名前」のように変えれば，それに対応した結果が出力されます．前の例では param となっていますが，これは項目パラメタ一覧を出力することを指示しています．

表 6.3　uIRT 関数が出力する結果（抜粋）

結果の名前	内容
param	項目パラメタ（モデルにより列の内容は異なる）
theta	能力値（EAP 推定）
msn	推定された能力値分布の平均及び標準偏差

表 6.4 に，uIRT 関数で指定する主な事項（引数）を示します．先の例では，idvar, type, maxiter を指定しています．

表 6.4　uIRT 関数に必要な引数（主要なもののみ）

引数	指定する内容
idvar	受験者 ID が記されている列名
ncat	項目に対応したカテゴリ数（ベクトル）
type	項目に対応したモデル（ベクトル）
param	パラメタの初期値
groupvar	受験者グループが記されている列名
baseform	規準集団として扱うグループの指定
estmu	1 とすると，グループごとの平均を推定する
estsigma	1 とすると，グループごとの標準偏差を推定する
maxiter	推定のための最大反復計算回数

項目パラメタの出力については，モデルにより列の内容が異なります．たとえば 2 値型のモデルであれば，p1 は識別力，p2 は困難度，p3 は下方漸近パラメタを示します．

6.3.5 項目反応関数，テスト情報量曲線

lazy.irtx パッケージには，IRF やテスト情報量曲線を描画する機能もあります．IRF の描画には，関数 irf を用います．

```
pdf("C:/Users/<Username>/Documents/ex_icc.pdf")
irf(res$param, plot=1)
dev.off()
```

この操作により，それぞれの問題の IRF が pdf 形式で出力されます．

テスト情報量曲線を描くには，関数 info_func を用います．

```
pdf("C:/Users/<Username>/Documents/ex_tic.pdf")
info_func(res$param, plot=1)
dev.off()
```

6.3.6 グループの違いを考慮に入れた分析（多母集団 IRT モデル）

二つ以上のグループについて，それぞれの能力に違いがあると仮定される場合，その違いを考慮に入れた項目パラメタ及び能力値を推定することもできます（多母集団 IRT モデル）．

仮に，50 名からなる二つのクラスがあり，それぞれに 10 問ずつ数学の問題を出題したとします．10 問はクラスで共通の問題です．採点されたデータを分析し，クラス 1（グループ 1）の生徒を規準にしたとき，クラス 2（グループ 2）の生徒の成績がどの程度異なるかを検討したいとします．このようなときは，多母集団 IRT モデルを仮定することが有効です．

データ分析にあたっては，表 6.5 のようなデータフレームを用意します．この例では，ID 番号が 1 から 50 までの受験者がグループ 1，51 から 100 までの受験者がグループ 2 であるとしています．グループの違いを，group という変数で表現しています．

データフレームと itemtype が用意できたら，uIRT 関数で推定を実行します．ここで groupvar=には，グループの違いを表す変数名（この例では group）を指定します．

```
res <- uIRT(origdata, idvar="ID", type=itemtype,
            groupvar="group", baseform=1, estmu=1,
            estsigma=1, maxiter=100)
```

baseform=には，能力値の平均 0，標準偏差 1 とするグループの番号を指定します．す

表 6.5 正誤データ（2 グループの場合）

ID	group	Q1	Q2	Q3	Q4	Q5	Q6	Q7	Q8	Q9	Q10
1	1	0	0	1	0	0	1	0	0	0	NA
2	1	1	0	1	1	1	1	1	1	1	0
3	1	1	1	0	1	0	0	1	0	1	0
4	1	0	1	1	1	1	1	1	1	1	1
5	1	0	0	0	1	1	0	0	1	0	0
	:						:				
49	1	0	0	1	1	0	1	1	0	0	1
50	1	1	1	0	1	1	1	1	1	0	0
51	2	0	1	1	1	0	1	0	0	NA	NA
52	2	1	1	1	1	1	1	1	1	1	1
	:						:				
100	2	0	1	1	1	1	1	1	1	0	0

なわち，規準集団がどのグループなのかを指定します．この推定では，グループ 1 を規準と考えていますので，baseform=1 と指定しています．

データ分析の結果は，グループが一つの場合と同じように取り出すことができます．また，グループごとの能力値の平均は

```
res$msn
```

とすることで，表示されます．

6.3.7 同時推定法による等化

多母集団 IRT モデルを用いると，複数の問題冊子を別々のグループに出題するデザインを分析することができます．ここでは，共通項目デザインにおける多母集団 IRT モデルを用いた分析方法を紹介します．ここで紹介する方法による等化は同時推定法です．

50 名からなるグループ 1 には問題冊子 1（全 7 問）を提示し，50 名からなるグループ 2 には問題冊子 2（全 7 問）を提示しました．共通項目デザインとするため，問題冊子 1 と問題冊子 2 において，共通項目を 4 問入れています．具体的には，表 6.6 のような問題配置になっています．表 6.6 に示すとおり，問題に「通し番号」をふり，二つ以上の問題冊子に共通する問題を特定できるようにするのがポイントです．分析では，この通し番号を用いて問題項目を管理します．

表 6.6 共通項目デザインにおける問題番号．（ ）内は通し番号を示す．

冊子	共通項目	ユニーク項目
1	問 4 (4), 問 5 (5), 問 6 (6), 問 7 (7)	問 1 (1), 問 2 (2), 問 3 (3)
2	問 1 (4), 問 2 (5), 問 3 (6), 問 4 (7)	問 5 (8), 問 6 (9), 問 7 (10)

2 グループからのデータを，表 6.7 の形で集計します．各列は通し番号を示します．問題冊子 1（グループ 1）で出題されたのは 7 問であり，表 6.6 から，通し番号 1 から 7 が出題されています．グループ 1 に出題されていない通し番号 8, 9, 10 の 3 問は，NA として集計します．同様に，問題冊子 2（グループ 2）には通し番号 4 から 10 の 7 問が出題されていますので，出題されていない通し番号 1, 2, 3 は NA とします．このデータを眺めてみると，通し番号 4 から 7 の 4 問は，二つのグループ 100 名全員が解答していることが表現されています．なお，ID が 100 の受験者は，通し番号 9 も NA となっていますが，これは「無回答」による NA を表しています．このように，受験者に無回答が存在する場合にも，データ中に NA が含まれることがあります．

表 6.7 正誤データ（共通項目デザイン）

ID	group	Q1	Q2	Q3	Q4	Q5	Q6	Q7	Q8	Q9	Q10
1	1	0	0	1	0	0	1	0	NA	NA	NA
2	1	1	0	1	1	1	1	1	NA	NA	NA
3	1	1	1	0	1	0	0	1	NA	NA	NA
			:				:				
49	1	0	0	1	1	0	1	1	NA	NA	NA
50	1	1	1	0	1	1	1	1	NA	NA	NA
51	2	NA	NA	NA	1	0	1	0	0	1	0
52	2	NA	NA	NA	1	1	1	1	1	1	1
			:				:				
99	2	NA	NA	NA	1	0	1	1	1	0	0
100	2	NA	NA	NA	1	1	1	0	1	NA	0

このようなデータを R に読み込ませる際には，事前に Excel でデータを作成しておき，CSV 形式で保存した上で，R で読み込むのが最も簡単かつ確実な方法です．

このデータを分析するための uIRT 関数は，6.3.6 項と同じ方法がそのまま適用できます．結果の解釈も同様の方法で行えます．

共通項目デザインの場合は，問題項目一つに対して一セットの項目パラメタが推定され

ます．たとえば2PLMの場合は，問題1問に対して識別力と困難度が一つずつ推定されます．この値は，グループの違いによらず共通の値です．このように，複数の冊子に対応する受験者グループをまたいで統一的に解釈可能な項目パラメタを，一度の分析で推定することができます．これはすなわち，二つの試験冊子を等化することにほかなりません．

6.3.8 個別推定法による等化

共通項目デザインでは，問題冊子1と問題冊子2のそれぞれに含まれる共通項目を手がかりにして等化を行うことができます．もう一つの方法として，「個別推定法」があります．

個別推定法では，まず問題冊子1と問題冊子2でそれぞれ項目パラメタを推定します．次に，得られた項目パラメタのセットのうち，共通項目のパラメタを比較し，規準集団に対応する問題冊子（先の例では問題冊子1）のパラメタの尺度に他方のパラメタの尺度を等化します．

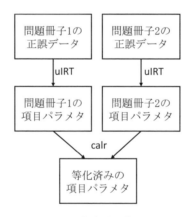

図 6.1　個別推定法の実行の手順

`lazy.irtx` パッケージでは，個別推定法のための等化を行う `calr` 関数があります．図6.1に示すように，個別推定法を行う場合，必ずそれぞれの冊子において項目パラメタを `uIRT` 関数で推定しておく必要があります．また，等化するグループが複数あった場合でも，`calr` は一括して一つの規準集団上の尺度に等化することが可能です．

`calr` を用いた個別推定法について，おおまかな手順を説明します．例として「IRT診断テスト」（NHKエデュケーショナル監修）のある年度における日本語科目を取り上げます．この試験にはいくつかの問題冊子がありますが，そのうちの一つの冊子が「規準集団」に提示された問題冊子（冊子1）です．この規準集団における受験者の能力値の尺度が「規準」になっています．実際の試験では100問ありますが，ここでは説明を簡単にするため，10問のデータについての分析とします．

6.3 lazy.irtx パッケージによる分析の手順

この項で取り上げるテストデザインを表 6.8 に示します．規準集団と比較可能な項目パラメタを推定する目的で，冊子 1 に含まれる 10 問のうち 5 問を共通項目とした「冊子 2」を作成し，別の受験者に出題しました．冊子 2 には共通項目のほかに 5 問，ユニーク項目が出題されています．これらのユニーク項目について，冊子 2 のデータを分析しただけでは，冊子 1 受験者（規準集団）と比較可能な項目パラメタが推定できませんので，冊子 2 の項目パラメタを推定した後，冊子 1 の能力値尺度上の値に変換（等化）する必要があります．この等化処理を行うのが，`calr` 関数です．

表 6.8 共通項目デザインにおける問題番号．（ ）内は通し番号を示す．

冊子	共通項目	ユニーク項目
1	問 1〜問 5（1〜5）	問 6〜問 10（6〜10）
2	問 1〜問 5（1〜5）	問 6〜問 10（11〜15）

さて，`lazy.irtx` を用いて分析を行う手順を示します．まず，問題冊子 1 と問題冊子 2 それぞれについて，`uIRT` 関数を用いて項目パラメタを推定します．ここでは，問題冊子 1 と問題冊子 2 のデータが，それぞれ `form1.csv`，`form2.csv` に入っているものとします．`form1.csv` に入っている最初の 5 問は，`form2.csv` に入っている最初の 5 問と同じ問題です．

```
nitems <- 10
Uc1 <- read.csv("C:/Users/<Username>/Documents/form1.csv",
          header=TRUE,
          na.strings="." )
itemtype <- rep("B2", nitems)
res1 <- uIRT(Uc1, idvar="id", groupvar="group", type=itemtype,
          maxiter=100 )
nitems <- 10
Uc2 <- read.csv("C:/Users/<Username>/Documents/form2.csv",
          header=TRUE,
          na.strings="." )
itemtype <- rep("B2", nitems)
res2 <- uIRT(Uc2, idvar="id", groupvar="group", type=itemtype,
          maxiter=100 )
```

以上の操作で，`res1` 及び `res2` にそれぞれ冊子 1，冊子 2 の推定結果が入ります．次に，以下の操作により `res1` と `res2` の項目パラメタ推定値のうち，どれが共通項目なのかを

指定します．

```
param1 <- res1$param
param2 <- res2$param
param1$gfid <- 1
param2$gfid <- 2
data2calr <- rbind(param1, param2)
data2calr$giid <- data2calr$name
```

この操作により，data2calr には，等化前の項目パラメタのリストが，以下のように入ることになります．1 行目と 2 行目で，冊子 1 と 2 の項目パラメタ推定結果が param1 及び param2 オブジェクトに入ります．3 行目と 4 行目で問題冊子の別を表す gfid 列が付加され，5 行目で二つの項目パラメタ推定結果を縦に連結した data2calr オブジェクトが生成されます．最後に，問題項目を一意に識別する giid 列が，項目パラメタ推定結果一覧に含まれている name 列からコピーされて生成されます．

```
        name type ncat        p1         p2 p3 gfid giid
item1     Q1   B2    2 0.5383774 -1.3150607  0    1   Q1
item2     Q2   B2    2 0.9127069 -0.4957363  0    1   Q2
item3     Q3   B2    2 0.5571471 -0.2523119  0    1   Q3
item4     Q4   B2    2 0.8250310 -0.8760676  0    1   Q4
item5     Q5   B2    2 0.9165047 -1.0802926  0    1   Q5
item6     Q6   B2    2 0.4027638 -0.6118838  0    1   Q6
item7     Q7   B2    2 0.2727855  1.4795134  0    1   Q7
item8     Q8   B2    2 0.1570196  2.4217549  0    1   Q8
item9     Q9   B2    2 0.6677442 -2.4386786  0    1   Q9
item10   Q10   B2    2 0.7186095 -2.3795668  0    1  Q10
item11    Q1   B2    2 0.4860195 -1.9748306  0    2   Q1
item21    Q2   B2    2 0.7673602 -0.7619848  0    2   Q2
item31    Q3   B2    2 0.5364274 -0.4086739  0    2   Q3
item41    Q4   B2    2 0.6617736 -1.2745517  0    2   Q4
item51    Q5   B2    2 0.8126030 -1.4643562  0    2   Q5
item61   Q11   B2    2 0.7471306 -0.8916791  0    2  Q11
item71   Q12   B2    2 0.6936588 -3.9582764  0    2  Q12
item81   Q13   B2    2 0.3193727 -0.2304904  0    2  Q13
item91   Q14   B2    2 0.4844548  1.0576381  0    2  Q14
item101  Q15   B2    2 0.3377712  0.1483546  0    2  Q15
```

calr では gfid と giid を指定する必要があります．gfid は global form identifier の略で，form（冊子）の番号を指定します．また giid は global item identifier の略で，item（問題項目）の通し番号を指定します．この例では name 列が通し番号を示していますの

で，giid として，name と同じ文字列を指定することにより，共通の通し番号の問題が，それぞれの冊子でどのような項目パラメタであるかを識別できます．

gfid 列は冊子の番号（1 か 2），giid は問題の通し番号です．通し番号は表 6.8 で（）内に示した数値です．ここで通し番号が同じ項目は全く同じ文言の問題文ですので，本来であればどの集団に対しても推定される項目パラメタは大差ないと考えられますが，実際には集団によって異なります．たとえば問 5 は困難度（p2）が規準集団（冊子 1）において -1.08 であるのに対し，冊子 2 の受験者集団では -1.46 と，かけ離れています．この差を縮め，冊子 2 で推定された値を冊子 1 の値に近づけるのが等化手続きで行われることです．ただし，問 5 という 1 問だけ近づけるのではなく，共通項目全体の項目パラメタ（識別力，困難度）すべてを同時に近づけるのですから，結果的に近くならない問題が出てくることもありえます．

実際の等化は，以下の関数を用いて行います．nsubj は二つの集団の人数です．冊子 1 を 2532 名，冊子 2 を 4400 名が解答しています．また，baseform には，規準集団の冊子の番号（この例では 1）を指定します．

```
rescalr <- calr(data2calr, baseform=1, nsubj=c(2532,4400))
```

こうすることで，等化後の項目パラメタを得ることができます．

```
> rescalr$param
   giid type ncat       p1          p2 p3
1    Q1   B2    2 0.5620196 -1.38901293  0
8    Q2   B2    2 0.9014844 -0.48038143  0
9    Q3   B2    2 0.5855364 -0.20964658  0
10   Q4   B2    2 0.8008684 -0.88576011  0
11   Q5   B2    2 0.9301527 -1.07559702  0
12   Q6   B2    2 0.4027638 -0.61188385  0
13   Q7   B2    2 0.2727855  1.47951342  0
14   Q8   B2    2 0.1570196  2.42175493  0
15   Q9   B2    2 0.6677442 -2.43867860  0
2   Q10   B2    2 0.7186095 -2.37956682  0
3   Q11   B2    2 0.8714539 -0.57589032  0
4   Q12   B2    2 0.8090843 -3.20500118  0
5   Q13   B2    2 0.3725166 -0.00902805  0
6   Q14   B2    2 0.5650686  1.09533363  0
7   Q15   B2    2 0.3939766  0.31577027  0
```

等化が行われると，冊子 2 に含まれるユニーク項目（通し番号 Q11〜Q15）についても，冊子 1 の尺度上に等化された値が計算されます．冊子 1 の 10 問を「項目バンク」としてみた場合，冊子 2 の 5 問を等化済みのパラメタの値とともに項目バンクに入れることで，

項目バンクの中身を増やすことができます．

calr による等化処理によって，共通項目の項目パラメタの値はどのように変化するのでしょうか．

図 6.2 に，等化前（黒丸）と等化後（白丸）の共通項目の項目パラメタの値，識別力と困難度を示しました．黒丸においては，横軸が規準集団における項目パラメタの値，縦軸が冊子 2 における項目パラメタの値を示します．共通項目は 5 問ありますから，黒丸の数も 5 個です．もし，冊子 2 の受験者集団と冊子 1 の受験者集団が等しい能力の分布をしているとすれば，これらは同じ能力の受験者集団とみなすことができ，しかも同じ問題が出題されていますので，推定される項目パラメタは同じ値となり，直線上に乗るはずです．しかし，黒丸は直線上に乗っていません．これを調整し，直線上に乗るように変換する操作が，すなわち calr による等化に他なりません．図 6.2 の白丸については，横軸が規準集団における項目パラメタの値で，縦軸が「冊子 2 の項目パラメタを規準集団上に等化」した結果得られた，等化後の項目パラメタの値を示します（白丸と黒丸は，共通の横軸ですが，縦軸の意味が異なります．白丸が等化前，黒丸が等化後のパラメタの値を示しているということです）．確かに，等化処理の結果，白丸は直線上に乗っており，規準集団と同じ尺度で冊子 2 の項目パラメタを表現できています．

原理的には，等化の操作によって，識別力は原点を通る $y = x$ の直線上に，困難度は（必ずしも原点を通らない）$y = x + m$ の直線上に，それぞれ図 6.2 の白丸が乗るはずです．等化後のパラメタがこれらの直線に乗らない場合は，項目パラメタの推定の精度がよくなかった，あるいは等化の前提が満たされたいなかった，などの原因が考えられます．

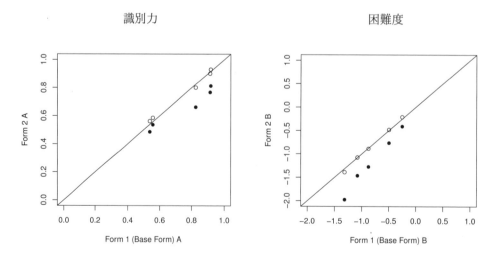

図 6.2 等化前と等化後の項目パラメタ．黒丸は等化前，白丸は等化後．横軸は規準集団の尺度，縦軸は冊子 2 の集団の尺度を示す．

等化の操作によって，黒丸が白丸に変換されましたが，この変換は，等化前の項目パラ

メタに一斉にある値 K を足して，ある値 L を掛けるという形で行われます．この K と L を「等化係数」（4.2.6 項を参照）とよびます．冊子 2 におけるユニーク項目についても，同様に K 倍して L を足すことで，等化後の項目パラメタに変換することができます．calr が求めた K と L の値は，

```
> rescalr$qr

          q         r
1 0.0000000 1.0000000
2 0.1885802 0.8573381
```

とすると，表示されます．r が K，q が L に相当します．

この例で示した calr による等化は，規準集団に等化される冊子の数が一つだけでしたが，複数あってもかまいません．すなわち，規準集団に冊子 2，冊子 3……を同時に等化することもできます．この特長をそなえている個別推定による等化方法は，いまのところ calr だけです．

個別推定によって，複数の問題冊子を一つの規準集団に一度に等化する場合は，この例と同様に，

- それぞれの問題冊子について，uIRT 関数を用いて項目パラメタを推定する
- 項目パラメタの結果一覧に gfid 列を付加する
- rbind 関数を用いてこれらのパラメタ一覧を縦に連結する
- 問題項目名を giid 列に設定する（既存の項目パラメタ一覧結果にある name 列をコピーする）

という手順により，各冊子における項目パラメタの個別の推定結果をまとめたデータフレームを作成し，calr 関数を用いればよいのです．また，calr 関数の baseform を「0」と指定することにより，グループをまたいだすべての受験者の能力値分布が平均 0，標準偏差 1 となるように等化することもできます．

■免責事項

本書の筆者及び lazy.irtx パッケージの開発者は，利用者が lazy.irtx パッケージを利用するにあたり，又は lazy.irtx パッケージを再配布するにあたり生じるいかなる損害に対しても一切の責任を負いません．また，lazy.irtx パッケージの動作内容については一定の検証をしていますが，筆者及び開発者は動作の正確性や完全性についていかなる保証をするものではありません．

おわりに

　ここまで読み進められて，表題にある「試験は何を測るのか」という問いに対する答えは，一つではない，ということが明らかになったと思います．英語のテストで測られるものは英語能力であり，公務員採用試験で測られるものは公務員に求められる適性である，といったように，測っている内容はさまざまです．

　しかし，試験で測るものとは「試験を実施する者が測りたいもの，測定することに意味や価値を見出しているもの」であり，それはテスト実施機関がさまざまな根拠に基づいて明確に定義しておいた構成概念である，という点は，どの試験においても共通であるといえます．本書では，あいまいさが残る構成概念を試験でどのように測定するかについて，その方法論を紹介してきました．しかし，方法論の発展がいくらみられても，構成概念妥当性を向上させる努力を怠ると，その試験の価値は損なわれてしまうでしょう．本書では多くを触れることができませんでしたが，テスト実施機関は，尺度の妥当性を高めるために多くの努力をしています．試験を行う上で，方法論の検討のみならず，測定すべき構成概念に関する批判的検討はとても大事な過程です．

　その意味で，「試験は何を測るのか」という問いは，試験を行おうとするテスト実施機関に重い課題を投げかけているといえるでしょう．本書はその課題の解決のために必要な測定の方法論について，詳述しました．本書がその課題の解決に役立ち，日本の試験の質が向上するならば，筆者はとても嬉しく思います．

　ところで，試験とは，受験者側にとっても，テスト実施機関にとっても，程度の差こそあれ，何らかの緊張を強いられる，それはそれは厳しいイベントだといえるでしょう．学校の小テストで 0 点を連発し，「次の小テストでも 0 点だったら，またお母さんに怒られる」といったレベルのプレッシャーから，大学入試の一発勝負のような試験のもっている緊張感や，失敗したら先がないという「がけっぷち」の感覚は，多くの受験者を恐れさせている要因であるかもしれません．

　それと同じように，試験を実施している現場の試験監督も，やはり多かれ少なかれ，試験実施中に緊張を強いられています．試験監督には試験の段取りを間違えたり，違った種類の問題用紙を配ってしまったり，というように，「しまった」と思うだけでは済まされないミスが起こり得ます．また問題を作成する人は，試験実施のスケジュールにあわせて期限までに問題の原案をたくさん作られたり，「この問題は信頼性係数が低く，質が悪かっ

たので，次からはがんばるように」などといわれたり，いろいろストレスフルな経験をします．

　しかし最も緊張が大きいのは，採点して，結果を発表する業務でしょう．採点業務は事前に「採点マニュアル」を作成しておき，それにしたがって処理を進めていきます．しかし，神ならぬ身である人間は，頻度はともかく，時として間違いを犯すことが必定なのです．

　筆者がある試験の採点処理を行っていた際にも，定められた採点ルールに適合しない結果を返しそうになって，ヒヤッとしたことが少なからずありました．不正行為で退場を宣告されていた受験者の解答を誤って有効答案とみなして採点してしまっていたのを発見したときには，全身に鳥肌が立ったことを今でも覚えています．採点が終わった後に等化作業を行うのですが，試験実施後1ヶ月あまりで結果を返さなければならないことに加えて，多くの計算のステップを正確に，誤りなく行わなければならず，また定められた採点マニュアルのとおりに処理を行っているかを検証しながらの作業だったため，土日を2週分つぶし，さらには徹夜するはめになってしまいました．このようなハードな作業は例外かもしれませんが，合否を判断する会議など，緊張を強いられる瞬間は採点や結果発表の際にも多く存在するのです．

　考えてみれば，試験の実務は「誠実であること」が特に求められます．うそや偽りが少しでもあれば，試験の結果を信用してもらえなくなり，テスト実施機関の評判が低下し，クレームの嵐にさらされ，その試験は制度として崩壊する危機に陥ります．試験の実施は常にパーフェクトであることが義務づけられているにもかかわらず，同じくパーフェクトが義務づけられている他の社会インフラ，たとえば銀行や放送局といった機関に比べてその存在すら社会から認知されていない，といつも考えながら，仕事をしてきました．

　筆者は受験者の立場で入試を経験し，試験監督の立場で試験を経験し，採点・実施者の立場で試験を経験しました．もちろん，これらの試験はすべて異なっていますが，これらはいずれも「立場」としての振る舞いが重要で，言い換えれば自分の意見を述べる機会がない，ということを意味しています．「自分はこういうように試験を実施したい」という意見はいろいろありますが，しかし，これら三つの立場では，それぞれ受験者，試験監督，採点・実施者の立場としてマニュアル（受験者の場合は受験心得，試験監督の場合は試験監督要領，採点・実施者の場合は採点マニュアル）どおりに振舞わなければならないので，筆者にはいつも不全感が残っていました．それで，本書には筆者の経験と，自身が携わったものを含むいくつかの研究実践に基づき，今後あるべき試験のあり方について，指針となるべきと信ずる事項を書きました．しかしまだまだ書ききれない部分もたくさんあります．またそれぞれのトピックについて，もっと深く書きたいと思いながらも，紙幅の都合で割愛せざるを得なかった部分も多々ありました．必要な場合は，参考文献を参照していただければ幸いです．

　筆者が試験の現場に携わる中での一つの結論は，「適切な方法で試験を行うことができ

れば，試験が受験者に過度の緊張を強いるような，時として理不尽なイベントとはならず，社会のために役に立つ道具になる」ということでした．その中で，項目反応理論を応用した標準化テストも，導入されるべき選択枝の一つではないかと思い，本書では多少長めに述べました．本書が標準化テストにおける項目反応理論の利用の後押しにつながれば，筆者としてこの上ない喜びです．

　本書を書くにあたり，東京工業大学の前川眞一先生には，草稿の段階から多くの有益なコメントをいただきました．またグローバル人材育成教育学会会長の小野博先生には，出版のきっかけを作っていただきました．ナカニシヤ出版編集部の米谷龍幸氏からは，抽象的で雲をつかむような内容の本書をより魅力的にするための，多くの示唆をいただきました．またここに氏名を挙げることはかないませんが，多くの方々から，この本の内容を改善するための建設的な意見を多数うかがうことができました．この場を借りて厚く御礼申し上げます．

　また最愛の妻・亜希子の一言がなければ，本書がこの世に出なかったと思っております．心からの感謝の意を，ここに表します．

　本書が，心理統計学・テスト理論全般についての理解の一助となり，ひいては試験の仕組みを改良するためのきっかけとなることを願っています．

2017 年 1 月 19 日　　光永　悠彦

参考文献

【テスト関連の文献】

■テストの全般的な解説書
池田 央（1992）．テストの科学―試験に関わるすべての人に　日本文化科学社
池田 央（1980）．新しいテスト問題作成法　第一法規
繁桝算男［編著］（2014）．新しい時代の大学入試　金子書房
ホーガン, T. P.／繁桝算男・椎名久美子・石垣琢磨［共訳］（2010）．心理テスト―理論と実践の架け橋　培風館

■項目反応理論に関する解説書
植野真臣・荘島宏二郎（2010）．学習評価の新潮流　朝倉書店
植野真臣・永岡慶三［共編］（2009）．eテスティング　培風館
大友賢二（1996）．項目応答理論入門―言語テスト・データの新しい分析法　大修館書店
加藤健太郎・山田剛史・川端一光（2014）．Rによる項目反応理論　オーム社
芝 祐順［編］（1991）．項目反応理論―基礎と応用　東京大学出版会
豊田秀樹（2012）．項目反応理論―入門編　（第2版）　朝倉書店
野口裕之・大隅敦子（2014）．テスティングの基礎理論　研究社
野口裕之・渡辺直登［編著］（2015）．組織・心理テスティングの科学―項目反応理論による組織行動の探求　白桃書房
別府正彦［著］（2015）．「新テスト」の学力測定方法を知るIRT入門―基礎知識からテスト開発・分析までの話　河合出版
前川眞一（1998）．項目反応理論　繁桝算男［編著］心理測定法　放送大学教育振興会
村上宣寛（2006）．心理尺度のつくり方　北大路書房
村木英治（2011）．項目反応理論　朝倉書店

■テスト関連の学術論文，学術書
葦原恭子・小野塚若菜（2014）．高度外国人材の日本語能力を評価するシステムとしてのビジネス日本語 Can-do statements の開発―BJT ビジネス日本語能力テストの測定対象能力に基づいて　日本語教育，**157**, 1-16.
荒井清佳・椎名久美子・小牧研一郎（2010）．法科大学院適性試験の本試験と追試験の等

パーセンタイル等化法を用いた等化　大学入試センター研究紀要, **39**, 29–41.

荒井清佳・前川眞一（2005）．日本の公的な大規模試験に見られる特徴―標準化の観点から　日本テスト学会誌, **1**（1），81–92.

石岡恒憲（2014）．テストの現代化と大学入試　繁桝算男［編著］新しい時代の大学入試　金子書房

石岡恒憲（2008）．小論文及びエッセイの自動評価採点における研究動向　人工知能学会誌, **23**（1），17–24.

植野真臣・吉村 宰・荘島宏二郎・橋本貴充（2007）．大学入試センター試験「情報関係基礎」の統計分析　大学入試センター研究紀要, **36**, 71–99.

岡田謙介（2011a）．クロンバックの α 係数とは何だったのか―信頼性係数のレビューと実データ解析　専修人間科学論集　心理学篇, **1**, 91–98.

岡田謙介（2011b）．クロンバックの α に代わる信頼性の推定法について―構造方程式モデリングによる方法・McDonald の ω の比較　日本テスト学会誌, **7**（1），37–50.

カーマイン, E. G.・ツェラー, R. A. ／水野欽司・野嶋栄一郎［共訳］（1983）．テストの信頼性と妥当性　朝倉書店

菊地賢一（1999）．項目反応理論を用いた設問解答率分析図の評価　大学入試センター研究紀要, **29**, 1–7.

木村拓也（2010）．日本における「テストの専門家」を巡る人材養成状況の量的把握　日本テスト学会誌, **6**（1），29–49.

斉田智里（2014）．英語学力の経年変化に関する研究―項目応答理論を用いた事後的等化法による共通尺度化　風間書房

埼玉県教育委員会（2016）．　県教委だより―号外（https://www.pref.saitama.lg.jp/f2214/gakutyou/documents/gougai.pdf ［最終閲覧日 2016 年 10 月 14 日］）

繁桝算男（2014）．入試に役立つテスト理論　繁桝算男［編著］新しい時代の大学入試　金子書房

清水留三郎（1983）．共通第一次学力試験における解答の分析について　大学入試フォーラム, **1**, 36–37.

荘島宏二郎（2009）．ニューラルテスト理論―資格試験のためのテスト標準化理論　電気情報通信学会誌, **92**（12），1013–1016.

日本英語検定協会（2016）「英検 can-do リスト」1 級（http://www.eiken.or.jp/eiken/exam/cando/pdf/can-do_1kyu.pdf ［最終閲覧日 2016 年 10 月 12 日］）

日本テスト学会［編］（2007）．テスト・スタンダード―日本のテストの将来に向けて　金子書房

南風原朝和（1991）．項目反応理論の概要　芝祐順［編］　項目反応理論―基礎と応用　東京大学出版会

橋本侑樹・村松大吾・小方博之（2009）．ペンの持ち方特徴に注目した替え玉防止法　日

本テスト学会第 7 回大会発表論文抄録集, 222–225.

前川眞一 (2015). 試験の日本的風土　大学入試センター入学者選抜研究に関する調査室［編］　大学入試センターシンポジウム 2014　大学入試の日本的風土は変えられるか

前川眞一 (1991). パラメタの推定　芝祐順［編］　項目反応理論―基礎と応用　東京大学出版会

光永悠彦・前川眞一 (2012). 項目反応理論に基づくテストにおける項目バンク構築時の等化方法の比較　日本テスト学会誌, **8** (1), 31–48.

光永悠彦・柳井晴夫・西川浩昭・佐伯圭一郎・亀井智子・松谷美和子・奥 裕美・村木英治 (2014). 複数の分野から構成されるテストにおける IRT を用いた項目評価法―臨地実習適正化のための看護系大学共用試験の項目バンク構築　行動計量学, **41** (1), 17–34.

村上 隆 (1999). テストの信頼性　繁桝算男・柳井晴夫・森敏昭［編著］Q&A で知る統計データ解析―DOs and DON'Ts　サイエンス社, pp.221–224.

村山 航 (2012). 妥当性　概念の歴史的変遷と心理測定学的観点からの考察　教育心理学年報, **51**, 118–130.

メシック, S. (1992). 妥当性　R. L. リン［編］　池田 央・藤田恵璽・柳井晴夫・繁桝算男［日本語版編］　教育測定学（上巻）C.S.L 学習評価研究所, pp.19–145.

安野史子［研究代表］(2010). 戦後日本における全国規模テスト　平成 20〜21 年度日本学術振興会科学研究費補助金挑戦的萌芽研究「科学的な評価法及び測定法に基づく日本のテスト文化に適した新しい学力調査の設計開発」研究成果報告書

柳井晴夫［研究代表］(2012). 臨地実習適正化のための看護系大学共用試験（CBT）の実用化と教育カリキュラムの導入　平成 23〜25 年度日本学術振興会科学研究費補助金 基盤研究 A 研究成果中間報告書

吉村 宰・荘島宏二郎・杉野直樹・野澤 健・清水裕子・齋藤栄二・根岸雅史・岡部純子・フレイザー, S. (2005). 大学入試センター試験既出問題を利用した共通受験者計画による英語学力の経年変化の研究　日本テスト学会誌, **1** (1), 51–58.

李 在鎬［編］(2015). 日本語教育のための言語テストガイドブック　くろしお出版

劉 東岳 (2011). 「情報の非対称性」と「潜在値測定のサービス」―社会インフラとしてのテストに関する予備的考察　日本テスト学会第 9 回大会発表論文抄録集, 192–195.

劉 東岳 (2010). 「知の生態系」の基盤整備―社会インフラとしてのテストに関する予備的考察　日本テスト学会第 8 回大会発表論文抄録集, 48–51.

Arai, S. & Mayekawa, S. (2011). A comparison of equating methods and linking designs for developing an item pool under item response theory. *Behaviormetrika*, **38** (1), 1–16.

Educational Testing Service (1963). *Multiple choice questions: A close look*. Princeton, NJ: Author.

Haebara, T.（1980）. Equating logistic ability scales by a weighted least squares method. *Japanese Psychological Research*, **22**（3）, 144–149.

Marco, G. L.（1977）. Item characteristic curve solutions to three intractable testing problems. *Journal of Educational Measurement*, **14**, 139–160.

Mislevy, R. J.（1984）. Estimating latent distributions. *Psychometrika*, **49**（3）, 359–381.

Sireci, S. G., Thissen, D. & Wainer, H.（1991）. On the reliability of testlet-based tests. *Journal of Educational Measurement*, **28**（3）, 237–247.

Stocking, M. L. & Lord, F. M.（1983）. Developing a common metric in item response theory. *Applied Psychological Measurement*, **7**, 201–210.

【項目反応理論関連コンピュータ・プログラム】

熊谷龍一（2015）．EasyEstGRM（http://irtanalysis.main.jp/program/EasyEstGRM.zip ［最終閲覧日 2016 年 10 月 14 日］）

熊谷龍一（2014）．EasyEstimation（http://irtanalysis.main.jp/program/EasyEstimation.zip ［最終閲覧日 2016 年 10 月 14 日］）

前川眞一（2016）．lazy.irtx（http://mayekawa.in.coocan.jp/Rpackages/lazy.irtx_1.0.1.zip ［最終閲覧日 2016 年 12 月 15 日］）

Hanson, B. A.（2002）. Interactive command language（http://www.openirt.com/b-a-h/software/irt/icl/icl_win.zip ［最終閲覧日 2016 年 10 月 17 日］）

Shojima, K.（2015）．Exametrika（http://www.rd.dnc.ac.jp/~shojima/exmk/exmk53.zip ［最終閲覧日 2016 年 10 月 14 日］）

【その他の文献】

植野真臣（2007）．知識社会における e ラーニング　培風館

小塩真司（2011）．性格を科学する心理学のはなし―血液型性格判断に別れを告げよう　新曜社

齋藤堯幸・宿久洋（2006）．関連性データの解析法―多次元尺度構成法とクラスター分析法　共立出版

ゼックミスタ, E. B.・ジョンソン, J. E.／宮元博章・道田泰司・谷口高士・菊池聡 ［共訳］（1996）．クリティカルシンキング 入門篇　北大路書房

ゼックミスタ, E. B.・ジョンソン, J. E.／宮元博章・道田泰司・谷口高士・菊池 聡［共訳］（1997）．クリティカルシンキング 実践篇　北大路書房

中沢彰吾（2015）．中高年ブラック派遣―人材派遣業界の闇　講談社

縄田健悟（2014）．血液型と性格の無関連性―日本と米国の大規模社会調査を用いた実証的論拠　心理学研究, **85**（2），148-156.

松村真宏・三浦麻子（2014）．人文・社会科学のためのテキストマイニング（改訂新版）　誠信書房

柳井晴夫・井部俊子（2012）．看護を測る―因子分析による質問紙調査の実際　朝倉書店

山田剛史・村井潤一郎（2004）．よくわかる心理統計　ミネルヴァ書房

索引

AIC, 135

BIC, 135

CASEC, 187
CAT, 186
CBT, 24, 47, 185

DIF (Differential Item Functioning), 35

e-rater, 173
EAP (Expected A Posteriori), 129
EM アルゴリズム, 132
ETS, 24
e テスティング, 186
e ラーニング, 186

G-P 分析, 149

I-T 相関, 146
IT パスポート試験, 43

MCMC, 199

NA 値, 212

PISA, 205

S-P 表, 149

TOEFL iBT, 24

z スコア, 74

アドミッション・ポリシー, 179
α 係数, 91
アンカー項目, 52, 156, 157
アンケート調査, 17, 19

閾値, 110, 147
1 因子性, 178
1 因子の仮定, 177
1 パラメタ・ロジスティックモデル, 113
一致性, 131
因果関係, 105
因子間相関, 103
因子軸の回転, 102
因子得点, 100, 106
因子パターン行列, 103

因子負荷量, 97, 100, 102
因子負荷量行列, 103, 104
因子分析, 97, 99
因子分析モデル, 102

英検, 26, 139, 140
英検 CSE スコア, 26

ω 係数, 98
重み付き加算方式, 189

下位尺度, 25, 178
外的基準, 36, 61
概念的定義, 23
確証バイアス, 38, 196
確認的因子分析, 107
確認テスト, 46
ガットマンスケール, 81, 149
下方漸近パラメタ, 115
間隔尺度, 143
看護系大学適性試験, 177
観測されたスコア, 88

記述式, 121, 195
規準集団, 26, 48, 136, 153, 160
規準集団準拠型テスト, 192
基準連関妥当性, 36
can-do ステートメント, 17, 61, 139
境界カテゴリ反応関数, 122
共通因子, 97, 101
共通項目デザイン, 157, 216
共通受験者デザイン, 159, 200
共通性, 102
共分散, 75
強平行測定, 90
強平行テスト, 90
局外母数, 132
局所依存, 121
局所独立の仮定, 120

クラスルームテスト, 13, 142

経験の科学, 197

合格基準, 43, 190
構成概念妥当性, 19, 22, 35
構造化面接法, 181
公平性, 18, 47, 68, 182, 193, 204
項目カテゴリ反応関数, 124

項目情報量曲線, 118
項目適合度, 136
項目特性, 29
項目特性曲線, 110
項目パラメタ, 29
項目パラメタの推定, 55, 131
項目バンク, 40, 56, 60, 130, 158, 184, 187
項目反応関数, 110, 215
項目反応理論, 2
項目反応理論におけるモデルの違い, 55
項目分析図, 149
個人適合度, 135
国家公務員採用試験, 181, 189
個別推定法, 218
固有値, 102
根拠に基づく医療, 196
困難度パラメタ, 114
コンピュータ適応型テスト, 186

最高基準点方式, 189
最低基準点方式, 189
最尤推定, 125
最尤法, 125, 127, 131
3パラメタ・ロジスティックモデル, 113
散布図, 75, 76
サンプル, 26

識別力パラメタ, 115
試験の専門家, 40, 68, 194, 206
試行試験, 39
質問紙調査, 19
自動採点, 173
社会インフラ, 67
尺度化, 15, 43
尺度水準, 142
尺度得点, 32
弱平行測定, 90
弱平行テスト, 90
重回帰分析, 174
周辺最尤法, 131
主成分分析, 178
順序尺度, 98, 143
上位尺度, 25
情報量規準, 135
小問, 43, 121
小論文試験, 173
真のスコア, 85, 88
信頼区間, 116, 117, 187
信頼性係数, 88, 90, 92, 93, 147

垂直等化, 153
水平等化, 156
スピアマン・ブラウンの公式, 90, 93

正規分布, 26, 73
正規分布に従うスコア, 136
正答率, 28, 80, 134, 145
正の相関, 75
折半法, 90
説明変数, 174

設問回答率分析図, 148
全県学力調査（埼玉県）, 203
潜在因子, 101
潜在変数, 99
潜在ランク理論, 141
全体適合度, 135
選抜効果, 183

相関行列, 94, 101
総合得点方式, 189
操作的定義, 23
双列相関係数, 147
添え字, 87
測定の標準誤差, 88
素点, 31, 80, 148, 165

帯域忠実度ジレンマ, 180
大学入試センター試験, 25, 100, 199
対数尤度関数, 128
大問, 43, 121
タウ等価テスト, 90, 97
多次元 IRT モデル, 178
多枝選択式, 30, 115, 148, 195
達成度確認テスト, 192
妥当性の検証, 23, 197
多変量解析, 174
多母集団 IRT モデル, 65, 153, 155, 215
段階反応モデル, 121
探索的因子分析, 107

重複テスト分冊法, 52, 64, 157

通過率, 145

適合度, 107
適合度指標, 56, 107, 135
テキストマイニング, 176
敵対項目, 59
テスト情報量曲線, 118, 215
テスト・スタンダード, 188
テストセンター, 24
テストデザイン, 52, 64
テストの信頼性, 34, 189
テストの妥当性, 35
テストバッテリ, 180, 181
テスト理論, 2, 43, 71
天井効果, 32
点推定値, 117
点双列相関係数, 147

等化, 52
等化係数, 66, 161, 163, 223
等化の前提, 164
同時最尤法, 131
同時推定法, 65, 153, 216
同族テスト, 97, 110
等パーセンタイル法, 165
特異項目機能, 35
独自因子, 101
トライアル試験, 39

トライアル受験者, 39, 48

二値変数, 147
2パラメタ・ロジスティックモデル, 113
日本言語テスト学会, 206
日本的テスト文化, 42, 121
日本テスト学会, 188, 206
日本留学試験, 43
ニューラルテスト理論, 141

能力値からスコアへの変換表, 136
能力値の推定, 126

ハイ・ステークスな試験, 33, 168, 193
配点, 31, 97
配点つき素点, 31
パス係数, 105
パス図, 105, 175, 177
パラダイム, 2, 198

ピアソンの積率相関係数, 76, 146
非階層的クラスター分析, 176
ヒストグラム, 72
批判的思考, 197
評価者, 121, 173
標準化された試験, 27, 41, 43, 45, 46, 139
標準誤差, 187
標準正規分布, 74
標準偏回帰係数, 174
標準偏差, 26, 73
比率尺度, 143

フィールドテスト, 22, 39, 48, 130
負の相関, 75
プレースメントテスト, 46
分位点差縮小法, 167
分散, 71, 72

偏回帰係数, 174
偏差値, 74, 136, 181
変数, 75, 86

母集団, 26, 57, 75, 153

無相関, 75

名義尺度, 143
面接, 15, 179

目的変数, 174
モデル化, 79, 92
モニター受験者, 39, 160, 166
問題のトライアウト（選抜）, 58

尤度関数, 125, 127
ユニーク項目, 52, 163

ランドルト環, 81, 187

離散量, 107, 142

理論的枠組み, 2, 43, 78, 84, 198
リンキング, 62, 165

連続量, 107, 142

ロウ・ステークスな試験, 33

■ 著者紹介
光永悠彦（みつなが　はるひこ）
1979 年北海道生まれ．人事院人材局試験専門官室，島根大学教育・学生支援機構 講師を経て，現在，名古屋大学大学院教育発達科学研究科 准教授．
東京工業大学大学院社会理工学研究科人間行動システム専攻博士課程修了，博士（学術）．
専門は心理統計学，テスト理論，多変量解析．
主な論文に「多群 IRT モデルにおける簡素化の評価―水平等化場面のシミュレーションを通じて」（共著，行動計量学，2013 年），「看護系大学共用試験（CBT）項目バンク構築における潜在ランク理論の適用と評価」（単著，日本テスト学会誌，2015 年）など．本書が初めての単著となる．

テストは何を測るのか
項目反応理論の考え方

2017 年 2 月 20 日　初版第 1 刷発行	（定価はカヴァーに表示してあります）
2021 年 3 月 31 日　初版第 3 刷発行	

著　者　　光永悠彦
発行者　　中西健夫
発行所　　株式会社ナカニシヤ出版
〒606-8161　京都市左京区一乗寺木ノ本町 15 番地
　　　　　　Telephone　075-723-0111
　　　　　　Facsimile　075-723-0095
　　　Website　http://www.nakanishiya.co.jp/
　　　E-mail　iihon-ippai@nakanishiya.co.jp
　　　　　郵便振替　01030-0-13128

装幀＝白沢　正／印刷・製本＝創栄図書印刷
Copyright © 2017 by H. Mitsunaga
Printed in Japan.
ISBN 978-4-7795-1071-7

本書のコピー，スキャン，デジタル化等の無断複製は著作権法上の例外を除き禁じられています．本書を代行業者の第三者に依頼してスキャンやデジタル化することはたとえ個人や家庭内の利用であっても著作権法上認められていません．

ナカニシヤ出版 ◇ 書籍のご案内

社会調査のための計量テキスト分析
内容分析の継承と発展を目指して

樋口耕一 著

内容分析を質・量ともに実現可能にする画期的なソフトウェアの紹介。社会調査などの研究で盛んに用いられている実績あるテキスト型データ分析用フリーソフト、「KH Coder」の利用方法と実際の解析事例を紹介する。　　　　　　　定価 2800 円

Excel によるアンケート調査の第一歩

辻　義人 著

Excel でアンケート調査を気軽に体験！　具体的な事例を通して出力結果の読み取り方を重視した、初学者のための自力で実践入門テキスト。数値の羅列にしか見えなかった表から有益な知見を見出す喜びを体験してみよう。　　　　　　定価 2000 円

パネルデータの調査と分析・入門

筒井淳也・水落正明・保田時男 編著

パネルデータの特性に鑑みて、調査方法からデータハンドリング、そして分析までをカバーしたはじめての包括的な入門書。
定価 2800 円

人文・社会科学のための
カテゴリカル・データ解析入門

太郎丸博 著

人文・社会科学で扱う統計を初歩から学びたい人必携！　クロス集計表の読み方・作成法などカテゴリカル・データの分析法を中心に、式をきっちり理解して計算できるよう懇切丁寧に解説。
定価 2800 円

個人と集団のマルチレベル分析

清水裕士 著

個人と集団との関係などに潜んでいる階層性をそなえたネスト化されたデータから新たな洞察や発見を掘り起こすために必須な統計処理技法の紹介。自作された汎用性あるフリーソフトも駆使して新たな研究に着手しよう。　　　　　　　　　定価 2800 円

コミュニケーション研究法

末田清子・抱井尚子・田崎勝也・猿橋順子 編著

コミュニケーションの何を明らかにしたいのかによって研究手法は選ばなければならない。本書では、研究倫理などの心構えから、フィールドワークや実験法、質問紙法、統計まで、多彩な研究手法を網羅して解説する。　　　　　　　　　定価 3200 円

R による心理データ解析

山田剛史・村井潤一郎・杉澤武俊 著

R を使ってレポートや卒業論文，修士論文を書こうとしている学生・院生のために、データ解析を行う手順を具体的に紹介。
定価 3400 円

文系のための
SPSS データ解析

山際勇一郎・服部　環 著

心理学、福祉学などの人文系領域で必要となる SPSS によるデータ解析法を初学者にもわかりやすく解説。実証的研究の基本を学ぼう。　　　　　　　　　　　　　　　　　定価 2700 円

統計解析の心構えと実践
SPSS による統計解析

原田　章・松田幸弘 著

バラツキのあるデータから意味を見つけ出す作業にはそれなりの作法がある。数値の示す意味を発信できる大学生になるための学び。　　　　　　　　　　　　　　　　　　　定価 2800 円

クロスロード・パーソナリティ・シリーズ③
計量パーソナリティ心理学

荘島宏二郎 編著

こんなことまで，こんなふうに研究できる。新しい統計手法を駆使してパーソナリティ研究に挑む人たちに向けて幅広くモデルを紹介。　　　　　　　　　　　　　　　　　定価 3800 円

基礎から分かる会話コミュニケーションの分析法

高梨克也 著

さまざまな会話コミュニケーションを明示的な方法論で観察し、理論的かつ体系的に説明しようとする人のための入門書。
定価 2400 円

最強の社会調査入門
これから質的調査をはじめる人のために

前田拓也・秋谷直矩・朴 沙羅・木下 衆 編編

「聞いてみる」「やってみる」「行ってみる」「読んでみる」ことから始まる社会調査の極意を、16 人の社会学者がお教えします。
定価 2300 円

※表示価格は本体価格です。